Peter Körner   Bachelor 40plus

 Dr. Peter H. Körner hat 20 Jahre Berufserfahrung in den Berei-
chen Personalwesen und General Management. Er verantwortete
HR-Transformationen, Workforce Management, Talentmanage-
ment, Employer Branding und Marketing, Compensation- und
Benefit-Systeme, Verhandlungen mit Betriebsräten, Policy
Management, Performance Management, Career und Succession
Planning, die Organisationsberatung bei Turnarounds, Mergers &
Acquisitions, Outsourcing und das Quality Management im ISP
Business.

Bachelor 40plus

Plädoyer für ein neues Bildungskonzept

von Peter Körner

PUBLICIS

Bibliografische Information Der Deutschen Nationalbibliothek
Die Deutsche Nationalbibliothek verzeichnet diese Publikation in
der Deutschen Nationalbibliografie; detaillierte bibliografische Daten
sind im Internet über http://dnb.d-nb.de abrufbar.

Autor und Verlag haben alle Texte und Tabellen in diesem Buch mit großer Sorgfalt erarbeitet. Dennoch können Fehler, auch bei der Übernahme von Zahlen aus anderen Quellen, nicht ausgeschlossen werden. Eine Haftung des Verlags oder des Autors, gleich aus welchem Rechtsgrund, ist ausgeschlossen. Zahlenwerte geben jeweils den letzten bei der Erarbeitung des Inhalts recherchierten Stand wieder.

www.publicis-books.de

Lektorat: Dr. Gerhard Seitfudem, Publicis Publishing, Erlangen

Print ISBN: 978-3-89578-419-4
ePDF ISBN: 978-3-89578-695-2
ePUB ISBN: 978-3-89578-710-2
mobi ISBN: 978-3-89578-807-9

Verlag: Publicis Publishing, Erlangen
© 2012 by Publicis Erlangen, Zweigniederlassung der PWW GmbH

Printed in Germany

Inhaltsverzeichnis

1 Erfahrungsschätze gesucht

Herausforderung für die Unternehmen

Thesen

1. *Noch gibt es in Deutschland keinen allgemeinen Fachkräftemangel, sondern allenfalls eine Fehlallokation am Arbeitsmarkt.*

2. *Wenn Unternehmen nicht rasch damit beginnen, sich von der gängigen Definition eines „Mitarbeitertalentes" zu verabschieden, werden sie größte Mühe haben, diese in Zukunft für sich zu gewinnen.*

3. *Anstatt die zahlenmäßig geringer werdenden Generationen X, Y und Z für viel Geld und noch mehr gute Worte zu umwerben, sollte man besser die älteren, erfahrenen Mitarbeiter und Mitarbeiterinnen für die Zukunft weiterbilden.*

Zwei Worte genügen, um die Hauptprobleme der deutschen Wirtschaft im ersten Jahrzehnt des 21. Jahrhunderts umfassend zu beschreiben. Sie lauten „Krise" und „Fachkräftemangel". Noch stehen diese Begriffe hübsch getrennt voneinander. Ein ursächlicher Zusammenhang ist nicht auszumachen.

Die Wirtschaftskrise 2008/2009 und die für 2012 oder später vorhergesagte sind, wie jeder weiß, auf das grenzenlose Gewinnstreben der Banken und auf die ausufernde Staatenverschuldung zurückzuführen. Selbst mit intellektuellen Verrenkungen kann man den allenfalls bei MINT-Berufen (Mathematik, Informatik, Naturwissenschaft und Technik) spürbaren Fachkräftemangel damit nicht in Verbindung bringen. Manch scharfer Beobachter hält das schlagzeilenträchtige „F-Wort" des Fachkräftemangels ohnehin für eine Mär. Denn noch immer gibt es mehr als drei Millionen Arbeitsuchende in Deutschland. Und nach wie vor können die besten Arbeitgeber unter genügend hinreichend qualifizierten Bewerbern wählen. Bisher wurde kein einziges miserables Jahresergebnis, kein einziger Rücktritt eines Vorstandes, keine einzige gescheiterte Existenzgründung, keine einzige Geschäftsaufgabe und keine einzige Firmeninsolvenz damit entschuldigt, dass alle lebenswichtigen Mitarbeiter (In diesem Buch wird in der Regel nur die männliche Form verwendet. Dies dient der Vereinfachung. Sofern die männliche Form gewählt wurde, schließt dies auch die weibliche Form mit ein.) in Rente gegangen seien und dass man trotz ernsthafter Bemühungen keinen Ersatz gefunden habe.

Allenfalls Technologieunternehmen (nicht alle, aber viele) und solche, die mit Metall und Elektro Geld verdienen (zum Glück nur in Süddeutschland), Kliniken und Arztpraxen (jene weit weg von den hippen Metropolen) und Pflegeeinrichtungen (die Personal auf den mittleren Gehaltsstufen ersetzen müssen) müssen mittlerweile zwei oder mehr Stellenanzeigen schalten, um es ebenfalls auf eine Bewerberzahl zu bringen, die das Wort „Personalauswahl" rechtfertigt. Tatsächlich können manche Bedarfe nicht gedeckt werden, weil es keinen Menschen gibt, der an diesem Standort arbeiten will, der die dafür nötigen Qualifikationen oder die unabdingbaren persönlichen Skills mitbringt und/oder der bereit ist, die nachgefragte Leistung zum angebotenen Entgelt zu erbringen.

Das korrekte F-Wort heißt demnach nicht Fachkräftemangel, sondern *Fehlallokation*.

Nur kann aus der gegenwärtigen Angebot-Nachfrage-Klemme binnen weniger Jahre tatsächlich das entbrennen, was Statistiker, Volkswirte und Arbeitsmarktexperten heute schon als allgemeinen Fachkräftemangel ankündigen. Und dann geraten wir in eine wirklich ernste Krise, der, anders als bei der Banken-, Finanz- und Verschuldungskrise, kurzfristig mit Geld nicht beizukommen ist.

„Der Fachkräftemangel wird einen Teufelskreis auslösen."

Für *wirklich* nach vorne denkende Führungskräfte in den Unternehmen (alle geben vor, dieses zu tun; zuweilen kann man aber seine Zweifel daran haben) wirft der demografische Wandel längst schon düstere Schatten voraus und bringt die beiden Schreckbegriffe des Jahrzehnts in unerwünschte Nachbarschaft. Denn ein allgemeiner Fachkräftemangel könnte, wenn nicht die nächste, dann die übernächste Krise gravierend verschärfen. Mit ziemlicher Sicherheit wird das Fehlen dringend benötigter Fachkräfte – gleichgültig, ob auf Akademiker-, Meister- oder Facharbeiterebene – verhindern, dass sich die Wirtschaft aus dem Tiefpunkt einer Krise rasch und kraftvoll genug erhebt, um einen tragfähigen Aufschwung zu gewährleisten. Wenn das verfügbare Arbeitskräftepotential erst einmal unter den tatsächlichen Bedarf zurückgefallen ist, wenn damit also das eingetreten ist, was Experten spätestens für 2030 befürchten, dann könnte der Fachkräftemangel zur Krisenursache Nummer Eins heranwachsen.

Weil er die Unternehmen nämlich erst gar nicht aus der gerade zurückliegenden Krise herauskommen lässt.

Bereits am Ende des gegenwärtigen Jahrzehnts werden die Folgen der im Durchschnitt älter werdenden Erwerbsbevölkerung für die Wirtschaft sichtbar sein. Schon jetzt werden gute Nachwuchskräfte von Jahr zu Jahr knapper. Auch wenn 2011 ein leichter Zustrom aus den südeuropäischen Krisenländern eingesetzt hat (was bei einem weiteren Anstieg dieses Zustroms *deren* Krise für lange Zeit zementieren wird), wandern gewiss nicht ausgerechnet diejenigen Talente nach Deutschland, die mit Kusshand im eigenen Land einen Arbeitsplatz finden könnten: Ingenieure, IT-Spezialisten, Naturwissenschaftler und praxiserfahrene Techniker. Längst hat die Globalisierung die Anforderungsprofile der Wirtschaft weltweit angeglichen; diese Berufe sind überall hochgeschätzt.

Man muss kein Prophet sein, um die im Folgenden beschriebene Entwicklung vorherzusagen. Alle bestimmenden Faktoren liegen für jedermann sichtbar auf dem Tisch – ebenso wie der Unwille (oder die praktische Unfähigkeit) der Politik, diesen entgegenzuwirken. Denn wie anders als mit Ignoranz – im Sinne von „nicht wahrhaben wollen" – oder Populismus – im Sinne von „nicht gegen die Mehrheit der Bevölkerung handeln wollend" – ließe sich erklären, dass selbst angesichts der heranrollenden Welle künftiger Ruheständler von einzelnen Politikern eine Rückführung der Beschlüsse über die Anhebung des Renteneintrittsalters von derzeit 67 auf 65 Jahre gefordert wird?

„Dieses Szenario wird hoffentlich nie zur Realität werden."

Analog zum herrschenden Catch-as-catch-can auf den Produkt-Käufermärkten wird das Recruiting von Nachwuchsmitarbeitern in Unternehmen und Organisationen von Jahr zu Jahr zäher, härter, kämpferischer und brutaler. Als der Logik der Marktwirtschaft folgende Konsequenz des dann erst recht ausbrechenden „War for Talent" werden entweder Knappheitspreise gezahlt oder die Anforderungen an den Nachwuchs gesenkt werden müssen.

Beides dürfte sich ohne Zweifel nachteilig auf die Performance, auf das Ansehen und damit auch auf die Employer Brand der Unternehmen auswirken. Steigende Personalkosten schmälern über die Gewinn- und Verlust-Rechnung den Bilanzgewinn und die Ausschüttungen an die Kapitaleigner. Und sinkende Anforderungen an neue Mitarbeiter treiben die unter höheren Bedingungen eingestellten in

Frustration oder Widerstand oder in die innere Emigration. Oder zum Wettbewerb, der eine höhere Gegenleistung verspricht. Der Trend zum Überbietungswettbewerb hat sich bereits verfestigt.

Gute Studierende, vor allem jedoch die zu den größten Hoffnungen Anlass gebenden jungen Menschen werden spätestens seit dem Ende der letzten Krise, also seit 2009, spektakulär umworben. Das Recruiting setzt in der gymnasialen Oberstufe ein und klammert sich über die gesamte Studienzeit hinweg an die Seite der als „Potentialträger" identifizierten Kandidaten. In der Bewerbungsphase werden sie mit feudalen Reisen („Projektwochen"), schillernden Networking-Events, attraktiven Gehältern und atemberaubenden Aufstiegsperspektiven angefüttert. Mit der jetzt schon zu beobachtenden Folge, dass sich die rund zehn Prozent der jahrgangsbesten „Talente" ihres Seltenheitswertes (und damit ihres Tauschwertes) mehr als bewusst sind.

„Talente kennen ihren Wert."

Mit einer solchen Trumpfkarte auf der Hand, zögern sie nicht, diese überlegen lächelnd auszuspielen. Schließlich bieten die meisten von ihnen im Gegenzug für versprochene Aufstiegsperspektiven Engagement, Flexibilität, Motivation und Leistungsbereitschaft nahezu ohne Begrenzung. Nur wenige wollen nach Abschluss der mühevollen tertiären Ausbildung an der Hochschule, in Praktika und Auslandsstudium erst einmal verschnaufen. Allerdings erwarten sie als arbeitsmarktfähige Talente ersten Grades Angebote auf dem Silbertablett, weil sie genau wissen, dass sie als Part einer zunehmend raren Spezies begehrt sind. Wenn ihr Tauschwert allein knappheitsbedingt steigt – warum sollten sie ohne Not alles daran setzen, ihren Gebrauchswert für die Arbeitgeber zu erhöhen?

In Zeiten des Fach- und Führungskräftemangels haben überdurchschnittlich qualifizierte Absolventen und Berufseinsteiger ausgezeichnete Karriereaussichten. Trotzdem scheitern immer mehr der sogenannten High Potentials im Berufsleben, so die Erfahrung vieler Personalchefs in Deutschland, Österreich und der Schweiz, die die Managementberatung Kienbaum im Zuge einer Studie erhoben hat. („High Potentials Studie 2011/2012", Kienbaum Management-Beratung, http://www.kienbaum.de/desktopdefault.aspx/tabid-501/649_ read-11761/). Die Gründe für das Scheitern der Talente seien, so die befragten HR (Human Resource)-Leiter, vor allem mangelnde Soft Skills. Scheitert ein deutscher High Potential, so liege dies in 94 Prozent der Fälle an seiner Selbstüberschätzung und zu 89 Prozent an der mangelnden Fähigkeit zur Selbstkritik. In der Schweiz sind die Selbstüberschätzung (95 Prozent) und in Österreich die mangelnde Fähigkeit zur Selbstkritik (93 Prozent) ebenfalls Hauptgründe für das Scheitern von High Potentials.

Noch sind es nur wenige junge Menschen, die der vielerorts dem Attribut Jugendlichkeit verfallenen Personalpolitik den passenden Tribut zollen. Die nicht bereit sind, inhaltliche Performance zu liefern, sondern Performance in Form von Versprechungen bieten. Doch zweifellos werden immer mehr der in den kommenden Jahren immer weniger werdenden Hochschulabsolventen ihre Leistungsbereitschaft zügeln, weil sie sehr gut wissen, dass ihnen allein die Tatsache ihrer Knappheit einen besonderen Wert verschafft.

Wenn die Unternehmen wie bisher vor allem um die nachwachsende Generation wetteifern, müssen sie sich nicht wundern, wenn immer mehr Mitglieder der Stammbelegschaft resignieren, ihre Arbeitsfreude verlieren und vorzeitig aus dem Beruf ausscheiden. Wenn berufliche Erfahrung wie bisher geringer zählt als frisches Hochschulwissen und als zeitlich, geistig und geografisch flexible Arbeitskräfte, droht aus der gegenwärtigen Fehlallokation am Arbeitsmarkt tatsächlich ein Fachkräftemangel zu werden.

Dem vorzubeugen, ist das Ziel dieses Buches.

Meine These lautet: *Weil der künftige Personalbedarf allein mit der Fixierung auf junge, unverbrauchte Menschen nicht in den Griff zu bekommen sein dürfte, müssen sich Führungskräfte und Personaler erheblich stärker auf die Weiter- und Neuqualifizierung der erfahrenen Mitarbeiter verlegen – insbesondere um diejenigen, die die Schwelle zum vierzigsten Lebensjahr überschritten haben und die die Unternehmen bislang nicht ganz oben auf der Handlungsagenda stehen hatte.*

Ihre Einstellung muss sich schon deshalb wandeln, weil die Menschen künftig mindestens bis zum 67. Lebensjahr arbeiten sollen und viele das auch wollen. Es darf nicht sein, dass Arbeitnehmer ein ganzes Vierteljahrhundert, nämlich von ihrem 42. bis zu ihrem 67. Geburtstag, ohne Aktualisierung ihres Wissens auf ihren Arbeitsplätzen ausharren und den technischen und organisatorischen Fortschritt verlangsamen.

In den kommenden Jahren wird der Bildungsbedarf der Beschäftigten während der Lebensarbeitszeit deutlich zunehmen. Es ist höchste Zeit, alters-, qualifikations- und motivationsentsprechende Bildungsformen und -inhalte zu entwickeln. Dieses Buch untersucht die Voraussetzungen und Möglichkeiten und stellt gangbare Wege für Unternehmen, Hochschulen, private Business Schools, Staat und Gesellschaft vor, auf denen ältere und berufserfahrene Beschäftigte ihre Employability sichern und erweitern können.

„Wir brauchen eine Weiterbildungsoffensive."

Mit der Erhöhung des Renteneinstiegsalters wächst die Lebensspanne, in der Menschen in Deutschland berufstätig sein werden. Die heute aktive Gruppe der geburtenstarken Jahrgänge 1965 bis 1970 muss sich darauf einstellen, noch 15 bis 25 Jahre arbeiten zu müssen oder, je nach Sichtweise, zu dürfen. Andererseits veralten einmal erworbene Kenntnisse im globalen Wettbewerb zunehmend schneller. Wer im Alter von 25 Jahren seine Berufsausbildung abgeschlossen hat, wird schon zehn Jahre später nur noch einen Bruchteil dieses Wissens verwenden können.

Die Lösung für diese Herausforderung liegt in einer grundlegenden Umstellung des Bildungssystems zu einem solchen, das nicht nur auf einen Berufseinstieg ausgerichtet ist, sondern auch eine lange Beschäftigungsfähigkeit ermöglicht.

So sieht es heute aus: Überall dort, wo der Zugang zu einem Studium durch den Numerus Clausus geregelt wird, ist auch der Zugang zum Zweitstudium reglementiert, das heißt auf drei Prozent der verfügbaren Studienplätze begrenzt und auf ein Bewerberhöchstalter von 54 Jahren beschränkt. („Die Zulassung zum Zweitstudium", http://www.hochschulstart.de/fileadmin/downloads/Merkblaetter/M08.pdf, 23.12.2011). Darüber hinaus müssen die Bewerber für ein Zweitstudium besondere Gründe glaubhaft machen, warum für sie ein zweites Studium erforderlich ist. Dabei ist es gleichgültig, ob die ZVS-Nachfolgestiftung hochschulstart.de die Studienplätze vergibt oder ob die jeweilige Hochschule im Wege eines örtlichen Numerus Clausus den Zugang reguliert.

„Ein Studium soll für 40 Jahre reichen ...?!"

Nach Aussagen von Experten führen diese kumulativen Restriktionen dazu, dass Beschäftigte, die im Alter von 40plus Jahren ein ordentliches Zweitstudium aufnehmen wollen, kaum eine Chance auf einen zulassungsbeschränkten Studienplatz haben. Das aber sind angesichts der auf die Hochschulen zurollenden Bewerberwelle so gut wie alle Studienfächer an staatlichen Hochschulen. Private Hochschulen (Business Schools) nehmen unter der Hand ohnehin eine

Altersbegrenzung auf zumeist höchstens 40 Jahre vor. Auf Nachfragen lautet die wachsweiche Begründung: Zum einen strebe man aus didaktischen Gründen nach einer auch altersmäßig möglichst homogenen Studentenschaft. Zum anderen erfüllten ältere Studierende kaum den von einem Studium an einer privaten Business School verheißenen Zweitnutzen, den Studienkollegen eine tragfähige Grundlage für ein berufliches Netzwerk zu bieten. Da ältere Studierende „naturgemäß" nicht so starke Karriereambitionen hätten wie ihre jüngeren Kollegen, sei deren Nutzen für den gemeinsamen Aufstieg eng begrenzt.

Frage: Welches Menschenbild der Generation 40plus tritt hier zutage?

Antwort: Das, das von der Realität bestätigt wird.

Zweitstudierende findet man nicht in Labors, Kliniken oder auf Experimentalstellen mit kostenaufwändig ausgestatteten Studienplätzen, sondern fast ausschließlich in den Geisteswissenschaften. Ältere ordentliche Studierenden wählen als Fächer in absteigender Reihenfolge Geschichte (junge Studierende: 12. Platz); Erziehungswissenschaften, europäische Sprachen, Germanistik und Philosophie (junge: 20. Platz). Umgekehrt rangieren Wirtschaftswissenschaften und Informatik in der Fächerwahl junger Studierender an erster Stelle, bei den älteren erst an 10. Stelle – teils der Zulassungsbeschränkung geschuldet, teils der individuellen Neigung. Das aber sind just solche Fächer, die nach Aussagen der Arbeitgeberverbände und des Bundesverbands der Deutschen Industrie von der Wirtschaft benötigt werden und in denen die Beschäftigung wächst.

Es wird offensichtlich, dass sich hier schon bald nicht nur eine riesige quantitative, sondern auch eine qualitative Lücke zwischen der Arbeitsnachfrage der Unternehmen und dem Arbeitsangebot der Beschäftigten auftun wird. Trotz des gestiegenen Anteils derjenigen, die mit einer Hochschulzugangsberechtigung in ihr Berufsleben starten, studiert nur ein Bruchteil solche Fächer, die der Wirtschaft helfen, auf den Weltmärkten erfolgreich zu sein und zu bleiben. Um das zu ändern, bedarf es gewaltiger Anstrengungen aller Beteiligten: der Politik, der Schulen und Hochschulen, der Elternhäuser, der Wirtschaft und nicht zuletzt der künftigen Arbeitnehmer selbst. Nur im Zusammenspiel aller Akteure kann es gelingen, diese offensichtlich in die falsche Richtung laufende Entwicklung umzukehren.

In jüngster Zeit gibt es eine vermehrte Zahl von Studien, die sich mit der Leistungsfähigkeit älterer Arbeitskräfte beschäftigen und die das klassische Modell eines Leistungsanstiegs bis zur Lebensmitte mit einem darauffolgenden Abfall widerlegen. Ältere Menschen eigenen sich deshalb nicht nur dafür, wenn es um die Besetzung von Spitzenpositionen in Politik, Wissenschaft und Wirtschaft geht, sondern auch für eine Vielzahl anderer Aufgaben in der Wirtschaft.

Gegenwärtig aber wird nahezu das gesamte öffentliche Bildungsbudget in die ersten Lebensphasen investiert, obwohl die hier vermittelten Fähigkeiten und insbesondere das fachliche Wissen nach zehn oder spätestens nach zwanzig Jahren überholt sind. Die Beschäftigten müssen aber mehr als doppelt so lange erwerbs- und beschäftigungsfähig bleiben. Es ist deshalb an der Zeit, das gegenwärtige Modell „umfassende Ausbildung in jungen Jahren und eine eher zufällige Weiterbildung danach" zu hinterfragen.

„Age Management ist ein Trendthema."

Age Management entwickelt sich derzeit zu einem verstärkt diskutierten Thema in den Führungsetagen deutscher Unternehmen. Berater präsentieren inzwischen die Ergebnisse eines erfolgreichen Age Managements, durch das sich Abwesenheitszeiten und Arbeitsunfähigkeit signifikant senken und gleichzeitig die Produktivität steigern lassen. Dort, wo bereits seit langer Zeit auf einen Mix von jüngeren und älteren Arbeitskräften gesetzt wird, gibt es ein völlig anderes Bild älterer Kollegen. So geht aus einer Umfrage des Instituts der deutschen Wirtschaft Köln (IW) hervor, dass das Image der 50-jährigen oder älteren Arbeitnehmer umso besser ist, je größer der Anteil dieser Personengruppe in der Belegschaft ist.

Mit einer neuen Management-Methodik und auf kurzfristige wirtschaftliche Effekte ausgerichtete Initiativen oder politische Programme allein ist es allerdings nicht getan. Was fehlt, ist der breite gesellschaftliche Konsens und das praktische Erleben auf Ebene der einzelnen Person, dass sich das Modell von Berufsleben und Erwerbstätigkeit grundlegend verändert. Ein geändertes Bildungssystem bietet dafür den geeigneten Rahmen und schafft die Voraussetzung dafür, dass insgesamt mehr geeignete Arbeitskräfte zur Verfügung stehen.

Ein systematischer Ansatz ist die Erweiterung des Bildungssystems um ältere Zielgruppen. Ein zusätzlicher quartärer Sektor zielt auf solche Teilnehmer, die bereits 15 bis 20 Jahre Berufstätigkeit hinter sich und mindestens noch eine solche Spanne vor sich haben. Um erfolgreich zu sein, muss dieser quartäre Sektor in ähnlicher Weise funktionieren wie der tertiäre Sektor der Hochschulbildung. Neben klaren Berufsbildern ist hierbei insbesondere die Bestenauswahl ein wichtiger Erfolgsfaktor. Dafür sind erhebliche zusätzliche Anstrengungen erforderlich, die richtig investiert sein wollen.

Der quartäre Sektor erfüllt aber noch weitere Zwecke. Die zukünftig längeren Lebensarbeitszeiten mit vielfältigen Neuorientierungen und die geringere Anzahl klassischer Karrieren werden zu einem erhöhten Bedarf danach führen, dass viele Menschen ihr Leben anders als bisher gestalten wollen. Ausstieg, Umstieg und Neueinstieg wird deshalb weniger als Krise denn als Perspektive verstanden, mit den bisher gewonnenen Erfahrungen nochmals neu anzufangen. Zum Beispiel mit einem Bachelor 40plus.

„Qualifizierung ist eine Investition in die Mitarbeiter."

Jeder Unternehmer weiß: Wenn er nicht jedes Jahr in die Verbesserung und Neuausstattung seiner Produktionsmittel investiert, an vorderster Stelle in die Informationstechnologie und die Produktionstechnik, dann bekommt er eines Tages ein großes Problem. Doch beim Stichwort „Updates" denkt man selten an die eigenen Mitarbeiter. Obwohl sie an der Erhöhung der Arbeitsproduktivität einen bedeutenden Anteil haben, wird eher auf die Kosten der Weiterbildung denn auf deren Ertragspotential geschaut. Es ist höchste Zeit, einen neuen Blickwinkel einzunehmen.

Ältere, erfahrene Mitarbeiter wissen sehr genau, dass sie nicht für alle Zeit auf der Stelle treten können. Viele wissen sehr genau, was sie nicht wissen, doch ohne einen Anstoß von außen sehen die wenigsten die Notwendigkeit, Freizeit und Geld für ihre berufliche Weiterbildung aufzubringen. Kein Arbeitgeber kann seine Mitarbeiter zur ständigen Erneuerung seines Wissens zwingen. Er kann nur versuchen, sie dorthin zu motivieren.

Weitsichtige Führungskräfte, gestützt durch fähige Personalbereiche und intelligentes Total Workforce Management, vermögen hier einiges in Bewegung zu setzen. Zum Beispiel mit einer Ansage wie dieser: „Auf Ihrer derzeitigen Position können wir Sie höchstens fünf Jahre halten. Nicht etwa deshalb, weil wir Ihnen nur einen befristeten Vertrag geben wollen. Sondern weil sich die Anforderungen dieses Arbeitsplatzes an den Stelleninhaber nach einigen Jahren so verändert haben werden, dass das Funktionsprofil gänzlich anders ausschaut als heute. Für Sie und für das Unternehmen wäre es gut, wenn Sie sich mit erneuern, wenn Sie mitwachsen würden. Wir unterstützen Sie gerne dabei."

Wie die Arbeitsplätze der Zukunft aussehen werden, geht aus dem *Total Workforce Management* hervor. Es beschreibt nämlich neben den Qualifikationsbedarfen von heute auch die von morgen, die *zukünftig* notwendig werdenden Qualifikationen und Kompetenzen der Mitarbeiter. Und die wandeln sich in immer kürzeren Zeiträumen. Mit Talent Management lässt sich der stetigen Veränderung nur bedingt beikommen, fokussiert es doch auf die Suche und Auswahl von heute benötigten Leistungsträgern. Im Gegensatz dazu beschreibt das Total Workforce Management, was derjenige wissen und können und leisten muss, der den Erfolg von morgen vorantreiben soll. Age Management und Total Workforce Management sind mithin zwei Seiten derselben Medaille. Bei beidem geht es um die Absicherung der Unternehmensstärke von morgen.

Möglicherweise sollten wir uns auf einen neuen Talentbegriff verständigen: Wahre Talente sind Mitarbeiter, die bereit und in der Lage sind, sich alle paar Jahre neu zu erfinden. Geknüpft nicht an die geografische, sondern an ihre funktionale und geistige Mobilität. An ihre Bereitschaft, mit und an ihren beruflichen Aufgaben zu wachsen und sich mit Leidenschaft auf Neuerungen einzustellen. An ihren Willen, auch im fortgeschrittenen Alter noch einmal Neues dazuzulernen und das neu erworbene Wissen an ihren Arbeitsplätzen unter Beweis zu stellen.

„Wir müssen dem Fachkräftemangel proaktiv entgegentreten."

Für die Unternehmen ist dies meiner Meinung nach der einzige Weg, der drohenden Verknappung von Talenten der gängigen Definition auszuweichen. Die Aufgabe selbst wahrzunehmen, liegt in der Verantwortung der Führungskräfte. Denn es ist doch ganz logisch: Wenn ich nicht mehr genügend Talente rekrutieren kann, muss ich entweder meine Anforderungen herunterschrauben. Oder neue Zielgruppen ausfindig machen, die einer neuen Definition von Talent entsprechen.

Zum Beispiel Mitarbeiter jenseits von 40 Jahren.

Um die Weiterbildungsbereitschaft anzufachen, kann man Mitarbeitern mit dem Verlust ihres Arbeitsplatzes oder mit einer Verschlechterung der Arbeitsbedingungen drohen. Nützen wird das freilich kaum. Stattdessen sollte man wertvollen Mitarbeitern wertvolle Perspektiven bieten. Zumindest aber lässt sich skizzieren, an welcher Stelle im Unternehmen sie nach abgeschlossener Weiterbildung eingesetzt werden können. Motivation durch Anreiz ist wirkungsvoller als jede Drohung.

Weiterbildung ist freilich nicht gleich Weiterbildung. Heute schon ist etwa jeder fünfte Arbeitsplatz in Deutschland mit einem Akademiker besetzt. 2024 wird an jedem dritten Schreibtisch ein Hochschulabsolvent tätig sein, weil die Tätigkeiten immer komplexer und anspruchsvoller werden. Dieser Tatsache muss mit der Qualifizierung Genüge getan werden. Mit IHK- und Handwerkskammerkursen, mit Tagesseminaren namenloser Anbieter und mit teuren Zertifikatslehrgängen lassen sich möglicherweise akute Wissenslücken stopfen. Aber für eine Fortsetzung des Berufs unter neuen Vorzeichen oder für eine Neuorientierung auf dem zunehmend anspruchsvollen Arbeitsmarkt genügt das nicht. Allein eine fundierte wissenschaftliche Aus- und Weiterbildung an einer Hochschule, die nebenberuflich absolviert wird, sichert gleichzeitig den Arbeitsplatz von heute und den von morgen und liefert das Rüstzeug für den Arbeitsmarkt von übermorgen.

Wir alle werden uns noch die Augen reiben vor Erstaunen, was schon in wenigen Jahren auf dem Arbeitsmarkt passieren wird. Dr. Hilmar Schneider vom Forschungsinstitut zur Zukunft der Arbeit in Bonn (IZA) beschreibt das Szenario, das auf uns zukommen wird – wenn wir ihm nicht rechtzeitig zuvorkommen (Quelle: http://www. wkr-ev.de/unternehmertagung2006/dokumentation/izaschneider kurzfassung.pdf):

> „Innerhalb der nächsten zehn Jahre wird die Generation der Leistungsträger in deutschen Unternehmen, die Generation der 35- bis 45-Jährigen, um 2,5 Millionen gegenüber heute schrumpfen. Das entspricht einem Sechstel des heutigen Bestandes. Die Generation der 15- bis 25-Jährigen wird innerhalb der nächsten 20 Jahre um zwei Millionen zurückgehen. Innerhalb relativ kurzer Zeit werden Unternehmen damit vor Probleme gestellt, die sie so bislang nicht kannten. (…)

> Was aber bedeutet es, wenn das Durchschnittsalter der Belegschaften rasant ansteigt? Können Unternehmen ihre Innovationsfähigkeit dann noch im gleichen Maße aufrechterhalten wie heute? Was bedeutet es, wenn der Zustrom neuen Wissens nicht mehr wie gewohnt von den gut ausgebildeten jungen Mitarbeitern ins Unternehmen getragen wird? Werden ältere Mitarbeiter in der Lage sein, dies durch Investition in Weiterbildung zu kompensieren? Und wenn ja, was muss getan werden, damit sie das tun? Was bedeutet es, wenn betriebsinterne Aufstiegsprozesse behindert werden, weil zu viele Alte zu lange an ihrem Stuhl kleben? Werden Betriebe in der Lage sein, das daraus resultierende Konfliktpotential zu bewältigen?

> Es gibt einen guten Grund, die Suche nach Antworten auf diese Fragen nicht auf die lange Bank zu schieben: die Trägheit von demografischen

Prozessen. Ihre Trägheit hat zwar den Vorteil, dass sie lange vorhersehbar sind. Der Nachteil ist jedoch, dass sie zugleich nur langfristig steuerbar sind. Viele Unternehmen agieren dennoch nach dem Motto „Probleme werden gelöst, wenn sie da sind". Befragt man sie nach ihren geplanten Strategien zur Bewältigung des demografischen Wandels, antworten sie an erster Stelle mit der kurzfristigen Intensivierung des Wettbewerbs um den gut ausgebildeten Nachwuchs. Sie übersehen dabei vollkommen, dass eine solche Strategie zwar notwendig sein wird, aber keineswegs hinreichend ist. Wenn sich alle zugleich auf den knapper werdenden Nachwuchs stürzen, wird es zwar Sieger geben, aber ebenso sicher wird ein zunehmender Teil der Unternehmen dabei auf der Strecke bleiben.

Unternehmen sind also gut beraten, sich frühzeitig auf Alternativen einzustellen. Frühzeitig deshalb, weil Potentiale erschlossen werden müssen, die heute noch ungenutzt bleiben. Diese Erschließung kostet nicht nur Geld, sondern vor allem Zeit. Wenn in zehn Jahren ein größerer Anteil eines Jahrgangs von jungen Menschen einen Hochschulabschluss erwerben soll als heute, dann müssen dafür heute die Weichen gestellt werden. Wenn in zehn Jahren mehr Frauen als heute qualifizierte Positionen übernehmen sollen, dann muss heute dafür gesorgt werden, dass diese Frauen in die entsprechenden Karrierepfade eintreten. *Und wenn man heute schon weiß, dass in zehn Jahren Ältere mehr gefordert sein werden als heute, dann sollte man auch schon heute dafür sorgen, dass sie diesen Anforderungen in der Zukunft auch gewachsen sein werden.* (Hervorhebung d. Verf.) Dazu gehört nicht zuletzt die Überwindung der Frühverrentungsmentalität in den Köpfen der Mitarbeiter. Wer heute mit Mitte 40 mangels Perspektive keinen Sinn mehr in der beruflichen Weiterbildung sieht, wird mit Mitte 50 vielleicht nicht einmal mehr weiterbildungsfähig sein."

Was sollte man dem noch hinzufügen – außer dem Appell an die Vernunft, die bekanntlich die Einsicht in das Unabänderliche ist, nicht offenen Auges wertvolles Humankapital aufs Spiel zu setzen?

2 Fit for Work

Abteilungsleiter, 48, verheiratet, Student

Thesen

1. *Viele ältere Mitarbeiter fürchten sich vor Weiterbildung. Es gehört zu den Aufgaben von HR, ihnen die Angst zu nehmen.*
2. *Zu einer akademischen Weiterbildung motivieren lässt sich nur durch das Aufzeigen konkreter, beruflicher Perspektiven.*
3. *Jenseits der 40 ist ein kompletter beruflicher Neustart schwierig. Aber er ist nicht unmöglich.*

„Ich wäre gern nochmal Anfang 20, aber mit dem Wissen und der Erfahrung von heute." Wer hat diesen Satz noch nie von Mitarbeitern oder Kollegen jenseits der schwäbischen Weisheitsgrenze von 40 Jahren gehört. Nicht im offiziellen Gespräch natürlich, aber gern abends nach einem Seminar an der Bar oder bei halbprivaten Gesprächen auf Firmenveranstaltungen.

Dahinter steckt oft das Gefühl, etwas versäumt, nicht genug erreicht oder das Falsche gemacht zu haben. Oder die diffuse Resignation, dass längst alle Weichen gestellt, alle Fixpunkte gesetzt, alle erreichbaren Ziele erreicht sind. „Was soll jetzt noch groß kommen?", fragt man sich rhetorisch, denn an der Antwort lässt sich nicht rütteln. Ich habe meinen Beruf. Meine Entwicklungsmöglichkeiten sind absehbar. Karriere? Ach Gott, was ist schon Karriere. Viel kommt da nicht mehr.

Doch im grellen Licht der Arbeitswelt betrachtet haben Akademiker mit Anfang 40 noch den größeren Teil ihres aktiven Arbeitslebens vor sich. Denn die meisten sind erst mit Mitte, Ende 20 in den Beruf eingestiegen und können erst mit 67 Jahren der staatlichen Pension entgegensehen – wer weiß, vielleicht sogar noch später. Das aber bedeutet: Mit Anfang, Mitte, Ende 40 zu resignieren, ist fahrlässig. Zwar wird sich kaum jemand in diesem Alter noch einmal komplett neu erfinden und beruflich ganz andere Wege gehen (wenngleich es auch solche Fälle gibt, und sie sind gar nicht mal so selten). Doch wer als Arbeitnehmer oder sogar als Selbstständiger auf dem Arbeitsmarkt attraktiv bleiben möchte, tut gut daran, *genau jetzt* noch einmal zu prüfen, welche Möglichkeiten für ihn persönlich bestehen, sich und seine berufliche Qualifikation weiterzuentwickeln.

„Für einen Neustart ist 40 ein gutes Alter. "

Eigentlich wäre für viele Menschen Anfang bis Mitte 40 ein optimaler Zeitpunkt, um die beruflichen Weichen für die nächsten Jahre zu stellen oder neu zu justieren. Die Kinder sind zwar vielleicht noch nicht aus dem Haus, aber aus dem Gröbsten raus. Die eigenen Eltern sind zwar meist schon verrentet, aber in der Mehrzahl der Fälle körperlich, geistig und finanziell fit genug, um für sich selbst zu sorgen. Gründe für eine Neubesinnung gäbe es genug. Möglichkeiten – wenn man denn danach sucht – auch.

Oft ist das größte Hindernis die fehlende Motivation. Wenn dann der sich genüsslich in seinen gewohnten Bahnen räkelnde innere Schweinehund auch noch mit vermeintlich vernünftigen Argumenten gefüttert wird, ist der Zug eigentlich schon abgefahren.

Wer zwischen 40 und 50 ist, hat viel gelernt und geleistet und auch schon einiges erreicht – und ist sich dessen auch bewusst. Jetzt noch einmal zu studieren, passt für viele nicht ins Bild. Im besten Fall hat sich zu einer fundierten Ausbildung oder einem erfolgreich abgeschlossenen Studium eine ganze Reihe an Jahren der Berufserfahrung gesellt. Wenn die Karriere bislang gut gelaufen ist, man sich mittendrin fühlt und die konkrete Veranlassung zur Rückkehr auf die Schulbank fehlt – ja, was soll's dann? Steht einem der Platz, auf dem man jetzt steht, nicht etwa zu? Würde man im Gegenteil mit einer Weiterbildung nicht den Kollegen und Vorgesetzten beweisen, dass man sich für schlecht gerüstet hält, um die nächste Reorganisation zu überstehen? Und wenn man sich selbst für einen Abstiegskandidaten hält – warum sollten die anderen das nicht auch glauben?

Das Problem bei der Selbsteinschätzung als weiterhin aufstiegsfähiger Mitarbeiter ist die moderne Definition des Leistungspotentials *als Summe von fachlichen, methodischen und persönlichen Skills plus Erfahrung*. Während das Fachwissen in atemberaubender Geschwindigkeit zu veralten beginnt, in der Regel bereits wenige Jahre nach Abschluss einer Ausbildung, gewinnen einschlägig beschäftigte Arbeitnehmer mit jedem Lebensjahr an beruflicher Erfahrung hinzu. Wer länger auf dem gleichen Gebiet tätig ist, kann also nach seinem Empfinden zumindest beim letzten Teil der Definition punkten.

In diesem Sinne selten offen zugegeben, aber weit verbreitet ist die Überzeugung, der Zugewinn an beruflicher Erfahrung („die Jahre") kompensiere in den Augen der Arbeitgeber den Verlust an zeitgemäßem Fachwissen („das Know-how"). Mit steigendem Lebensalter wächst der Stolz, es „so weit" gebracht zu haben, und übertönt die Furcht, in fachlicher Hinsicht nicht mehr mit dem Nachwuchs mithalten zu können. Angesichts der rasanten Veränderungen auf nahezu jedem wissenschaftlichen Gebiet ist diese Sorge jedoch vollkommen berechtigt. Das Wissen eines Akademikers, der vor fünf Jahren sein Examen abgelegt hat, entspricht dem eines fortgeschrittenen Studenten.

„Die Jahre" allein bieten folglich längst keine Garantie mehr, eine Karriere stetig und bis ins hohe Alter fortsetzen zu können. Die Gewichte der Summanden in der Gleichung „Karriere = Fachwissen + Methodenwissen + persönliche Skills + Erfahrung" haben sich in den vergangenen Jahrzehnten erheblich verschoben. Stand noch etwa vor einer Generation die berufliche Erfahrung im selben Rang wie das Fachwissen, so weisen Unternehmen heute dem taufrischen Hochschulwissen eine weit größere Bedeutung zu. Infolgedessen entscheiden sich Arbeitgeber im Zweifel lieber für den jüngeren Kandidaten mit dem aktuelleren Wissen als für den an Berufserfahrung reichen. Für Vorstandspositionen zum Beispiel präsentieren Personalberater kaum mehr Manager jenseits von fünfzig Jahren. (Managerinnen freilich schon, doch das hat andere Beweggründe.) Auch die Inhaber von mittleren Führungspositionen werden nicht nur dem Gefühl nach immer jünger. Teamleiter von Mitte bis Ende 20 sind heute ebenso an der Tagesordnung wie Abteilungs- und Bereichsleiter von Mitte 30. Hieraus ist die harte, aber wahre Schlussfolgerung zu ziehen: Wer es bis Ende 40 nicht zum Bereichsleiter eines Konzerns oder in die Spitzenriege eines kleineren Unternehmens geschafft hat, wird sich ohne gezielten Wissensneuaufbau schwer tun, seine Karriere im gewohnten Tempo fortzusetzen. Jedenfalls nicht, solange wir an der bestehenden Definition der Karriere festhalten.

„Nur wenige investieren noch einmal in Bildung."

Aus dem Vorhergegangenen sollte klar geworden sein, dass es für einen Mittvierziger bis zum Ruhestand noch ziemlich lange hin ist. Wer nicht aus schmerzhaften Gründen wie Jobverlust, Umstrukturierungen oder Berufsunfähigkeit zu einer Neupositionierung gedrängt wird, kommt von alleine selten auf die Idee, ausgerechnet in der Blüte seiner Jahre noch einmal Zeit und Geld in die eigene Bildungskarriere zu investieren. Schon gar nicht mit einem Hochschulstudium. Das Thema ist entweder erledigt, viel zu hoch gegriffen oder schlichte Spinnerei. Und bringt doch nichts. Ob man es schafft, steht auch in den Sternen. Aber das flüstert man nur insgeheim in sich hinein.

Ob und wann man vielleicht doch mit dem Gedanken an eine Weiterbildung spielt, hängt von der Persönlichkeit und den individuellen Gegebenheiten ab. Wenn es schlecht gelaufen ist, ist man mit Mitte 40 weit entfernt vom Ziel seiner einstigen beruflichen Träume. Doch damit hat man sich abgefunden. Es geht doch auch so! Bis zum Eintritt ins Rentenalter wird zwar noch einige Zeit ins Land gehen, die wird aber irgendwie auch noch herumgehen. Noch einmal in die eigene Bildung zu investieren, scheint sinnlos. Zu groß scheint die Gefahr, Jahre um Jahre in ein Studium zu investieren, um letztlich doch mit leeren Händen dazustehen. Es lernt sich ja auch viel schwerer, wenn man ein bisschen in die Jahre gekommen ist. Viele trauen sich nicht zu, mit den jungen Leuten mithalten zu können. Lieber bleiben sie – Unzufriedenheit hin, ungestillter Ehrgeiz her – im vertrauten Umfeld mit den vertrauten Aufgaben.

„Stillstand ist Rückschritt."

Etwa ab dem 55. Geburtstag beginnt dann die Uhr zu ticken, die die Zeit bis zum Rentenalter misst. Viele arbeiten nun lieber an ihrem Golfhandicap oder erkunden die Welt, als dass sie ihr Fach- und Führungswissen noch einmal à jour bringen wollen. Wer auf einer unteren Managementebene hängengeblieben ist und die Hoffnung auf einen weiteren Aufstieg begraben hat, trainiert nun lieber für den New-York-City-Marathon, als sich um den Erhalt und die Weiterentwicklung der eigenen Qualifikation zu bemühen. Warum auch: Das, was man gelernt hat, scheint sicher und bewährt. Die finanzielle Situation gibt keinen Anlass zur Sorge. Man hat sich in seinem Leben eingerichtet. Diese Komfortzone zu verlassen, um neue Methoden, neue Analysewerkzeuge zu lernen, schon gar in einem Studium, scheint abwegig. Wer weiß schließlich auch, ob sich das für die paar Jahre überhaupt noch lohnt. Sollen sich doch die Jüngeren profilieren. Man selbst hat schließlich bewiesen, was man kann, und begnügt sich mit der Ehre, als väterlicher oder mütterlicher Berater dem Nachwuchs die Arbeitswelt zu erklären.

Nun gut, aber man liest immer öfter ähnliches wie: Im Leben zwei oder mehr Berufe nacheinander auszuüben, werde für viele Arbeitnehmer künftig zur Selbstverständlichkeit werden. Für die kommenden Jahre und Jahrzehnte wird ein weiter zunehmender Bedarf an Hochschulabsolventen prognostiziert, der mit jungen Menschen allein nicht gedeckt werden kann. „Aber", fragt sich der Zweifler, „was hat das mit mir zu tun?"

Viel. Denn Stillstand ist Rückschritt.

Verlängerte Erwerbsbiographien und ein erhöhtes Rentenalter verlangen ein Umdenken jedes Einzelnen, gleichgültig, auf welchem Karrierelevel er steht. Wer als Arbeitnehmer – ob als Führungskraft oder Spezialist – dauerhaft interessant für einen Arbeitgeber sein möchte, kommt um Investitionen in die berufliche Qualifizierung kaum herum. Auch wer jenseits der 50 ist, kann dabei durchaus noch gewinnen. Ein oder zwei Jahren, die für ein Aufbau- oder Zweitstudium aufgewendet werden, stehen immerhin 10 bis 15 Jahre erfüllter Restarbeitszeit entgegen, in denen sich in vielen Arbeitsjahren erworbene Erfahrung und neu hinzugewonnenes modernes Wissen ergänzen.

„Ein Manager studiert nicht gern ... "

Sich als erfahrener und im landläufigen Sinne erfolgreicher Manager noch einmal in das Heer der Studierenden einzugliedern, erscheint gerade Mitarbeitern im mittleren und gehobenen Management oft komplett abwegig. Schließlich haben sie mehr als genug unter Beweis gestellt, dass sie alles Nötige mitbringen, um die nächste Sprosse der Karriereleiter mit Leichtigkeit zu nehmen. Die eine oder andere gut aufbereitete Schulung nimmt man gern mit, aber bitte nie länger als drei Tage. Alles andere wäre Zeitverschwendung. Man wird schließlich im Job gebraucht.

Neue Trends und Entwicklungen lässt man sich in Seminaren, Kursen und Workshops gern mundgerecht servieren, schließlich sind Trainings ja auch immer eine willkommene Abwechslung im Arbeitsalltag. Allein schon zeitlich ist freilich nicht mehr drin. Darauf getrimmt, schnelle Entscheidungen zu treffen und Effizienz als Maß allen unternehmerischen Handels anzusehen, kommen Führungskräfte nur in Ausnahmefällen von allein auf die Idee, noch einmal in die Hochschule zurückzukehren. Weiterbildungs- und Personalentwicklungspläne sind für die Mitarbeiter eine hervorragende Sache, keine Frage. Doch für sie selbst gilt das nur in eingeschränktem Maße.

Als Frank S. bei seinem alljährlichen Gespräch mit dem Personalentwickler angesprochen wird, ob er schon einmal über eine akademisch qualifizierte und qualifizierende Weiterbildung nachgedacht habe, erspäht er eine wunderbare Möglichkeit, um sich als fördernder und fordernder Chef in Stellung zu bringen. „Gut", freut er sich, „dass Sie diesen Punkt anschneiden. Ich habe erst kürzlich mit Frau Meier darüber geredet."

Frau Meier ist seine Assistentin. Eine Perle für alle administrativen Aufgaben und ein wahres Organisationstalent, aber mit ihrem Magister in Germanistik keine wirkliche Managementunterstützung. Frank S. schwebt schon seit einiger Zeit vor, die 35-Jährige zu einem berufsbegleitenden Studium zu ermuntern. Am sinnvollsten wäre ein Bachelor in Betriebswirtschaft, mit dem sie ihr angelerntes Wissen über ökonomische Zusammenhänge untermauern kann. Frank S. würde sich gern noch mehr auf seine Assistentin stützen können. Bisher ist sie diejenige, die alle Termine im Kopf hat und blitzschnell jedes Dokument wiederfindet, das ihm im Netzwerk oder auf dem Schreibtisch abhanden gekommen ist. Er möchte sich aber noch stärker auf die Leitung seiner Abteilung konzentrieren. Wenn sie ihm auch das Reporting und Forecasting abnehmen könnte, wäre ihm sehr gedient.

Mit Frau Meier hat die Personalabteilung tatsächlich etwas vor. Bei der Frage des Personalentwicklers ging es aber, wie sich zwei Sätze und ein joviales Lachen weiter herausstellte, um den Abteilungsleiter selbst. Auf ihn war die Frage nach der Weiterbildung gemünzt.

Als Frank S. das begreift, fällt er aus allen Wolken und ist kurz davor, das Gespräch mit dem Hinweis auf einen wichtigen Anschlusstermin abzubrechen. Nur mit Mühe reißt er sich zusammen und lenkt zu einem anderen Thema über. Dass ihm selbst nach all den Jahren Management- und Führungserfahrung noch das eine oder andere Know-how fehlen könnte, scheint ihm doch vollkommen neben der Reihe. Immerhin ist er erfolgreich und scheinbar mühelos die Karriereleiter emporgestiegen. Was immer er für eine neue Aufgabe im Konzern benötigte, hat er sich selbst angeeignet und abgeschaut. Seine Mitarbeiter respektieren ihn. Bei Vorgesetzten und Kollegen ist er wohlgelitten. Sein Standing im Unternehmen ist top. Was also soll die Frage des Personalers?

„Die eigenen Schwächen werden gerne verdrängt."

Wenn er ganz ehrlich mit sich wäre, müsste er allerdings zugeben, dass er tatsächlich von Zeit zu Zeit ins Schwimmen gerät. Dass es ihm an wirklich fundiertem Managementwissen fehlt, und dass seine Marktstrategien meist mehr auf Gefühl und langjährig gesichertem Gespür beruhen als auf sachlicher Analyse. Aber dafür hat er schließlich seine Berater.

Ebenso wie für das Thema Personalführung. Seit einem Workshop zum Thema „Kritische Mitarbeitergespräche souverän gestalten" hat er die Regie der alljährlichen Zielgespräche fest in der Hand. Der Leitfaden, den ihm die Trainerin nach der Veranstaltung in die Hand gedrückt hat, ist dabei sehr hilfreich. Seit er sich daran hält, hat er nicht mehr so oft das Gefühl, dass ihm die Situation entgleitet. Klar, bei der Auswahl seiner Mitarbeiter hat er schon den einen oder anderen Fehlgriff getan. Aber das geht schließlich jedem so. Seine Stärke ist das Projektmanagement. Da macht ihm so schnell keiner was vor. Schon gar nicht die Frischlinge von der Hochschule. Wenn so einer bei ihm anfängt, wird er wohlwollend aufgenommen und bekommt dann in einigen Wochen all die Flausen aus dem Kopf getrieben, die sie ihm an der Universität beigebracht haben. Praxis ist eben doch etwas anderes als Theorie.

Der Kollege von der Personalabteilung merkt natürlich, dass er bei Frank S. auf einen empfindlichen Nerv gestoßen ist. Diese Reaktion hatte er vorausgesehen. Viele Manager gehen sofort in Abwehrhaltung, wenn sie auf einen möglichen Weiterbildungsbedarf angesprochen werden. Hier gilt es für den Personaler, Vorbehalte argumentativ zu entkräften und die Kollegen zu motivieren, langfristig zu planen und ihre Zeit sinnvoll zu investieren. Das ist gar nicht leicht bei Managern, die gelernt haben, Effizienz als höchstes Gut anzusehen, wichtige Entscheidungen innerhalb kürzester Zeit zu treffen und sich in Sachfragen auf den eigenen Kopf und das Know-how ihrer Mitarbeiter zu verlassen.

Wie Frank S. geht es vielen Vertretern des mittleren Managements, gerade im Maschinen- und Automobilbau und in anderen technischen Umfeldern. Sie sind dank ihres Ingenieurstudiums und ihres Aufstiegswillens schnell vorangekommen, haben sich mit Leistung Führungspositionen und Personalverantwortung verdient und schlagen sich so weit auch ganz ordentlich durch. Als im Folgegespräch mit dem Personalentwickler deutlich wird, dass Frank S. selbst noch einmal eine Zeitlang konzentriert an seinem Methodenwissen in

Betriebswirtschaft, Marketing und Projektmanagement – ja, auch im Projektmanagement – arbeiten soll, fällt er aus allen Wolken. Er sieht keine Lücken in seinem Wissen. Zwar hat er niemals Wirtschaftswissenschaften studiert, aber alles, was er darüber wissen muss, hat er sich in den fast 20 Jahren seiner Betriebs- und Branchenzugehörigkeit angeeignet. Learning on the Job ist seiner Meinung nach noch immer die beste Schule.

Der Abteilungsleiter Frank S. wird sich allerdings hüten, das so deutlich zu sagen. Sein Argument ist die fehlende Zeit. „Ich bin jede Woche wenigstens 60 Stunden für die Firma im Einsatz", erklärt er mit Nachdruck. „Wo, bitte schön, soll ich da die Zeit für ein Studium hernehmen? Außerdem: Wer soll hier meinen Job machen, wenn ich mich hier für Wochen rausziehe? Ich will gar nicht wissen, wie die Geschäftsleitung reagiert, wenn es hier Pannen gibt, nur weil ich mich nicht genügend kümmern kann."

Mangelnde Zeit und die eigene Unabkömmlichkeit sind für Manager in leitenden Funktionen die stärksten Argumente gegen ein Studium in der Lebensmitte. Der Entwickler kennt diese teils ernst gemeinten, teils vorgeschobenen Argumente – und versteht auch die Gekränktheit, die sich dahinter verbirgt.

„So sehen typische Karrieren aus."

Frank S. hat eine Ingenieurslaufbahn absolviert, wie sie in seiner Generation relativ häufig anzutreffen ist. Mit 16 Jahren vor die Wahl gestellt, weiter zur Schule zu gehen und Abitur zu machen oder eine Ausbildung als Automechaniker zu absolvieren, entscheidet er sich für das Einkommen und die Ausbildung und gegen die höhere Schule. Doch schon bald dämmert ihm, dass Schule vielleicht doch die langfristig gewinnbringendere Lösung gewesen wäre. Er beißt sich durch, holt das Fachabitur nach und studiert an einer Fachhochschule für Fahrzeugtechnik.

Er kommt schnell voran. Mit 30 leitet er ein Team von zehn Mitarbeitern, mit 35 sind es schon 70. An seinem vierzigsten Geburtstag führt er einen Geschäftsbereich mit 350 Beschäftigten in Entwicklung, Produktion und Qualitätssicherung. Was er an betriebswirtschaftlichen Kenntnissen dafür benötigt, hat er sich privat angeeignet. Die Kollegen auf seiner Führungsebene haben einen ähnlichen Ausbildungsweg wie er hinter sich. Ihnen fühlt er sich argumentativ und fachlich gut gewachsen.

Neue Produktions- und Managementmethoden wurden Frank S., kompakt aufbereitet und in appetitlichen Häppchen serviert, in mehrtägigen Seminaren beigebracht. Damit, denkt er, ist er gut gerüstet für seinen Job und für die Aufgaben, die noch kommen mögen. Ob Organisationsentwicklung, Lean Management, Six Sigma oder effektives Wissensmanagement: Kennt er alles, hat er alles schon mal ausprobiert. In fünf Jahren sieht er sich in der Geschäftsleitung. Mit 58, 59 Jahren will er aus dem Job aussteigen und seinen Vorruhestand genießen. Oder, wenn sich die Gelegenheit ergibt, vielleicht noch ein paar Jahre lang als Berater arbeiten. So ist der Plan.

„Von jetzt an heißt es: Volle Kraft voraus bis 67."

Leider hat die Zukunftsplanung des Ingenieurs einen entscheidenden Haken. Sie gründet nämlich darauf, dass in den kommenden Jahren alles so weitergeht wie bisher. Dass sich die Unternehmen gern von ihren in die Jahre gekommenen Mitarbeitern verabschieden, weil sie junges Blut und junges Wissen um sich haben wollen. Das wollen sie auch, aber es fließt spärlicher durch die Pipelines der Hochschulen. Wenn Frank S. in das Alter kommt, in dem vor einigen Jahren noch Zehntausende von Managern und Spezialisten in den vorzeitigen Ruhestand geschickt wurden, wird sich der Arbeitsmarkt gedreht haben. Die Zahl der Youngsters, die mit den Füßen scharrend in den Startlöchern stehen, um die älteren Semester abzulösen, wird rapide gesunken sein.

Hinzu kommt: Seit mehr als einem Jahrzehnt ist es erklärter politischer Wille, dass die Deutschen länger arbeiten. Die Möglichkeiten der Unternehmen, ihre Mitarbeiter in den Vorruhestand zu schicken, sind beschränkt worden. Und da der vorzeitige Rückzug aufs Altenteil mit enormen Rentenabschlägen erkauft werden muss, denken viele zwei Mal darüber nach, ob sie sich bis zum Ende ihrer Tage mit einer deutlich knapperen Rente begnügen wollen. Nur wer privat vorgesorgt hat und es sich leisten kann, verabschiedet sich heute und in Zukunft vor Eintritt des Rentenalters in das Privatleben.

Weder Staat noch die Unternehmen werden sich den flächendeckenden Vorruhestand der Luxusjahre um die Jahrtausendwende herum künftig leisten können. Wenn die Generation der um 1965 Geborenen, die heute die stärkste Gruppe im arbeitsfähigen Alter stellt, 2020 geschlossen in den Vorruhestand geschickt würde, gähnte Leere in den Führungsetagen, an den CNC-Maschinen, in der Verwaltung und in den Labors. Auch Frank S. wird sich darauf einstellen müssen, bis zu seinem 67. Geburtstag arbeiten zu müssen, wenn er seinen Lebensstandard einigermaßen halten will.

„Die Konkurrenz zwischen Alt und Jung wird steigen. "

Das bedeutet in der Logik des Arbeitsmarktes, dass er sich generell geistig wie speziell fachlich fit halten muss, um seine Employability noch einige Jahrzehnte lang halten und weiterentwickeln zu können. Dabei konkurriert er nicht nur mit Fach- und Führungskräften seiner eigenen Generation. Sondern auch mit jenen Talenten, die frisch von der Hochschule in die Unternehmen drängen und alles daransetzen, ihre Überlegenheit unter Beweis zu stellen.

Sein Fachhochschulstudium in den 90er Jahren ist zwar lange her, die technischen Entwicklungen in seinem Unternehmen hat er aber in all den Jahren konsequent begleitet und mitgestaltet. Anders sieht es bei den Managementwissenschaften aus. Hier muss Frank S. aufpassen, dass ihm die jungen, gut ausgebildeten Wirtschaftsingenieure – die ja schon in wenigen Jahren von sich sagen können, dass sie über einige Erfahrung verfügen – nicht den Rang ablaufen.

Für den Ingenieur, der im Laufe seiner Karriere gelernt hat, dass das Bessere stets der Feind des Guten ist, sollte das einen entscheidenden Hinweis geben auf die Überlegung, sich auf eine fundierte akademische Weiterbildung in Betriebswirtschaft einzulassen. Anbieten würde sich hier ein MBA-Programm, das sich hervorragend nebenberuflich absolvieren lässt.

Diese Zusatzqualifikation kostet ihn etwa zwei Jahre lang einen Teil seiner Freizeit, versetzt ihn aber in die Lage, moderne Management- und Marketingmethoden auf universitärem Niveau zu begreifen und – auch auf Grundlage seiner Erfahrung – deutlich kompetenter anzuwenden als viele seiner Kollegen. Das ist ein Wettbewerbsvorteil, der sich auf seine Karriere positiv auswirken kann. Auch von den Kontakten, die er auf diese Weise gewinnt, profitiert Frank S., nicht zuletzt dadurch, dass er bei dem zum berufsbegleitenden MBA gehörenden Präsenzunterricht in seiner alters- und erfahrungsgemischten Seminargruppe potentielle Kollegen kennenlernen kann. Einen Vertreter, der seine Position während seiner Abwesenheit übernimmt, braucht S. nicht. Die Business School, für die er sich entschieden hat, hat einen großen Teil des Lernstoffes in Online-Modulen aufbereitet, die der Ingenieur nach Feierabend oder im Zug oder Flugzeug auf Geschäftsreisen absolvieren kann. Die Präsenzzeiten wurden bewusst auf Wochenenden verlegt, so dass Frank S. in seiner Abteilung nicht häufiger fehlt als sonst auch.

Frau Meier, die Assistentin von Frank S., entschließt sich übrigens ebenfalls für ein berufsbegleitendes Studium und gewinnt dabei auch. Sie lernt einen Managerkollegen von Frank S. kennen, der sie als Projektmanagerin in sein eigenes Team holt.

„Viele trauen sich das nicht zu!"

Während die einen denken, ein Studium könne ihnen nichts mehr nützen, weil sie dort nichts lernen könnten, was sie nicht sowieso schon besser wüssten, zweifeln andere an ihrer Fähigkeit, den dafür nötigen Stoff zu bewältigen, theoretische Hintergründe zu verstehen und Prüfungen zu bestehen. Gerade wer bisher nicht studiert hat, sondern mit einer kaufmännischen oder gewerblichen Berufsausbildung in die Erwerbskarriere gestartet ist, traut sich oft nicht zu, die Herausforderungen eines Studiums zu meistern.

Petra A. ist so jemand. Sie hat nach einer Ausbildung zur Bürokauffrau verschiedene Abteilungen ihres Unternehmens durchlaufen, bis sie schließlich im Marketing gelandet ist. Hier hat sie sich rasch eingearbeitet und übernimmt inzwischen viele Aufgaben, für die neu eingestellte Mitarbeiter auf jeden Fall ein Studium absolviert haben müssen. Zuletzt hat sie gemeinsam mit ihren Kollegen eine neue Kampagne im Online-Marketing entwickelt. Außerdem ist sie dank ihres ausgeprägten Organisationstalents seit einigen Jahren für die Ausrichtung einer jährlich stattfindenden Kundenveranstaltung des Unternehmens verantwortlich. Wenn sie gefragt wird, wieso sie das kann, sagt sie meist: „Ach, ich bin doch schon so lange hier. Da lernt man das irgendwann."

Als der für sie zuständige Personalentwickler auf die Bürokauffrau zukommt und sie fragt, ob sie sich vorstellen könne, ein Studium aufzunehmen, erschrickt sie zunächst. Sie versteht die Frage nicht als Anerkennung ihres Einsatzes und Ermunterung, noch wichtigere Aufgaben zu übernehmen, sondern als Kritik an ihrem Können. Dass sie im Gegensatz zu vielen Kollegen nicht studiert hat, nagt zwar seit längerem an ihrem Selbstbewusstsein. Dafür jedoch hat sie vielen an Erfahrung einiges voraus. Das schiebt sie auf ihre langjährige Tätigkeit und auf ihre Begeisterung für die Sache. Dass es Menschen gibt, für die die Organisation einer Veranstaltung für 350 Personen kein Vergnügen, sondern ein Horror wäre, ist ihr nicht bewusst. „Mir macht das Spaß", sagt sie dann, lacht etwas unsicher und stellt ihr Licht auch sonst konsequent unter den Scheffel.

Die anderen Mitarbeiter in der Abteilung freut es. Immer wieder schmücken sie sich mit den Ergebnissen der Kollegin und bedanken sich, indem sie sie – unter vier Augen natürlich – für die erstklassige Kooperation loben.

In der HR-Abteilung sind Petra A.s Organisationstalent, ihre Fähigkeit, in komplexen Situationen den Überblick zu behalten, und ihr Marketinggespür natürlich trotzdem bekannt. Genauso wie ihr Respekt vor an Universitäten und Fachhochschulen erworbener theoretischer Kompetenz.

Für den Personaler ist es deswegen wichtig, Petra A. klar zu machen, dass die Frage nach dem Studium einem Lob entspricht und nicht etwa einer Kritik. Dass dem Unternehmen daran gelegen ist, sie als Mitarbeiterin fachlich und persönlich weiterzuentwickeln und zu fördern. Doch sie muss auch selbst bereit sein, dafür zu arbeiten und einen Teil ihrer freien Zeit in die Aufwertung ihrer Qualifikation zu investieren. Mit einem Bachelor in Wirtschaftswissenschaften, Schwerpunkt Marketing und Kommunikation würde Petra A. ihre Kompetenzen perfekt ergänzen.

All das leuchtet ihr ein, und doch fällt es der Mitarbeiterin schwer, sich diesen Schritt zuzutrauen. Außer einigen Volkshochschulkursen und Sprachferien in England hat sie seit dem Abitur keine Schulbank mehr gedrückt. Mit dem Studium scheint ein gewaltiger Berg an Theorie auf sie zuzukommen, der sie erdrücken könnte. Als Mutter zweier Teenager beschränkt sie sich seit vielen Jahren auf eine Halbtagsstelle. Die Personalabteilung schlägt ihr vor, zwei bis drei Jahre auf ein berufsbegleitendes Bachelorstudium zu verwenden und danach mit sehr guten Perspektiven in eine Vollzeitstelle einzusteigen. Petra A.s Bedenken, sie könne einem Studium intellektuell nicht gewachsen sein, teilt der HR-Entwickler nicht. Er hofft vielmehr, dass ein erfolgreich abgeschlossenes Studium ihr Selbstbewusstsein anhebt und sie für weitere Karriereschritte qualifiziert und motiviert. Schließlich ist sie erst 41 Jahre alt.

„Lernen müssen kann bedrohlich sein."

Doch für Petra A., die bei der Planung einer Veranstaltung auch im größten Chaos die Übersicht behält und entspannt bleibt, während bei den Kollegen längst die Nerven bloß liegen, ist Lernen Stress pur.

Schon die Vorstellung, sich durch dicke Fachbücher quälen, Klausuren schreiben und Referate halten zu müssen, macht ihr Angst.

Nachdem der Kollege ihr in einem langen Gespräch erläutert hat, wie sehr das Unternehmen und auch sie selbst von einer Aufstockung ihres Wissens profitieren würde, wird sie unsicher. Tatsächlich würde ein solch großer und für sie völlig neuer Schritt gut in ihre Lebensplanung passen. In ihrer Rolle als Mutter ist sie lange nicht mehr so eingespannt wie noch einige Jahre zuvor. Der Unterhalt, den sie vom Vater ihrer Kinder erhält, läuft nach deren Abitur aus. Ihre Arbeit im Unternehmen macht ihr Spaß. Ohne Höherqualifizierung, das weiß sie, wird es aber schwer werden, dort noch neue Herausforderungen und eine besser bezahlte Vollzeitstelle zu finden. Sollte sie den Arbeitsplatz wechseln wollen oder müssen, wird es ohne akademische Ausbildung schwer werden, eine adäquate Position in einem anderen Unternehmen zu bekommen. Ein Studium würde folglich ihre Chancen – sowohl bei ihrem derzeitigen Arbeitgeber als auch generell auf dem Arbeitsmarkt – deutlich steigern.

Vor diesem Hintergrund und nachdem die Personalabteilung Petra A. klar zu verstehen gegeben hat, dass ihre Leistung gesehen und geschätzt wird, dass man ihr zutraut, ein Studium auf die Reihe zu bekommen, und dass der Arbeitgeber gewillt ist, einen Großteil der Ausbildungskosten zu übernehmen, besiegt sie ihre Furcht und meldet sich an.

„Mit Erfahrung kann man anders lernen!"

Anfangs bereitet es ihr einige Schwierigkeiten, sich wieder mit der Mathematik anzufreunden und umfangreiche theoretische Texte durchzuarbeiten. Mit der Zeit gewöhnt sie sich aber an das Selbststudium und entwickelt sogar eine gewisse Freude daran. Das Präsenzlernen in Seminaren und Vorlesungen hingegen liegt ihr von Anfang an. Mit ihrem reichen Erfahrungsschatz aus dem Marketing ist sie eine begehrte Partnerin bei Gruppenarbeiten. „Ich bin immer ganz überrascht, wenn mich jüngere Kommilitonen nach meiner Einschätzung zu bestimmten Themen fragen und das dann auch in die Gruppenergebnisse einfließen lassen", erzählt sie ihren Kolleginnen. Nach den ersten Prüfungen erkennt Petra A., dass der HR-Kollege mit seiner Einschätzung nicht ganz falsch gelegen hat. Trotz der Dreifachbelastung als berufstätige Mutter und Studentin meistert sie die Weiterbildung mit Bravour. Gute Noten und die Anerkennung von Professoren und Mitstudenten stärken ihr Selbstbewusstsein. Ihre Kommilitonen profitieren von ihrer Erfahrung. Sie selbst findet Gefallen an der Theorie und entdeckt ihre Begeisterung für die für das Marketing immer wichtiger werdenden Social-Media-Netzwerke.

Als sie sich nach gut drei Jahren, nun 44 Jahre alt, mit druckfrischem Bachelor-Abschluss für die Leitung der neu aufzubauenden Abteilung Online-Marketing bewirbt, bekommt sie die Stelle sofort. Für das Unternehmen hat sich die Investition gelohnt. Für Petra A. sowieso. Wenn sie gefragt wird, warum sie sich bei Facebook, Xing und Twitter besser auskennt als so mancher 20-Jährige, lacht sie: „Meine Kinder machen gerade Abitur. Die kommunizieren kaum noch anders." Dann holt sie Luft und fügt hinzu: „Außerdem war das das Thema meiner Bachelorarbeit. Für die habe ich übrigens einen Preis bekommen. Wenn Sie mich jetzt bitte meine Arbeit machen lassen würden."

„Die zweite Hälfte des Erwerbslebens braucht eine andere Lebensplanung."

Ein Mensch, der in den 90er Jahren mit Mitte, Ende 50 in einem Hörsaal saß, war entweder ein Professor oder ein nicht ausgelasteter Vorruheständler mit Gasthörerstatus. Noch heute sind bei Studenten im dritten Lebensabschnitt Fächer wie Kunstgeschichte, Germanistik, Geschichte und Philosophie besonders beliebt. Aber jene, die dort sitzen, sind ja auch nicht darauf angewiesen, mit dem erworbenen Wissen ihren Lebensunterhalt zu bestreiten. Wer mit Ende 40, Anfang 50 ein Studium beginnt, um seine Qualifikation und seine beruflichen Chancen zu verbessern, gilt an den Hochschulen als Exot und muss extrem hohe Zulassungskriterien erfüllen. Nicht nur die jungen Kommilitonen, sondern auch gleichaltrige Freunde und Kollegen bringen nur selten Verständnis für den zukünftigen (Doppel-)Akademiker auf. Eine Leidenschaft wie einen Doktortitel zum puren Vergnügen und für die Visitenkarte ließe man ja noch nachsichtig lächelnd durchgehen, aber gleich ein ganzes, richtiges Studium? Da zucken die meisten verständnislos mit den Schultern. Das häufigste Argument lautet: „Das lohnt sich doch gar nicht mehr." Dicht gefolgt von: „Du glaubst doch nicht wirklich, dass dich dann noch jemand einstellt?!"

Beide Argumente sind nicht völlig von der Hand zu weisen. Wer im fortgeschrittenen Alter ein Studium beginnt, ist noch einige Jahre älter, wenn er damit fertig ist. Tatsächlich stehen dem Mitte 40- oder Anfang 50-Jährigen große Herausforderungen bevor. Er befindet sich in einer Art Sandwich-Position. Wer studierende Kinder hat, muss tief in die eigene Tasche greifen, um dem Nachwuchs einen guten Start ins Berufsleben zu ermöglichen. Die eigenen Eltern sind alt geworden und manchmal nicht mehr in der Lage, allein für sich zu sorgen. Auch die eigenen Kräfte schwinden. Bei gleichaltrigen Kollegen mehrt sich die Zahl der Herzinfarkte, Bandscheibenvorfälle und Krebserkrankungen. Trotzdem: Wenn ein Erst-, Zweit- oder Aufbaustudium in die eigene Erwerbsbiographie und Lebensplanung passt, gibt es eigentlich keinen Grund dafür, es nicht auch in diesem Alter anzugehen.

„Neben dem Wissen verändern sich auch die Märkte."

Mit 40 Jahren war Hartmut W. ein gemachter Mann. Der studierte Diplom-Kaufmann besaß eine Agentur für Personaldienstleistungen, seine Spezialität war die Vermittlung von technischen und gewerblichen Fachkräften für die Industrie. Ob Automobilindustrie, Luftfahrt oder regenerative Energien: W. hatte die richtigen Mechaniker, Techniker und Ingenieure für die richtigen Firmen unter Vertrag. Ein einträgliches Geschäft, bei dem der Kaufmann sein Verkaufstalent, sein unternehmerisches Gespür und sein Händchen für fähige Mitarbeiter nachhaltig unter Beweis stellen konnte. Zeitweise waren mehr als 1000 Mitarbeiter für seine Kunden im Einsatz.

Aber Märkte verändern sich. Große Unternehmen zentralisierten ihren Einkauf und arbeiteten lieber mit einer Handvoll großer als mit vielen kleinen Personaldienstleistern zusammen. Neben den Marktführern war Hartmut W.s Unternehmen ein Zwerg. Er sah sich gezwungen, immer häufiger mit anderen Unternehmen zusammenzuarbeiten, um seine Verhandlungsposition gegenüber ehemals sicher geglaubten Kunden zu stärken. Als man ihm bei einem Kundenbesuch auch noch die vor vielen Jahren überlassene Durchfahrterlaubnis für die Werkstore eines seiner bis dahin größten Kunden entzog und er fortan auf dem Besucherparkplatz außerhalb des Werksgeländes parken musste, war das Maß voll. Vor die Wahl gestellt, sich in die zweite oder gar dritte Reihe der Futterkette zu stellen oder neue Wege zu suchen, entschied er sich für letzteres.

„Wer für den freien Markt zu alt und für den Ruhestand zu jung ist, braucht neue Ideen und Kompetenzen."

Hartmut W. verkaufte sein Unternehmen an einen großen Mitbewerber und ging erst einmal auf Weltreise. Er, dessen Arbeitswoche nie weniger als 50 Stunden hatte und dessen Urlaub sich auf eine

Woche Skifahren im Winter und 14 Tage Strandurlaub im Sommer beschränkte, hatte plötzlich Zeit. Viel Zeit. Und er hatte Ideen. Viele Ideen. Aber keine passte so richtig. Kapital war dank des Unternehmensverkaufs kein Thema, Kinder, die zu versorgen gewesen wären, hatten die W.s nicht. Auch eine fast halbjährige Weltreise brachte keine rechte Erkenntnis. Untätig zu Hause herumsitzen, war für den agilen Hartmut W. keine Option. Er glaubte, dass er noch viel bewegen könnte, er wusste nur nicht so richtig, an welcher Stelle er ansetzen sollte. Da kam ihm der Zufall zur Hilfe.

Anlässlich des Umzugs seines Vaters in eine Seniorenresidenz tat sich für Hartmut W. eine völlig fremde Welt auf. Eine Art Luxushotel mit angeschlossener Pflegestation und extrem anspruchsvoller Kundschaft, deren Bedürfnisse 24 Stunden am Tag erfüllt werden wollten: Vom Kammerkonzert am Abend über die Ergotherapie bis hin zu Diavorträgen örtlicher Experten und zur tatsächlichen Pflege. Ein komplexes System, das von einem grundlegenden Dienstleistungsgedanken geprägt ist und von der zunehmenden Alterung der Gesellschaft gefördert wird. Anspruchsvolle, aber treue Kunden, die ein Rundum-Sorglos-Paket verlangen und bezahlen. Mit unternehmerischem Gespür erkennt W. einen gesellschaftlich notwendigen und profitablen Markt.

Hartmut W. ist Jahrgang 1960, also Teil der Babyboomer-Generation. Nur knapp am Jahrgang 1964 vorbei, über den Martin Rupps in seinem Buch „Wir Babyboomer" schreibt: „Wir sind die meisten – allein 1964 wurden 1.357.000 Kinder geboren. Die Babyboomer stehen heute im besten Alter – mit jenseits der Vierzig beruflich etabliert, auch privat auf einem festen Gleis, blicken wir auf spannende, wechselvolle Jahre zurück." Mit unverkennbarer Bitterkeit setzt er hinzu: „Zusammen mit meinen Altersgenossen füttere ich drei Generationen durch: die letzten Angehörigen der Flakhelfer-Generation, die ersten Wohlstandskinder dieser Republik und die Frührentner der 68er. Wir sind die Melkkühe."

Hartmut W. kennt die Form der Bevölkerungspyramide und die Statistiken zur Lebenserwartung. Der Besuch in der Seniorenresidenz weckt seinen Ehrgeiz. Als guter Kaufmann weiß er, dass er seine Zielgruppe kennen muss, bevor er ihnen maßgeschneiderte Angebote präsentieren kann. Halbe Sachen kommen für ihn nicht in Frage und so beschließt er, das Thema wissenschaftlich anzugehen und das Aufbaufach Gerontologie zu studieren, sich also Wissen über Gesundheit und Pflege, Politik und Recht älterer Menschen, Psychologie, Soziologie und Demografie anzueignen. Vier Semester sollte es dauern.

Gerade lang genug, dachte er, um währenddessen an einem hieb- und stichfesten Businessplan zu arbeiten.

Selbstverständlich prüfte der Kaufmann auch die Option, für das operative Business einen ausgebildeten Fachmann für Senioren einzustellen und sich selbst auf die Verwaltung zu konzentrieren. Aber nur kurz. Entscheidend war für ihn, auf diese Weise noch einmal einen ganz neuen Weg zu beschreiten und die verbleibende Lebensarbeitszeit – und nach seiner Meinung durfte die ruhig über das fünfundsechzigste Lebensjahr hinausgehen – sinnvoll zu nutzen. Zwei Jahre Studium dünkten ihm alles andere als vertane Zeit. Aus dem Experten für die Bedürfnisse des Arbeitsmarktes wurde ein Experte für die Bedürfnisse einer alternden Gesellschaft.

Ganz nebenbei erhielt Hartmut W. während des Studiums Zugang zu den Lebenswelten der jungen Generation, nämlich der seiner Kommilitonen im Alter von Mitte bis Ende 20. Die, das sah er rasch, hatten ihm bei Themen wie Internetrecherche, Online-Kommunikation und internationaler Vernetzung einiges voraus. Für ihn selbst wurde die Beschäftigung mit dem Altern auf diese Weise zu einer Verjüngungskur.

Was der Kaufmann nach Abschluss seines Studiums auf die Beine stellen will, hat er noch nicht in letzter Instanz entschieden. Die Seniorenresidenz, in der sein Vater lebt, gehört zu einem niederländischen Konzern. Dessen Geschäftsmodell könnte einige Modifikationen vertragen. Das weiß der Unternehmer inzwischen, und er hat auch schon Kontakte zu einigen Private-Equity-Unternehmen aufgenommen. Mit deren Unterstützung und seinem verfügbaren Eigenkapital könnte er ein ähnliches Business hochziehen. Nur viel, viel besser.

„Wenn der Markt es fordert, müssen Führungskräfte und Mitarbeiter an einem Strang ziehen."

So vielfältig wie die Lebenssituationen der 40 bis 50-Jährigen sind auch ihre Beweggründe für ein Studium in oder sogar jenseits der Lebensmitte. Wer sich in diesem Alter zu einem Studium entschließt, wird sich sehr genau überlegen, ob und was er studieren möchte. Dafür sollte die Steigerung des Werts der eigenen Arbeitskraft ebenso eine Rolle spielen wie private Interessen und Vorlieben.

Leider geht der Motivation, sich beruflich weiter zu qualifizieren, oft genug ein Schock voraus: Man erfährt vom Vorgesetzten, dass man für seinen Arbeitsplatz nicht mehr ausreichend gerüstet ist.

Dass Cathy M. mit 43 Jahren noch einmal zur Schule gehen würde, hätte sie sich niemals träumen lassen. Seit zwei Jahrzehnten war die gelernte Grafikdesignerin beim selben Verlag tätig, hatte attraktive Kundenmagazine und Mitarbeiterzeitschriften gestaltet, sich in Tageskursen in Bildbearbeitung weitergebildet und privat sogar HTML-Programmierung gelernt. Von modernen Anwendungen, von iPads und Screengestaltung verstand sie allerdings kaum etwas. Um Dokumentationssysteme und Bewegtbildprogrammierung zu begreifen und mehr Verständnis für die Wirtschaftlichkeit ihrer Arbeit und der neuen Produktionstechniken zu bekommen, reichten ein paar Kurse nicht mehr aus. Das hatte ihr ihre Chefin vor einigen Tagen deutlich zu verstehen gegeben. „Ihre Seminare bislang waren ja gut und schön", hatte sie kühl gesagt, „aber wenn Sie bei uns weiterarbeiten wollen, müssen Sie die Grundlagen digitaler Mediengestaltung verstehen und beherrschen. Das bringen die jungen Leute heute allesamt mit. Wenn Sie mit denen mithalten wollen, müssen Sie fachlich aufschließen."

„Es ist ja nicht so, dass ich das ohne Grund von Ihnen verlange", hatte sie begütigend hinzugesetzt, „vielmehr verlangen das die Kunden von uns und von unserem Mitarbeitern. Ich schicke Ihnen gleich mal einen Link über Weiterbildungsstudien im Multimedia-Design. Viele dieser Ausbildungen können Sie nebenberuflich machen. Okay, für Sie geht dann vielleicht ein Jahr lang jeder Samstag drauf. Aber dieser Aufwand ist wirklich unverzichtbar, wenn Sie die nächsten Jahre bei uns arbeiten wollen. Ich sage Ihnen in aller Deutlichkeit: Wenn Sie dazu nicht bereit sind, dann werden wir uns trennen müssen."

Wer wie Cathy M. mit so klaren Worten auf den Verfall seines vor Jahren erworbenen Wissens aufmerksam gemacht wird, kann dankbar sein. Viele Führungskräfte drücken sich um klare Ansagen. Und doch spüren es Mitarbeiter, wenn ihre Arbeit nicht mehr so wie früher geschätzt und anerkannt wird, wenn sie zunehmend mit einfachen Tätigkeiten beauftragt werden und wenn die spannenden und herausfordernden Jobs an junge Kollegen gehen. Wie dachte doch der Steuermann, der nur noch 100 Meter von den Stromschnellen entfernt war: „Ich weiß gar nicht, warum man sagt, dass dieser Fluss gefährlich ist."

Für von ihrer Aufgabe überzeugte Führungskräfte eröffnet sich hier ein breites und für alle Seiten gewinnbringendes Beratungsfeld. Mitarbeiter in einem notwendigen Veränderungsprozess zu unterstützen, ist auch Aufgabe des betrieblichen HR-Managements und im optimalen Fall Teil eines gut durchdachten Personalentwicklungskonzeptes. Eine erfahrene Führungskraft, die nicht nur ihre Mitarbeiter kennt, sondern auch die Anforderungen des Unternehmens und des Arbeitsmarktes, kann und sollte mit Unterstützung des Bereichs Human Resources hier kompetent beraten, fördern und motivieren.

3 Bachelor 40plus

Das Studium nach dem Studium

Thesen

1. *Angesichts des demografischen Wandels müssen sich die Hochschulen schnellstmöglich für Menschen öffnen, die mit 40plus ein Zweit- oder Aufbaustudium in Angriff nehmen wollen.*

2. *Unternehmensinitiierte und -finanzierte Studiengänge und Stiftungsprofessuren vertragen sich auf Dauer nicht mit der Freiheit der Wissenschaft.*

3. *BAföG für ältere Weiterbildungswillige ist ein probater Weg, um die Bereitschaft zur erneuten Qualifikation zu stärken.*

Sein Diplom in Elektrotechnik hatte Boris W. seit Jahren nicht mehr in der Hand gehabt. Es ruhte in den Tiefen des Aktenordners „Werdegang", nicht weit entfernt von seinem Abiturzeugnis. Dass er es doch noch einmal hervorziehen würde, hätte er sich noch vor einem halben Jahr nicht einmal träumen lassen. Zu dieser Zeit fühlte sich der 42-Jährige noch sehr gut platziert als Leiter Gesamtfertigung. Dafür hatte er jahrelang getan und gemacht und sich wacker im Karriererennen geschlagen. Felsenfest stand für ihn fest, dass er seinen bisher solide getakteten Aufstieg im Unternehmen fortsetzen und schon bald mit dem Einzug in die Geschäftsführung krönen können würde. Diese Etappe, so schien es vor sechs Monaten, lag sogar schon in Reichweite.

Doch dann kam Leipzig. Die wichtigen Jobs in der neuen Niederlassung wurden extern und intern ausgeschrieben – auch die des Niederlassungsleiters und designierten Mitglieds der Geschäftsleitung. Und dieses Mal ging das Rennen komplett an Boris W. vorbei.

„Am Anfang steht die Selbstanalyse."

Nach ein paar Tagen im Schmollwinkel riss sich der Übergangene am Riemen, machte eine Bestandsaufnahme der eigenen Stärken und Schwächen und nutzte seine privaten Kontakte zu einem Personalreferenten für eine diskrete Konkurrenzbeobachtung. Was hatte der

Kandidat vorzuweisen, den man ihm vorgezogen hatte? Gute Marketingkenntnisse zum einen, stellte sich heraus. Die fehlten Boris W. leider in der Tat. Zudem ausbaufähiges Grundwissen in Controlling und Personalwesen. Bei ihm selbst dummerweise ebenfalls Fehlanzeige. Das Ergebnis schmerzte, denn es förderte Defizite zu Tage, die sich nicht wegdiskutieren ließen.

Immerhin konnte die Selbsterkenntnis als erster Schritt zur Besserung herhalten. Sprich: zu einer spontanen Recherche in Sachen Weiterbildung. Das Ziel war klar. Boris W. musste sich möglichst schnell ein möglichst belastbares Standbein in Betriebswirtschaft zulegen. Es wäre doch gelacht, dachte er, wenn sich die Versäumnisse nicht noch ausbügeln ließen. Dann hätte er zumindest beim nächsten Wachstumsschub im Hause die besseren Karten. Und wer sagt denn überhaupt, dass es in anderen Unternehmen nicht auch schöne Aufgaben gibt, Krise hin oder her, gute Leute werden immer gern genommen. Führungserfahrene Ingenieure mit einem ansehnlichen Track Record allemal. Und falls nicht: Vielleicht wäre es ja sowieso an der Zeit, sich ein neues Revier zu suchen. Mit Anfang 40 ist noch alles drin.

In das wissenschaftliche Arbeiten jedenfalls würde er rasch wieder hineinkommen. Mit hervorragenden Ergebnissen und sogar einer Auszeichnung hatte er einst die Fachhochschule verlassen. Also dürfte es doch kein Problem sein, im akademischen Bereich noch einmal draufzusatteln. Auf seine Arbeitsdisziplin konnte sich Boris W. verlassen, auf seine Frustrationstoleranz und seine Zähigkeit war er stolz. Als Single musste er zudem keine Rücksicht auf familiäre Belange oder störende Prioritäten Dritter nehmen. Jetzt galt es nur noch, die Vorgesetzten davon zu überzeugen, dass ein berufsbegleitendes Zweitstudium durchaus im Interesse des Unternehmens lag. Auch das gelang ohne große Mühe – allein schon aus Dankbarkeit, dass Boris W. geblieben war. Wenn er dem Unternehmen aus Enttäuschung den Rücken gekehrt hätte, wäre der Start des neuen Niederlassungsleiters erheblich erschwert worden.

Nein, der Ingenieur zeigte Einsicht in das Unabänderliche und begab sich gedanklich zurück auf Los – an die Hochschule. Dort wollte er just das Wissen tanken, das seiner Karriere den ultimativen Schwung zu geben vermochte.

„Das zumindest war der Plan!"

Wofür gibt es schließlich ein breites und fast ausschließlich aus Steuermitteln finanziertes Ausbildungswesen im Lande? In Erinnerung an seine Studentenzeit erwartete Boris W., ohne Kosten, zumindest ohne große Kosten, ein Studium absolvieren zu können. Doch schon am Start geriet sein Vorhaben ins Stocken. Denn vor das Erreichen der Zulassung hat die Bürokratie ein paar Hürden gesetzt, die der Ingenieur erstens nicht vermutet hatte und zweitens nicht ohne weiteres aus dem Weg räumen konnte.

„Nach Stufe III ist derzeit Schluss."

Das deutsche Bildungssystem ist wohlgeordnet. Fein sortiert hinsichtlich Altersgruppen und Zielsetzung, bauen die Bildungsbereiche aufeinander auf. Auf die Eingangsstufe mit Kindergärten und Vorschulen folgen

- der Primärbereich mit den Grundschulen,
- die Sekundarbereiche I und II mit unterschiedlichen Schultypen und schließlich
- der tertiäre Bereich III mit Universitäten, Hochschulen und Fachhochschulen und von der EU als vergleichbar eingestuften Ausbildungsgängen.

Nach Stufe III ist Schluss. Einen einheitlichen und geregelten berufsbegleitenden quartären Bereich gibt es in Deutschland nicht. Die systematische, akademische Ausbildung endet hierzulande mit dem Abschluss an der Hochschule. Die Promotion gilt als Berufseinstieg für eine Laufbahn in der Wissenschaft. Was nach der dritten Bildungsstufe angeboten wird, heißt unspezifisch „Weiterbildung."

Der größte Anteil dieses Bereichs wird abgedeckt vom sogenannten „informellen Lernen". Der wachsweiche Begriff versammelt den Erwerb von Wissen, Kenntnissen und Fähigkeiten, der an atypischen Lernorten, also nicht an Schulen, Hochschulen und Universitäten erfolgt. Beispielsweise im Ehrenamt – bei Nicht-Regierungsorganisationen (NGO) wie Greenpeace und Ärzte ohne Grenzen, über die freiwillige Feuerwehr bis hin zu den Pfadfindern und Naturfreunden – oder auch beim autonomen Wissenserwerb mit Hilfe von computergestützten Selbstlernprogrammen. Die Fachbegriffe hierzu lauten E-Learning, Distance Learning oder auch Online-Learning.

Auf dem Feld der formalen Weiterbildung trifft man auf vielfältige Angebote für politisch, kulturell und auch beruflich – etwa an neuen Softwareversionen – Interessierte, die die Forderung nach lebenslangem Lernen für sich bejaht haben. Sie können Vorträge und Kurse zum Beispiel an Bibliotheken, gewerkschaftlichen, staatspolitischen oder kirchlichen Bildungszentren, Volkshochschulen oder an betrieblichen Bildungseinrichtungen buchen. Die Palette der Fortbildungsofferten ist so bunt wie die Labels, unter denen sie angeboten werden. Die erinnern im Übrigen – mit Sicherheit ohne tiefere Absicht – an das Marketing zur Pflege „der Dritten".

„Unsere Hochschulen bieten für Ältere nur geistiges Fitnessprogramm und Selbstverwirklichung."

Für die, wie es so freundlich und diskriminierend zugleich heißt, „Junggebliebenen" gibt es auch an deutschen Hochschulen zahlreiche Angebote, um den Bildungshunger zu stillen. So bietet die Universität Bremen ein „wissenschaftliches Weiterbildungsprogramm für ältere Erwachsene". Diese können die regulären Vorlesungen besuchen oder an den vom „Zentrum für Weiterbildung" (ZWB) eigens für die seniore Altersgruppe ausgerichteten Veranstaltungen teilnehmen.

Die Universität Göttingen unterhält seit 1995 ein spezielles Programm namens „UDL" – eine „Universität des dritten Lebensalters". Potsdam unterhält eine „Akademie der zweiten Lebenshälfte". In Frankfurt gibt es schon seit 1982 die sogenannte „U3L", die „Uni des 3. Lebensalters". Der eingetragene Verein wird räumlich und organisatorisch von der Universität Frankfurt unterstützt. Die Universität Leipzig bietet Arbeitsgemeinschaften an, in denen Jung und Alt zusammengeführt werden sollen. Neben diesem sozialen Aspekt steht „der Erhalt der geistigen Fitness für ältere Menschen" im Vordergrund.

Den Zugang zu den Vorlesungen regeln die Hochschulen nach Bewerberandrang und Ausstattungskapazitäten, mit anderen Worten: nach eigenem Ermessen. Die ordentlichen Seminare bleiben meist den ordentlich Studierenden vorbehalten. Älteren Menschen steht in der Regel nur der Status des Gasthörers offen, für den sie sich in jedem Semester wieder neu bewerben oder anmelden müssen. Das, so lässt sich vermuten, ist einer hohen Abbrecherquote geschuldet. Die Gasthörergebühr beträgt im Schnitt etwa hundert Euro je Halbjahr. Vielerorts werden bereitwillig Studienbescheinigungen oder Zertifikate für die erfolgreiche Teilnahme ausgestellt. Allerdings werden Gasthörer nicht zu den Prüfungen zugelassen, weshalb sie auch keinen akademischen Abschluss erlangen können. An den Teilnahmebescheinigungen kann sich der erfolgreiche Teilnehmer zu stiller Stunde erfreuen. Hin und wieder lässt sich damit auch das private Umfeld beeindrucken. Arbeitgeber in spe aber nur selten.

So bietet beispielsweise die Universität Kassel in ihrer hauseigenen „Bürgeruniversität" „wissenschaftlich und kulturell interessierten Bürgerinnen und Bürgern mit dem Gasthörerprogramm und zertifizierten Studienprogrammen verschiedene Möglichkeiten für das neben- und nachberufliche Lernen". Die Lehrveranstaltungen aus den Bereichen Geschichte, Germanistik und Kunstgeschichte sind allerdings auf fünfzehn Teilnehmer limitiert.

Bildung für Menschen über Fünfzig an Hochschulen in Deutschland richtet sich vor allem an nachberuflich Studierende mit dem Wunsch nach Selbstverwirklichung in einem attraktiven Umfeld, das gleichzeitig noch die Möglichkeit neuer sozialer Kontakte fördert. Die Hörer, so das vermutete Fremdbild der Hochschulleitungen, haben Zeit und Muße, sich endlich mit Themen zu befassen, für die ihnen während des Arbeitslebens Kraft und Gelegenheit fehlten.

„Das Nadelöhr heißt Zulassung."

Elektrotechniker Boris W. gehörte nicht zur Zielgruppe der Anbieter eines Seniorenstudiums. Er war auf der Suche nach einem Zweitstudium, dessen erfolgreicher Abschluss seine beruflichen Chancen verbessern sollte. Er betrachtete sich zwar keineswegs als Studienanfänger, aber auch noch lange nicht als Senior in einem unausgefüllten Leben und mit Sehnsucht nach Kontakten. Also informierte er sich weiter.

Wer an einer deutschen Hochschule ein zweites Mal ordentlich studieren möchte, muss prinzipiell dieselben Voraussetzungen erfüllen wie ein Studienanfänger, der direkt nach dem Abitur um Zulassung nachsucht. Als gleichwertig anerkannte Leistungen aus dem Erststudium können allerdings angerechnet werden. Die Details des Zulassungsverfahrens regeln die Universitäten intern. Wichtigste Kriterien sind die Noten des Erststudiums und die Begründung des aktuellen Studienwunsches.

Mit seinen 42 Jahren stellt sich Boris W. zumindest eine Hürde nicht in den Weg – die der Altersbegrenzung für Studierende an deutschen Hochschulen. Sie liegt in den *zulassungsbeschränkten Studiengängen* bei 54 Jahren. Wer bei der Einschreibung zum jeweiligen

Stichtag vor Semesterbeginn das 55. Lebensjahr vollendet hat, kann am Vergabeverfahren überhaupt nur teilnehmen, wenn er eine Ausnahmegenehmigung bekommt. Dazu müssen „schwerwiegende wissenschaftliche oder berufliche Gründe" geltend gemacht werden, so die Auskunft der Zentralen Studienberatung der Universität Köln. Mit dem freundlichen Hinweis: Andernorts werde es ebenso gehandhabt.

Vorlesungen über den Kirchenbau des Barock kann sich hierzulande jeder anhören, der den Gasthörerstatus erwirbt, und für den ist in der Regel nicht einmal das Abitur Voraussetzung. Die Teilnahme am Einführungskurs „Kostenrechnung" an einer Fachhochschule hingegen ist reglementiert. Kostenrechnung fällt in das Fach Betriebswirtschaftslehre, und das gehört zur wachsenden Gruppe der zulassungsbeschränkten Studiengänge. Ingenieurwissenschaft und Informatik, zwei Fächer, in denen die Wirtschaft den Studierenden zwischen Hörsaal und Mensa auflauert, um sie frühzeitig für sich zu reservieren, gehören auch dazu.

Wer sich in einem zulassungsbeschränkten Fach zu einem Zweitstudium einschreiben will, steht gleich vor zwei Riesenproblemen:

Er muss sich erstens, wie auch jugendliche Anwärter, gegen sehr viele andere Interessenten durchsetzen. Solch ein Konkurrenzkampf ist immer hart, und momentan leiden die Streiter zudem noch an speziellen bürokratischen Modalitäten. Im Jahr 2010 wurde die „Zentralstelle für die Vergabe von Studienplätzen" (ZVS) abgeschafft. Seither sollen die Hochschulen selbst die zu ihrem Profil passenden Studierenden in einem elektronischen Auswahlverfahren auswählen. Dazu aber fehlt ihnen noch auf absehbare Zeit ein praktikables Handwerkszeug – eine geeignete Software.

Die wurde den deutschen Hochschulen zwar schon vor drei Jahren in Aussicht gestellt, aber bislang nicht geliefert. Die Nachfolge der ZVS hat die Stiftung „hochschulstart.de" angetreten, der je 16 Vertreter der Länder und der Hochschulen angehören. Technische Probleme verzögern den bereits mehrmals verschobenen und zuletzt für das Frühjahr 2011 angekündigten Start der Bewerber-Software. Momentan ist eine Pilotphase an ausgewählten Universitäten zum Wintersemester 2012/13 geplant. Allerdings werden zunächst nur wenige Studienfächer über das neue System vergeben. Denn statt der angestrebten 300 Hochschulen wollen zunächst nur 40 Hochschulen bei dem neuen Zulassungsverfahren im Wintersemester 2012/13 mitmachen. Es wird also noch dauern, bis die Online-Zulassung wie geplant funktioniert.

Bis dahin herrscht Chaos, das nur mit sehr viel Eigeninitiative bewältigt werden kann. Kluge Bewerber bringen den Numerus Clausus (NC) des jeweils letzten Semesters an ihrer Wunschhochschule in Erfahrung, rechnen sich anhand des bereitgestellten Punktesystems aus, wie viele Wartesemester sie einkalkulieren müssen, und machen sich mit den spezifischen Kriterien des Auswahlverfahrens der Ausbildungsstätte vertraut. Eine Anmeldung an möglichst vielen Hochschulen erhöht die Trefferquote erheblich.

„Die Drei-Prozent-Klausel bedeutet: Gehen Sie über Los!"

Dieser lästigen und mit Sicherheit ungewohnten Prozedur muss sich auch der berufserfahrene Zweitstudent in spe unterziehen. Er bewirbt sich tunlichst bei sämtlichen in Frage kommenden Hochschulen. Größere Distanzen zwischen Hochschule und Arbeitsplatz sind in der Regel nicht zu bewältigen, wenn man berufsbegleitend studiert. Es sei denn, man konzentriert sich von vorneherein auf ein reines Fernstudium oder auf ein Studium mit gemischten Elementen aus Heimlernen und Präsenzunterricht („Blended Learning").

Das zweite Problem, vor dem man als Anwärter auf eine Weiterbildung im universitären Rahmen steht, erweist sich für viele Interessenten nicht nur als schwierig, sondern geradezu als unüberwindbar:

Nur ganze drei Prozent der zulassungsbeschränkten Studienplätze sind überhaupt für Bewerber um ein Zweitstudium reserviert („Die Zulassung zum Zweitstudium", http://www.hochschulstart.de/fileadmin/downloads/Merkblaetter/M08.pdf). Wer schon einen Hochschulabschluss hat, braucht keinen weiteren, lautet das allgemeine Credo. Dann entscheiden nicht mehr Intelligenz, Talent, Lerneifer oder Fleiß über den weiteren Weg. Dann machen auch familiärer Hintergrund, ein clever gespanntes Netzwerk oder ein direkter Draht zum Rektor der Hochschule keinen Unterschied mehr. Nach dem Staatsexamen, nach dem Master ist Schluss – ob in Kiel oder München, in Saarbrücken, Goslar oder Dresden.

Wer sich trotzdem an einer staatlichen Hochschule beziehungsweise einer Körperschaft des öffentlichen Rechts (in Nordrhein-Westfalen sind die Hochschulen autonom) weiterbilden möchte, muss – genau wie Bewerber über 54 Jahre – neben guten Noten überzeugende wissenschaftliche oder berufliche Gründe vorweisen. Diese Hürde überspringt der angehende Kieferchirurg locker, denn er muss berufsbedingt zusätzlich zu seinem Medizinstudium einen Abschluss in Zahnmedizin vorweisen können. Für ihn ist die Limitierung der Zweitstudien also kein Thema.

Für den Ingenieur dagegen, der außerdem noch Betriebswirtschaft studieren möchte, wird es eng. Um die begehrte Zulassung zu erhalten, muss er ein Gewinnerlos in der Studienplatz-Lotterie ergattern. Im Ernst – diese Studienplätze werden verlost wie in den USA die grüngefärbten Aufenthalts- und Arbeitsrechtsbescheinigungen! An dieser Grundregel des Zulassungssystems wird momentan nicht gerüttelt. Das hat zunächst einmal einen ganz profanen Grund: Geld. Studienplätze belasten die öffentlichen Haushalte – sie sind, vor allem in forschungsintensiven Fächern, sehr kostspielig. Mehr als drei Prozent der vorhandenen Studienplätze möchte keine Hochschule den jungen Studierenden vorenthalten, die überhaupt noch keine Gelegenheit hatten, einen akademischen Abschluss zu erlangen.

„Auch die leeren öffentlichen Kassen führen zur Privatisierung der Bildung."

Zusätzliche Studienplätze einzurichten, steht nicht auf der Agenda der Minister für Wissenschaften und Kultur. Die aktuelle Vorgabe an den Universitäten, in den Unternehmen und in der Politik heißt Kosten*senkung*. Kostensteigerungen passen absolut nicht in die Landschaft. Allerdings geht es bei der Verteilung von Geldern grundsätzlich nicht allein um die Höhe, sondern auch um Prioritäten. Es geht darum, *wofür* öffentliche Gelder ausgegeben werden und *wofür nicht*. Indes: Sparen, das dokumentiert die zähe Krise um Euro und EU eindringlich, ist nicht immer die Ultima Ratio. Man kann ein System auch zu Tode sparen.

In allen gesellschaftlichen Bereichen gibt es daher immer wieder Ausnahmen von der Maxime, die Sparsamkeit zur obersten Tugend deklariert. Wer sich etwa als Unternehmer verschuldet, um in einem überschaubaren Zeitraum sein Geschäft mit Gewinn zu optimieren, der macht nach allgemeinem Verständnis nicht einfach Schulden, sondern er tätigt eine kluge Investition in die Zukunft. Die Forderung nach höheren Investitionen im Bildungsbereich werden jedoch gern mit dem Argument der leeren öffentlichen Kassen abgeschmettert. Dieser Blickwinkel ist eindeutig weder klug noch gewinnversprechend. Er führt dazu, dass Bildung und Ausbildung weiter privatisiert werden, treu dem neoliberalen Glaubensgrundsatz, nach dem „privat" stets gut und „staatlich" stets schlecht ist.

Zugegeben: Dass Bundesländer und Hochschulen dem ewigen Studenten, der sich bis weit in die 90er Jahre des letzten Jahrhunderts in Oberseminaren bequem eingerichtet hatte, den Kampf erklärt haben, ist verständlich und war schon längst überfällig. Es ist der Allgemeinheit kaum zuzumuten, dass ein angehender Kunsthistoriker 20 Semester vom staatlich subventionierten Bildungsangebot profitiert, ohne jemals genötigt zu sein, eine Gegenleistung für die Gesellschaft zu erbringen. Und genauso schwer ist dem Steuerzahler zu vermitteln, warum die Romanistin Magistra Artium noch ein Psychologiestudium anhängen möchte – auf Kosten der Allgemeinheit.

„Generalismus ist out, Bildung dient dem Markt."

Ein Studium Generale, wie es noch in den sechziger Jahren des letzten Jahrhunderts zumindest für Studierende mit finanziellem Rückhalt möglich war, unterstrich die Freiheit der Wissenschaft und brachte dem Lernwilligen durchaus individuellen Gewinn. Ein geldwerter Nutzen für die Gesellschaft ließ sich daraus freilich nicht unmittelbar ableiten. Das war damals auch nicht intendiert. Der umfassende Bildungs- und Forschungsauftrag der Universitäten wurde hoch geschätzt, zumindest voll akzeptiert. Das ist mittlerweile nicht mehr Konsens. Vielmehr geraten diejenigen, die Bildung nicht a priori von ihrem Nutzwert für den Markt her definieren, in die Defensive.

Bildungspolitik heute muss einen Spagat hinbekommen zwischen sehr gegensätzlichen Polen. Auf der einen Seite stehen die Studierenden. Ihr alleiniges Ziel kann und wird es nicht sein, in kürzester Zeit eine möglichst große Menge von Fachwissen aufzusaugen, mit dem man sich im Wettbewerb um die besten Berufschancen optimal positioniert. Auf der anderen Seite steht die Hochschullandschaft. Sie konnte vor zehn Jahren nicht mehr umhin, sich einem Effizienztest zu unterziehen. Der war dringend notwendig.

Die traditionsreichen und ehemals hoch angesehenen deutschen Ausbildungsstätten, an denen einst eine Elite Spitzenforschung betrieb, hatten in den 1980er und 1990er Jahren des letzten Jahrhunderts vielerorts an Strahlkraft verloren. Seit den Hochschulreformen in den 1970er Jahren drängten immer mehr Studenten in die Vorlesungen und Seminare, und sie blieben immer länger immatrikuliert.

„Es war einmal ... die Freiheit der Hochschulen."

Die im internationalen Vergleich überzogene Studiendauer der deutschen Studierenden wurde zwar schon seit längerem beklagt, aber solange toleriert, bis sich schließlich der Ruf nach einer Reform der Strukturen, nach höherer Effektivität und Effizienz der Prozesse und nach mehr Exzellenz in den Forschungsergebnissen nicht länger ignorieren ließ. Die knapper werdenden öffentlichen Mittel, aber auch die zunehmende Internationalisierung setzten den Hochschulsektor in Zugzwang. L'art pour l'art, das Dauerverweilen im Elfenbeinturm insbesondere in den Geisteswissenschaften, fiel unter das Verdikt der Rechnungshöfe im Lande.

In Nordrhein-Westfalen machte man sich unter Schwarz-Gelb an einen Paradigmenwechsel. Das Ergebnis war das sogenannte „Hochschulfreiheitsgesetz", das 2007 in Kraft trat. Von seinen Befürwortern wird es zum Maßstab für ganz Deutschland erklärt, von den Gegnern wurde es schon im Vorfeld als Produkt einer ideologisch ausgerichteten Lobbyorganisation kritisiert. Das Gesetz erklärt die ehemals staatlichen 14 Universitäten und 16 Fachhochschulen des Bundeslandes zu Körperschaften des öffentlichen Rechts. Seither steht ein Hochschulrat an der Spitze der Universitäten. Er übt die Fachaufsicht aus, gibt den Entwicklungsplan der Hochschule vor und besteht zur Hälfte aus Mitgliedern, die nicht zur Hochschule gehören.

„Was nichts kostet, taugt auch nichts."

Ein weiteres Heilmittel angesichts steigender Kosten sah man bundesweit darin, es den Universitäten zu ermöglichen, Studiengebühren zu erheben. Dieser durch Deregulierung eröffnete Hebel und die zeitgleiche Gründung privater Hochschulen sorgten für einen lebhaften Wettbewerb in vielen Bereichen von Forschung und Lehre. Studiengebühren gab es zwischenzeitlich in sieben Bundesländern, außer in Nordrhein-Westfalen auch in Baden-Württemberg, Bayern, Hamburg, Hessen, Niedersachsen und im Saarland. Hessen scherte als erstes aus dieser Riege aus, dann schafften das Saarland und Nordrhein-Westfalen die Zwangsgebühr wieder ab. Baden-Württemberg steigt ab dem Sommersemester 2012, Hamburg ab dem Wintersemester 2012/13 aus.

Aus momentaner Sicht, das heißt wenn sich die politischen Machtverhältnisse nicht ändern, bleibt es nur in den Bundesländern Bayern und Niedersachsen beim Eintrittsgeld in den tertiären

Bildungsbereich. Nur wird es für die Hochschulen wieder schwierig, den bestehenden Standard zu halten, wenn die Studiengebühren wieder entfallen. Danach muss der jeweilige Landeshaushalt die Finanzspritze ansetzen. Über die Mindesthöhe der Dosierung wird erwartungsgemäß heftig gestritten. Fest steht nur eines: Noch steigt die Zahl der Studierenden. Das ist erfreulich im globalen Wettstreit, aber betrüblich für die Kassen der Bundesländer.

Der Kompromiss, mit dem die Politik glaubt, beiden Interessen dienen zu können, ist die erschwerte Zulassung zum weiterführenden Studium. Nur etwa einem Fünftel bis einem Viertel aller Bachelorabsolventen ist es möglich, ein vertiefendes Masterstudium aufzunehmen (Beschluss der Kultusministerkonferenz vom 10.10.2003 – Ländergemeinsame Strukturvorgaben). Über die Studiererlaubnis befinden die Hochschulen in eigener Regie. Gute Noten, Praktika und fundiert begründete Berufswünsche geben dabei den Ausschlag.

„Das System verhindert Chancen."

Beim Bachelor als einzigem Studienabschluss für die Masse der Studierenden wird es bleiben. Der Bologna-Prozess wird nicht wieder rückgängig gemacht werden können, selbst wenn das politisch gewollt wäre und das ist es zurzeit nicht, zumal die Angleichung des internationalen Bildungssystems in Zeiten der Globalisierung große Vorteile verspricht. An den Auswahlkriterien und Zulassungsmodalitäten des Hochschulsystems im Allgemeinen und am Nutzwert der strikten Restriktionen für ein Zweitstudium im Besonderen sind Zweifel hingegen nicht nur erlaubt, sondern dringend angebracht und sollen demzufolge auch laut und deutlich geäußert werden.

Mit seiner Starrheit begrenzt das vorhandene System der Bildungsbereiche I bis III die Aus- und Weiterbildungsmöglichkeiten. Mit anderen Worten: Es eröffnet nicht, sondern verstellt Chancen. Die übergreifende Ordnung zementiert ein Konstrukt, das den Namen „Bildungssystem" nur bedingt verdient. „Wir haben kein Bildungssystem, sondern ein Ausbildungssystem", empört sich Roland Düringer im vergangenen Dezember im TV-Sender ORF1 (in „Dorfers Donnertalk" vom 8.12.2011). Die Kritik an den österreichischen Zuständen lässt sich nahtlos auf Deutschland übertragen.

Auch hierzulande ist keineswegs gewährleistet, dass talentierter Nachwuchs aller sozialen Schichten als solcher erkannt, gefördert und zum Start zugelassen wird und im Wettstreit um die besten Arbeitsplätze gleiche und faire Chancen hat. In Deutschland bestimmen Herkunft, Geschlecht und gesellschaftlicher Status des Elternhauses weit stärker als in anderen westlichen Gesellschaften über den späteren beruflichen Erfolg.

„Generell haben die Kinder und Jugendlichen aus der unteren Hälfte der Bevölkerung deutlich schlechtere Bildungschancen. Das setzt sich beim Übergang ins Berufsbildungssystem fort. Von den deutschen Hauptschulabsolventen schaffen gerade einmal 48 Prozent den direkten Übergang in eine duale Ausbildung", schreibt Eliteforscher Michael Hartmann am 22. Dezember 2011 in den „Nachdenkseiten" (www.nachdenkseiten.de). Junge, kluge Türkinnen haben deutlich schlechtere Bildungsaussichten als junge, kluge Deutsche. Im zurückliegenden Jahr erreichten bis zu 30 Prozent der Jugendlichen mit Migrationshintergrund keinen Berufsabschluss in Deutschland. Für sie kommt folglich bestenfalls ein Berufseinstieg als Ungelernte in Frage. Mehrheitlich werden sie selbst dieses Ziel nicht erreichen können, da der deutsche Arbeitsmarkt für Menschen ohne Ausbildung kaum noch Verwendung hat. Migranten gehören eindeutig zu den Verlierern unseres Systems.

„Die Ressourcenvergeudung im Bildungssystem ist skandalös."

Der aus der Chancenungleichheit resultierende Schaden für die Gesellschaft ist enorm. Menschen ohne Ausbildung müssen staatliche Hilfe in Anspruch nehmen. Andere, die begabt genug wären, einen Beitrag zu leisten zum Nutzen aller, werden dieser Möglichkeit beraubt. Dass eine solche Ressourcenvergeudung skandalös ist, nicht nur angesichts des drohenden Fachkräftemangels, lässt sich nicht ernsthaft bestreiten. Auch dem gesellschaftlichen Frieden kann die drohende Entwicklung auf Dauer nicht dienlich sein. Der Druck in den sozialen Brennpunkten wird sich weiter stauen und zweifelsohne nach Entladung suchen.

„Deutschland gehört international mittlerweile zu den wenigen Industrieländern, die sowohl ein sozial stark selektives Bildungssystem als auch eine eher restriktive Handhabung wohlfahrtsstaatlicher Leistungen aufweisen", kommentiert Michael Hartmann. Der Soziologe mit den Schwerpunkten Elitesoziologie, Industrie- und Betriebssoziologie sowie Organisationssoziologie an der Technischen Universität Darmstadt führt weiter aus: „Nach OECD-Angaben hat sich im letzten Jahrzehnt nur in zwei europäischen Ländern die Einkommenskluft zwischen dem oberen und dem unteren Fünftel noch stärker *(als in Deutschland, d. Verf.)* geöffnet, in Bulgarien und Rumänien."

Auch für diejenigen, denen ein augenscheinlich gutes Blatt im Karrierepoker zugeteilt wurde, ist Vorsicht vor jedem weiteren Gebot angesagt. Denn das hiesige dreistufige und in Länderhoheit organisierte Bildungssystem garantiert mitnichten, dass Lernerfolg und Abschlussquoten an verschiedenen Bildungsstätten vergleichbar wären. Ein in Rostock erworbener Mastertitel in Betriebswirtschaft qualifiziert nicht gleichermaßen zum Berufseinstieg bei einem DAX-30-Unternehmen wie ein bestandenes Examen an der Mannheim Business School, der Handelshochschule Leipzig, der Otto Beisheim School für Management (WHU) in Vallendar oder der European Business School (ebs) in Oestrich-Winkel.

„Kulturelle und Bildungsvielfalt sind gewollt und sinnvoll."

Absolute Égalité wäre auch nicht im Sinne kultureller Eigenständigkeit, und auf die legen die Kultus- und insbesondere auch Wirtschaftsminister der Länder gehörigen Wert. Formal gesehen ist das gerecht. Die Alternative steht für kulturelle Vielfalt, und die legt Wert auf Unterschiede, setzt ganz bewusst eigene Akzente. Das macht es bunter und interessanter, und damit lässt sich im Kampf um die knapper werdenden Talente auch werbewirksam punkten. Sofern denn die vorhandenen Attraktionen den Geschmack der Zielgruppe treffen.

Hochschulmarketing auf Länderebene wird in Deutschland eifrig betrieben. Mit dem Ergebnis – der üppigen Vielfalt – müssen sich nicht nur Schüler und Studierende auseinandersetzen. Darauf müssen sich auch die Unternehmen in ihren Auswahlprozessen einrichten. Unübersichtlich ist das System allerdings nur auf den ersten Blick. Wer genauer hinschaut, erkennt das Diktum, unter dem angetreten wird: Die besten Nachwuchskräfte kommen von den besten Hochschulen und streben in die vermeintlich besten Unternehmen. Dass Arbeitgeber großen Wert auf die Reputation der Bildungseinrichtung legen, ist weder ein Geheimnis noch zu kritisieren. Das auf Wettbewerb zielende System legt solche Wertungen nahe, und dieser Effekt ist so gewollt, sowohl von der von Politik als auch von der Wirtschaft.

Die Gründe liegen auf der Hand. Natürlich kann man aus idealistischer Sicht ein starkes Ungleichgewicht bedauern und seine Abschaffung fordern. Erfolg hätte man mit einem solchen Ansinnen allerdings bestenfalls in Utopia. Denn der Status quo hat ja durchaus praktischen Nutzwert. In den Personalabteilungen ist man in der Tat gut beraten, auf Bewährtes zu setzen. Beim Recruiting setzt man auf belastbare Kriterien (worauf sonst?) und auf die Erwartung, dass sich der Erfolg von gestern auch morgen wiederholen lässt.

„HR macht keine Experimente."

Diese angewandte Wahrscheinlichkeitsrechnung macht Sinn. Für die Hochschulen sind die Recruiter die Abnehmer der „Ware" Hochschulabsolventen. Wenn HR Arbeitskraft einkauft und mit einem Anbieter gute Erfahrungen gemacht hat, werden auch andere Angebote mit Aufmerksamkeit gesichtet. Kunden interessieren sich bei ihrer Produktauswahl nur in schmalen Sektoren wie Kaffee oder Bananen für Fairplay um der Fairness willen. In der Regel geht es ihnen um ein günstiges Preis-Leistungs-Verhältnis.

Demzufolge kommen bei den Einstiegsrunden der Unternehmen in der Praxis bevorzugt Bewerber zum Zuge, die einen Abschluss an der „richtigen" Institution vorweisen können. Sich auf Neuland zu wagen, indem man gezielt Absolventen von weniger angesehenen Ausbildungsstätten in Betracht zieht, wäre gesellschaftlich gesehen vielleicht wünschenswert, unter Kostengesichtspunkten aber unsinnig. Die meisten Unternehmen halten folglich vorzugsweise dort nach Personalverstärkung Ausschau, wo sie schon in der Vergangenheit erfolgreiche Talente fischen konnten.

Konzentration rechnet sich in den meisten Bereichen, und nicht allein finanziell. Gute Kontakte eines Unternehmens zu einem bestimmten Campus etwa bringen auf Dauer eine durchaus gewollte Nebenwirkung mit sich: Sie führen dazu, dass die Wirtschaft stärkeren Einfluss auf die Gestaltung der Lehre nehmen kann. Die auch von Unternehmensinteressen geleitete Hochschule ist kein von linken Denkern errichtetes Menetekel. Sie ist Realität, zu der die Politik geflissentlich ihr Scherflein beigetragen hat.

„Exzellenz heißt das neue Motto."

Insbesondere die SPD. Dass die Gesellschaft Eliten brauche, hatte Gerhard Schröder schon in seiner Regierungserklärung 1998 betont. Und Edelgard Bulmahn, unter Schröder Bundesministerin für Bildung und Forschung, verkündete im Januar 2004 in ihrer Rede auf dem Kongress *„Deutschland. Das von morgen"* ihre Vision. Sie wollte eine „positive Leistungsspirale in Gang setzen". Sprach's und startete den „Wettbewerb *Brain up! Deutschland sucht seine Spitzenuniversitäten!"*

Ihr Wunsch: „Ich möchte mit deutschen Spitzenuniversitäten die klügsten Köpfe gewinnen!"

Der Slogan „Brain up" wurde zwar prompt mit Häme kommentiert, doch die eifrige Suche nach „Leuchttürmen der Wissenschaft, die auch international strahlen können" (Bulmahn) nahm ihren Lauf. Im Rahmen der sogenannten Exzellenz-Initiative wurde der Wettstreit der Universitäten untereinander öffentlich ausgetragen. Im Juni 2012 werden die letzten Entscheidungen im Rahmen der Exzellenzinitiative verkündet. Der 2005 gestartete Wettbewerb läuft 2017 endgültig aus.

Was Spitzenuniversitäten vom Mittelmaß unterscheidet, beschreibt Bulmahn mit schlichten, aber eingängigen Worten: „Sie erbringen Spitzenleistung in Lehre und Forschung. Sie haben ein klares Profil mit Stärken in einer Reihe von Fächern. Dort forschen die besten Professorinnen und Professoren. Den Absolventen stehen Führungspositionen in Wissenschaft und Wirtschaft, Verwaltung und Gesellschaft offen. Die Professorinnen und Professoren sind als Berater in Politik und Wirtschaft gefragt." (In der schon erwähnten Rede aus dem Jahr 2004.)

Professoren als Berater der Unternehmen? Wenn das mal nicht zu Interessenkonflikten führt.

„Hochschulen und Forschungseinrichtungen", so Bulmahns Erwartung, „arbeiten Hand in Hand vor Ort zusammen. Hochschule und Wirtschaft betreiben gemeinsame Forschungseinrichtungen auf dem Campus." Auch um das Los der Studierenden an den Elite-Universitäten kreisten die Visionen der damaligen Ministerin, denn „Service und Betreuung werden groß geschrieben. Dank gezielten Auslandsmarketings herrscht hoher Andrang für englischsprachige Kurse. Durchgängig werden international vergleichbare Bachelor- und Master-Abschlüsse angeboten." Mit modernem Management und der längst überfälligen Internationalisierung sollen sich die Hochschulen weltweit Renommee verschaffen.

„Exzellenz verursacht Nebenwirkungen."

Die Exzellenz-Initiative stieß und stößt in der Wirtschaft auf Wohlwollen. Verspricht sie doch die Kehrtwende zurück in gute Zeiten. Bis zur Mitte des letzten Jahrhunderts waren die deutschen Universitäten exklusive Ausbildungsstätten. An ihnen studierte vor allem der Nachwuchs der Oberschicht, der oberen Mittelschicht und des

Bildungsbürgertums. Wer nicht dazu gehörte, absolvierte eine Lehre und ging arbeiten. Sturm gegen die Privilegien der Minderheit liefen die Verfechter der Hochschulreformen der sechziger Jahre. Das Resultat war das traurige Phänomen der Massenuniversität. Kritiker dieser Entwicklung wiederum sahen darin das Ende einer Spitzenauslese und konstatierten einen Qualitätsverlust. Nicht ganz zu Unrecht. Möglichst exzellent wollen sie heute alle wieder sein, die Hochschulen im Lande, spätestens seit 2004. Die angekündigten Auszeichnungen der Initiative waren schließlich mit der Auslobung von Fördergeldern verbunden. Wenn am Ende eines Wettbewerbs die Medaillen ausgehändigt werden, bricht häufig Streit aus unter Teilnehmern wie Zuschauern. Universitäten und Hochschulen machen da keine Ausnahme. Das System der Preisvergabe in den Exzellenzwettkämpfen stößt nach wie vor auf heftige Kritik – und längst nicht nur bei den Hochschulen, die leer ausgegangen sind.

Kritiker wie Torsten Bultmann, Bundesgeschäftsführer des Bund demokratischer Wissenschaftlerinnen und Wissenschaftler (BdWi), bemängeln, dass die Initiative „sich zum Umverteilungsprogramm zugunsten der bereits geförderten Topstars unter den Ausbildungsstätten entwickelte" (in einem Radio-Interview mit dem Bildungsmagazin der Wüsten Welle Tübingen vom 4.12.2011), frei nach der Devise: Wer hat, dem wird gegeben! Immer mehr und immer öfter. Im Fußball nennt man dieses Phänomen das Bayern-München-Prinzip. Es ist simpel, aber es funktioniert.

Mit viel Geld kauft der Verein konkurrierenden Clubs die besten Spieler ab. Die folgen dem Ruf nach München gerne, denn dort stimmen Gehälter, Renommee und Aufmerksamkeitsfaktor. Mit der solcherart motivierten Verstärkung gewinnt Bayern dann wieder die Meisterschaft und/oder den Pokal. Diese Siege spülen erneut Geld in die Kasse, das in neue Einkaufstouren gesteckt werden kann. Und der Zyklus beginnt jedes Jahr aufs Neue – ein Perpetuum Mobile zugunsten einer privilegierten Elite. Die Vereine, die dem finanziellen Angebot der Bayern nichts entgegenzusetzen haben, sind anschließend in sportlicher Hinsicht geschwächt (auch wenn der Effekt in Deutschland noch geringer ist als zum Beispiel in Spanien oder Italien). Diese Nebenwirkung ist sicher nicht das Hauptmotiv der Akquisition, aber leider unvermeidbar.

„Die Interessen der Geldgeber
ökonomisieren die Bildung."

Bildungsforscher Bultmann bemängelt, dass die Fördergelder der Elite-Hochschulen nicht in die Lehre, sondern in die Spitzenforschung fließe. Und wo das Geld sei, warnt Bultmann, seien über kurz oder lang auch die besten Professoren. Für die Breite der Universitätslandschaft und insbesondere für die weniger forschungsstarken Bereiche bewirke dieser Dominoeffekt einen Bildungsabbau. Auch diese Nebenwirkung ist nicht das eigentliche Ziel der Aktion. Aber leider ebenfalls unvermeidbar.

Oder etwa nicht? Kann der Staat denn nicht aus eigener Kraft und in nationaler Regie dafür sorgen, dass alle Bürger, die für eine höhere Ausbildung geeignet und dazu willens sind, auch die Möglichkeit hierzu bekommen? Überall im Land? Lässt sich die Unterfinanzierung der Hochschulen wirklich nicht beenden? Anscheinend nicht, wie der Trend zu Privatinitiativen, beispielsweise den Stiftungsprofessuren, vermuten lässt.

Von denen befinden sich die meisten in Bayern und in Berlin. Allein an der Technischen Universität München (TUM) finanzieren Unternehmen momentan 23 von 460 Lehrstühlen. Bundesweit gesehen, gibt es in Bayern die meisten Stiftungsprofessuren – im Jahr 2009 waren es genau 114 von insgesamt 660 Lehrstühlen. Diese Zahl dürfte bis heute stark angewachsen sein, denn das Modell kommt immer mehr in Mode. Inoffiziellen Schätzungen zufolge gibt es mittlerweile in Deutschland rund eintausend Stiftungsprofessuren.

Es spricht ja auch einiges dafür, Unternehmen und Universitäten enger aneinander zu koppeln und den Wissenstransfer in beide Richtungen zu intensivieren. So lassen sich Reibungsverluste minimieren und Ressourcen schonen. Erforscht wird, was auch angewendet werden kann. Kritiker befürchten allerdings, dass Stiftungsprofessuren des Guten zuviel sind. Auf solchen Lehrstühlen, die ein Unternehmen, ein Mäzen oder eine Stiftung in der Regel fünf Jahre lang finanzieren, werde überwiegend reine Auftragsforschung betrieben. Der private Geldgeber, so die Klage, verlagere quasi die Arbeit des eigenen F&E-Bereichs an die (billigere!) Universität.

An den Hochschulen werde mit viel Elan ein Forschungs-Cluster zusammengestellt, oft genug aber unvollendet wieder eingedampft, nachdem die Drittmittel ausgelaufen sind. Im Zweifelsfalle blieben die Länder auf den Kosten sitzen. Zudem sei die Forschung stark von den

Interessen des Stifters geleitet. Der Verdacht ist nicht von der Hand zu weisen, wenn – wie dem „House of Finance" der Goethe-Universität in Frankfurt 2008 – der führende europäische Finanzinvestor 3i eine Professur für Private Equity sponsert (http://www.3i.com/germany/news/press-releases/3i-stiftet-professur-fr-private-equity-.html).

„Die Wissenschaft verkauft ihre Unabhängigkeit."

Ohne Drittmittel scheint nichts mehr zu laufen an deutschen Hochschulen. Wie stark der Druck selbst an vergleichsweise begüterten Institutionen ist, immer wieder frische Gelder zu beschaffen, lässt sich an den Hochschulen im Bundesland Bayern beobachten. Dort hat man schon 1995 ein Bonusprogramm aufgelegt. Dessen „wesentliches Ziel ist es, die Wissenschaftler/innen an bayerischen Universitäten zu motivieren, in verstärktem Maße private Forschungsgelder zu erschließen." (Zitat aus der Homepage der Ludwig-Maximilians-Universität München). Wissenschaftler, die Forschungsaufträge für bayerische Unternehmen durchführen oder F&E-Projekte mit der Wirtschaft in Gang setzen, werden mit einem Bonus von 10 bis 20 Prozent des Auftragsvolumens zur freien wissenschaftlichen Verfügung belohnt.

Heutzutage gilt ein Wissenschaftler als exzellent, wenn es ihm gelingt, viele Geldmittel zu akquirieren. Und das nicht nur in Bayern. Es ist zu befürchten, dass diese Sichtweise Folgen hat, die so sicherlich nicht beabsichtigt waren. Denn zum einen wird Forschung vor allem auf Feldern betrieben, an denen auf Seiten der Wirtschaft – konkret in einzelnen Unternehmen – hohes Interesse herrscht. Zum anderen fallen Studienfächer, in deren Rahmen sich keine Drittmittel beschaffen lassen, schlicht durch das Raster.

Hand in Hand mit der akademischen Selbstverwaltung hat die Freiheit der Wissenschaft als Wert an sich abgedankt. Es herrscht der Wettbewerb ums Geld, seine Gesetze gelten. Wer zu spät kommt oder gar nicht erst mitspielt, den bestraft das Leben. Für unseren Elektrotechniker mit dem Wunsch nach einem berufsbegleitenden Zweitstudium kann das nur heißen, dass er mit den Wölfen heulen muss.

„Für Ältere gibt es in der Regel nur den MBA."

Die Wahl zwischen staatlicher oder privater Weiterbildung ist für nicht mehr ganz junge Führungskräfte keine wirklich freie Entscheidung. Menschen der Altersgruppe 40plus können es sich heute gar nicht leisten, sich die kostspielige private Ausbildung *nicht* zu leisten.

Das von staatlicher Seite bereitgestellte Weiterbildungsangebot ist nicht auf ihre konkreten Bedürfnisse zugeschnitten, die Zulassungsmodalitäten sind ebenso kompliziert wie restriktiv und die Unterrichtszeiten lassen sich nur schwer mit den Anforderungen des Berufs verbinden.

Also geht es für Elektrotechniker Boris W. in die nächste Runde: Er braucht Sponsoren, die die Kosten seines Master of Business Administration (MBA) ganz oder wenigstens teilweise übernehmen. Eine Studie der Mannheim Business School (2011) kommt zu dem Ergebnis, dass das Interesse an Weiterbildung auf allen Hierarchieebenen der Unternehmen enorm ist. 92,5 Prozent der Befragten ziehen entsprechende Maßnahmen in Erwägung. Nahezu die Hälfte der Berufseinsteiger habe bereits feste Pläne zur Weiterbildung, fanden die Mannheimer heraus. Im Topmanagement liege der Anteil bei immerhin noch einem Viertel.

Die Autoren der Studie befragten die Führungskräfte ebenfalls, *warum* sie an Weiterbildung interessiert seien. Die Motive sind vielfältig. Die höchsten Werte in der Bewertungsskala erreichten die Kriterien

- Führungskompetenzen verbessern
  (4,36 Punkte von möglichen 5 für volle Zustimmung)
- höheres Gehalt (4,21)
- Fachkenntnisse vertiefen (4,18).

Auch die Aussicht auf persönliche Weiterentwicklung und die Erweiterung des Netzwerks wurden als wichtige Motive genannt. Die niedrigste Punktzahl erreichten der Austausch auf gleicher Managementebene (3,58) und der Schritt in die Selbstständigkeit (2,54).

Auf allen Hierarchieebenen findet die Weiterbildung mit dem Abschluss MBA deutlich mehr Anklang als ein Studiengang mit dem Ziel „Master of Science (M.Sc.)" (den die Mannheim Business School nicht anbietet). Der Abstand wächst mit der Berufserfahrung und der bereits erreichten Karrierestufe: Bei den Berufseinsteigern liegt der MBA der Mannheimer Studie zufolge mit rund 65 Prozent, im Top Management sogar mit über 80 Prozent im direkten Vergleich zum Master of Science vorn. Das ist allerdings auch nicht erstaunlich, weil in Führungsfunktionen in der Regel nicht die fachlichen, sondern die Management-Fähigkeiten relevant sind.

Gut deshalb, dass an MBA-Programmen in Deutschland und den Nachbarländern kein Mangel herrscht. Woran es mangelt, sind Programme für ältere und erfahrene Manager. Was dem Land ebenfalls und mit mindestens ebenso negativen Auswirkungen fehlt, ist ein überzeugendes und mehrheitsfähiges politisches Konzept, der akademischen Weiterbildung auch älterer Menschen an den staatlichen Hochschulen größere Beachtung zu schenken.

„Zwei Drittel der MBA-Kosten tragen die Unternehmen."

In die offensichtliche Lücke stoßen private Anbieter. Ihr Bildungsangebot ist marktgängig, das heißt, es fallen Kosten an. Nun werben Institutionen wie zum Beispiel die Mannheim Business School damit, dass sie Teilstipendien einräumen. Der Höchstbetrag ist auf 5000 Euro begrenzt und wird exklusiv an e-fellows.net-Stipendiaten oder -Alumni vergeben. Die Gebühren für das einjährige Vollzeit-MBA-Programm liegen bei etwa 33.000 Euro.

Das stemmt nicht jeder aus der Privatschatulle. Muss er auch nicht, denn viele Unternehmen leisten einen Beitrag. Laut der schon erwähnten Mannheimer Studie tragen die Kosten für eine Weiterbildungsmaßnahme in Deutschland

- der Mitarbeiter selbst (29,8 Prozent)
- der eigene Unternehmensbereich (25,4 Prozent)
- HR Development (39,3 Prozent).

Geld ist ein starker Hebel. Wer zahlt, entscheidet zumindest indirekt über die Inhalte der privaten Weiterbildungsmaßnahmen. Im Corporate-Geschäft der Business Schools ist der Einfluss auf die Curricula beträchtlich. Bei der privaten Steinbeis-Universität etwa sind die Regeln auch ganz transparent: Das Studium darf überhaupt nur aufgenommen werden, wenn die Bewerber ein projektgebendes Unternehmen vorweisen können. Zudem muss das Unternehmen mit Steinbeis einen Vertrag für die Studiendauer von zwei Jahren abschließen. Die Bedingung macht Sinn aus Sicht der Bildungsinstitution: Sie muss sich weder mit der Auswahl passender Kursteilnehmer befassen, noch für die finanzielle Absicherung des Lehrbetriebs Sorge tragen. Die Nachfrage ist geregelt.

Auch für die Unternehmen bietet das Arrangement hohen Nutzwert. Studiengänge und -inhalte können passgenau auf die jeweiligen Bedarfe und Interessen zurechtgeschnitten werden. Das verhindert

Überflüssiges, eliminiert kostspielige Um- und Sonderwege und fördert die Orientierung an einem konkreten Ziel. Das ist weder illegal noch illegitim noch anrüchig.

Schließlich entsendet ein Unternehmen seine Mitarbeiter nicht an eine Ausbildungsstätte, damit sie dort ihr Allgemeinwissen erweitern oder private Kontakte knüpfen. Sondern damit sie das Handwerkszeug für ihren Aufgabenbereich auf den neuesten Stand bringen und damit an ihrem Arbeitsplatz gefragt bleiben. Das nutzt nicht zuletzt den Weitergebildeten selbst.

„Wir produzieren Bildungs-Klone."

Der Nachteil der engen Bindung der Wissenschaft an die Wirtschaft ist allerdings auch ersichtlich. Er liegt in der starken Ausrichtung der Lehre auf Partikularinteressen, mithin just im Fundament des Bildungssystems. Allzu zielgenaue Wissensvertiefung lässt der Freiheit der Bildung nur begrenzten Raum. Ein zu engmaschig gewobenes Netz gefährdet allerdings auch den nachhaltigen Nutzen des Geldgebers, denn was dem Unternehmen aktuell noch passgenau scheint, wird mit einiger Wahrscheinlichkeit morgen schon veraltet sein. Die echten Leistungsträger im Unternehmen sind die, die heute schon ihren Blick für die in Zukunft notwendigen Veränderungen schärfen. Sie gilt es zu fördern.

Kritisches, auch und gerade selbstkritisches Denken ist eine Conditio sine qua non, ohne die weder Unternehmen noch Mitarbeiter auf Dauer erfolgreich sein können. Das Denken nach den im Augenblick drängendsten Vorgaben eines speziellen Marktsegments blockiert mit hoher Sicherheit Erkenntnisse, ohne die der zukünftige Erfolg ausbleiben wird. Diese Warnung gilt den Akteuren auf beiden Seiten.

Ein von einem Unternehmen initiierter und finanzierter Studiengang läuft große Gefahr, Klone genau des Mitarbeitertyps zu produzieren, den Geschäftsführung und Vorstand im Augenblick favorisieren. Die Produktion von Klonen aber schadet jedem Unternehmen. In diesem kurzsichtigen Ansatz liegt ein großes Risiko für die Teilnehmer der nach Unternehmensvorgaben ausgerichteten Weiterbildungsmaßnahmen. Das fremdfinanzierte Studium verhindert ihren Blick über den Tellerrand und bringt ihnen persönlich unter Umständen Wettbewerbsnachteile. Wer auf Kosten und nach Maßgabe eines Unternehmens studiert, für den wird der Schritt in andere Unternehmenskulturen zunehmend schwieriger. Man ist schnell abgestempelt, wenn man mit Scheuklappen loszieht.

„Wer vorausdenkt, setzt andere Prioritäten in der Bildungslandschaft."

Das Dilemma für Weiterbildungswillige ist offensichtlich. Sinnvolle und erfolgversprechende staatliche Weiterbildungsmaßnahmen, insbesondere in Form eines regulären Zweitstudiums für Kandidaten weit über Vierzig sind rar, angesichts des demografischen Wandels aber dringend vonnöten. Die Kultus- und Wirtschaftsminister wären deshalb gut beraten, ihre Prioritäten zu überdenken. Denn diese sind in ihrer gegenwärtigen Fassung

- unfair gegenüber einem wachsenden Teil der Bevölkerung,
- kurzsichtig in Bezug auf zukünftige Bedarfe und
- verschwenderisch im Umgang mit Ressourcen.

Angesichts strukturbedingter Ebbe in den öffentlichen Kassen mag der Appell an alle Verantwortungsträger in Politik, Kultur und Wirtschaft, auch und gerade Älteren die Zulassung zur Weiterbildung zu ermöglichen und sie – mehr noch – *dazu zu motivieren*, auf Befremden stoßen. Ich wage ihn dennoch. Denn wenn man die herrschenden Gegebenheiten nicht verändern kann, bleibt Veränderungswilligen nur die Möglichkeit, an den Wurzeln anzusetzen. Das klingt radikal, und genau das ist beabsichtigt. Doch angesichts der schon in naher Zukunft heranrollenden Probleme, qualifizierte Mitarbeiter zu gewinnen und zu halten, ist es unabdingbar, seiner Zeit vorauszudenken.

„BAföG für Ältere schafft viele Vorteile."

Bereits in seinem Jahresgutachten 2009 hatte der Sachverständigenrat zur Begutachtung der gesamtwirtschaftlichen Entwicklung eine „verbesserte steuerliche Förderung privater Innovationsaufwendungen" gefordert. Es ist ein erster, guter Ansatz. Doch es gibt eine bessere Alternative, mit der die öffentlichen Kassen langfristig geschont werden:

Wie wäre es mit einem Bundesausbildungsförderungsgesetz für weiterbildungsbereite Arbeitnehmer über 40 Jahre? Entlang des bestehenden BAföG wird seit den siebziger Jahren talentierten Kindern aus Familien mit zu geringem Einkommen eine Ausbildung an Schule oder Hochschule ermöglicht. Dabei beschränkt sich die Vergabe des staatlichen Stipendiums, das nur zum Teil zurückgezahlt werden muss, nicht auf Schüler und Studenten. Mit dem sogenannten Meister-BAföG wird auch der Besuch qualifizierter Weiterbildungsgänge nach Abschluss einer betrieblichen Ausbildung gefördert.

Analog zu diesem Förderprogramm könnte der Staat auch reife Berufstätige unterstützen, die ihr Wissen und ihre Kenntnisse erweitern wollen, ohne sich von einem Unternehmen finanzieren zu lassen. Die Zahlungen im Rahmen des heutigen BAföG sind zu einer Hälfte Zuschüsse, zur anderen Hälfte Darlehen. Für die zur Förderung eines zweiten Studiengangs oder einer spezieller Ausbildungsmaßnahme Älterer benötigten Beträge könnte gelten, dass sie ganz oder überwiegend in einem fest vereinbarten Zeitrahmen zurückgezahlt werden.

Die Vorteile einer derartig modifizierten Förderungsvergabe für die Gesellschaft sind überzeugend:

- Entzahnung von Wissenschaft und Wirtschaft,
- unabhängige und selbstbestimmte Definition der Bildungsinhalte,
- Stärkung der individuellen Leistung,
- aktive Förderung der Employability älterer Arbeitnehmer und damit eine
- potentielle Entlastung der öffentlichen Kassen.

„Ein Business Case verdeutlicht die Vorteile."

Als Business Case formuliert, lässt sich zeigen, welche langfristigen finanziellen Vorteile den kurzfristigen finanziellen Aufwendungen für ein Senioren-BAföG entgegenstehen.

Ein 45-jähriger Sachbearbeiter mit mäßig guten Weiterbeschäftigungschancen entschließt sich zur Aufnahme eines berufsbegleitenden BWL-Studiums an einer privaten Bildungseinrichtung. Das Studium dauert drei Jahre, die Studienkosten betragen knapp 25.000 Euro. An Nebenkosten für Bücher, Reisen zum Präsenzunterricht und Übernachtungen fallen über die gesamte Laufzeit etwa 3.000 Euro an. Zu finanzieren sind mithin 28.000 Euro. Wenn sich der Arbeitgeber nicht an den Kosten beteiligt, sondern stattdessen eine staatliche Teilfinanzierung („Senioren-BAföG") in Höhe der Hälfte der tatsächlich entstehenden Kosten in Anspruch genommen wird, sieht die Rechnung wie folgt aus:

Eigenanteil des Studierenden an den Studienkosten	14.000 Euro
+ „Senioren-BAföG" des Staates	14.000 Euro
= gesamte Finanzierung des Studiums	28.000 Euro

Ebenso wie beim „normalen" Ausbildungskostenzuschuss verzichtet der Staat im Erfolgsfall, also bei eingehaltener Regelstudienzeit, auf die Rückzahlung eines Teils des gewährten Darlehens – sagen wir: auf 4.000 Euro. Nach Ende seiner Weiterbildung muss der Studierende mithin noch 10.000 Euro in monatlichen Raten an den Staat zurückzahlen. Vier bis fünf Jahre scheinen dafür angemessen; auf eine Verzinsung wird freundlicherweise verzichtet. Der öffentlichen Hand entstehen folglich tatsächliche Kosten in Höhe 4.000 Euro (der verlorene Zuschuss) sowie entgangene Zinseinnahmen von überschlägig höchstens 2.000 Euro (nach derzeitigen Zinssätzen sogar nur die Hälfte). Abhängig vom kalkulatorischen Zinssatz sind dies maximal 6.000 Euro, auf die der Staat tatsächlich verzichten müsste. Hinzu kämen nur noch die zusätzlichen, für die Darlehensbearbeitung an ältere Arbeitnehmer benötigten Planstellen.

Die Opportunitätskosten dieser Förderung sind weit höher. Angenommen, der 45-jährige Sachbearbeiter wird aufgrund unterlassener Weiterbildung im Alter von 55 Jahren arbeitslos, dann hat er (nach augenblicklicher Gesetzeslage) 18 Monate lang Anspruch auf Arbeitslosenhilfe in Höhe von 60 Prozent seines Nettogehaltes (ohne Kinder) und anschließend ein Anrecht auf das weit geringere Arbeitslosengeld II, vulgo Hartz IV. Das aber ergibt folgende Rechnung: Bereits bei einem Bruttogehalt ab monatlich 1.000 Euro übersteigen die Aufwendungen für die 18 Monate lang gezahlte Arbeitslosenhilfe die Kosten des im Falle einer Weiterbildung des Sachbearbeiters gewährten Darlehens. Dabei ist noch gar nicht in die Berechnung eingegangen, dass ein erwerbsloser Sachbearbeiter keine Einkommensteuer bezahlt, dem Staat deshalb weitere Einnahmen verloren gingen.

Und, nota bene, die Wahrscheinlichkeit, dass der Sachbearbeiter nach erfolgreich absolvierter Weiterbildung bis zum Erreichen der Pensionsgrenze erwerbstätig bleibt (und Steuern bezahlt) kann und will, wird ebenfalls erheblich gesteigert.

„Der Pragmatismus spricht für den Staat als Bildungsträger."

Der Staat als Sponsor eines Bachelor- oder Masterabschlusses für Ältere hätte die Möglichkeit, inhaltlich auf das Ausbildungsprogramm Einfluss zu nehmen. Damit könnte einer allzu einseitigen Ökonomisierung der Bildung Einhalt geboten werden. Dieser Vorschlag sollte nicht als naiver Glaube an das Absolutheitsgebot akademischer Freiheit abgehakt werden. Es geht hier auch nicht um den freien Zugang aller zu allem Wissen der Welt. Sondern darum, Bewährtes weiter zu verbessern. Ganz realistisch, ganz pragmatisch. Und im optimalen Fall kostenneutral.

Auf dem Feld der Förderung wird man ohne Abgrenzungen niemals auskommen können. Ein Geldregen nach dem Gießkannenprinzip, ausgeschüttet über das ganze Land, würde jeden Staatshaushalt überfordern. Auch beim regulären BAföG zum Beispiel wurden Altersgrenzen errichtet. So darf der Antragsteller zu Beginn des geförderten Ausbildungsabschnittes in der Regel nicht über 30, bei Master-Studiengängen nicht über 35 Jahre alt sein. Aufheben ließen sich solche Beschränkungen risikolos nur dann, wenn bei der Förderung keine gravierenden zusätzlichen Kosten zu Lasten der Allgemeinheit anfielen.

Das klingt zunächst nach einer Quadratur des Kreises, könnte aber, unter fest gezurrten Voraussetzungen, durchaus bewerkstelligt werden. So wie die Bundesländer mit ihrer Vergabe der BAföG-Gelder überwiegend gute Erfahrungen gemacht haben, weil sich Bildung für Einzelne letztlich für alle rechnet, so könnten Politiker auch mit der Förderung älterer Arbeitnehmer im Bereich der beruflichen Weiterbildung punkten. Und der Wirtschaft damit überdies eine bald quälende Last abnehmen.

Wenn man das momentane Mäzenatentum an den Universitäten beenden oder auch nur eingrenzen möchte, kann man sich nicht mit der Unterfinanzierung der Hochschulen zufrieden geben. Man kann auch die Wirtschaft nicht weiterhin, ja sogar zunehmend die Kosten tragen lassen. Dann muss man vielmehr dafür sorgen, dass Phänomene wie Stiftungsprofessuren überflüssig werden. Das allerdings würde einen Paradigmenwechsel voraussetzen, denn der Trend geht zur noch stärkeren Privatisierung der Ausbildung.

„Freiheit braucht Entfaltungsmöglichkeiten."

Wenn die Mehrheit der Bürger (Bildungs-)Politiker wählt, die es ausdrücklich begrüßen, dass sich eine Universität wie ein Unternehmen strikt nach den Gesetzen des Wettbewerbs ausrichtet, dann darf man sich nicht wundern, wenn Studierende als A-, B- oder C-Kunden behandelt werden. Wer sich in guter Aufklärertradition für die Freiheit der Wissenschaft gegenüber Kirche und Staat einsetzt, muss dieser Freiheit auch Entfaltungsmöglichkeiten bieten. Praktisch gedacht: Wenn die Ausbildung an Fachhochschulen und Universitäten nicht allein dazu dienen soll, die Studierenden zu befähigen, zeitnah markt-gängige Leistungen abzuliefern, dann sollte man gut überlegen, wie die hierfür eingesetzten Gelder verwendet werden.

Die finanzielle Subvention von Studienwilligen im Alter von 40plus müsste allerdings völlig transparent ablaufen. Damit das der Allgemeinheit geschuldete Geld nicht verloren geht, sollte ebenfalls Vorsorge für den Fall getroffen werden, dass ein Kandidat sein Ziel nicht erreicht – wenn er entweder das zweite Studium ergebnislos abbricht oder arbeitslos wird, bevor er das Darlehen zurückerstatten konnte.

Um die Gefahr eines solchen Scheiterns einzugrenzen, rege ich an, die Vergabe der staatlichen Förderung an ein Referenzschreiben des Arbeitgebers zu koppeln, der den Bewerber beschäftigt, eventuell auch verbunden mit einer befristeten Beschäftigungsgarantie im Falle eines erfolgreich beendeten Studiums. Auf diese Weise wäre sicherge-stellt, dass sich nur solche Mitarbeiter um Förderung bemühen kön-nen, denen der Arbeitgeber weiteres Potential zutraut. Mit der Emp-fehlung übernimmt das Unternehmen zumindest ideell einen Teil der Verantwortung. Auch das kann nicht schaden.

Konflikte können natürlich entstehen, wenn ein Arbeitnehmer studieren möchte, sein Arbeitgeber das aber nicht befürwortet und sich weigert, für den Beschäftigten eine Referenz abzugeben. In die-sem Fall bleibt dem Weiterbildungswilligen nur die Alternative, ent-weder den Studienwunsch zu begraben oder die Qualifizierung auf eigene Kosten durchzuführen. Es sollte aber selbstverständlich sein, dass sich der Mitarbeiter zuvor intensiv mit seinem Vorgesetzten und dem HR-Bereich über Gründe und Motive austauscht. Im Zweifelsfall kann auch der Betriebsrat eingeschaltet werden.

Es ist auch durchaus denkbar, dass sich ein lebhafter Wettbewerb der Interessenten um einen Studienplatz in einem unternehmensneu-tralen Programm entwickelt. Es gibt schon heute Anbieter, die genau mit diesem Merkmal für ihre Studiengänge werben. Das macht Sinn, denn die Teilnehmer können in zukünftigen Bewerbungen darauf verweisen, dass die Kriterien ihrer Ausbildung nach allgemeinen Stan-dards definiert wurden. Ihr Ausbildungszertifikat trägt ein auch in anderen Unternehmen und an anderen Einsatzorten valides Gütesie-gel. Den Wettbewerb innerhalb des Talentpools eines Unternehmens würde eine solche externe Auszeichnung mit Sicherheit im positiven Sinne befeuern.

4 MBA reloaded

Ein neues Geschäftsmodell für Business Schools

Thesen

1. *Nach der herrschenden Lehre des Neoliberalismus sollen die Bildungsinhalte mehr und mehr vom Bedarf der Unternehmen abhängen. Politik und Gesellschaft müssen entscheiden, ob sie das wollen. Falls ja, muss die Bildungsindustrie vorbehaltlos für den Wissensbedarf der Wirtschaft aus- und weiterbilden.*

2. *Eine berufliche Weiterbildung im Alter von 40plus ist nur dann sinnvoll, wenn sie berufsbegleitend absolviert wird.*

3. *Jenseits von MBA und Executive MBA gibt es einen Markt für einen Advanced oder Senior MBA für Führungskräfte über 50 Jahre, in dem aktuelles Wissen auf Lebenserfahrung trifft. Inhaltlich sollte dieser auf weiche Faktoren fokussierte MBA ein Gegengewicht zur ertrags- und zahlenorientierten MBA-Ausbildung sein.*

Preisfrage: Sind Bachelors a) schlecht, b) ausreichend oder c) bestens für den Berufsstart ausgebildet? Darüber zerbrechen sich Personaler und Professoren viel stärker den Kopf als der Nachwuchs selbst. Denn wer das erste akademische Examen mit „Sehr gut" in der Tasche hat, studiert meist ohne Verzug weiter. Zweier-Absolventen fahren zweigleisig: Sie bewerben sich um einen Master-Studienplatz und sicherheitshalber um einen Job in der Wirtschaft. Nur Dreier-und Vierer-Kandidaten streben sofort in die Arbeitswelt. Und entdecken oft erst nach ein paar Jahren, dass sie mit dem Master weiter gekommen wären.

Unterstützt wird dieser Erkenntnisprozess von vielen Arbeitgebern. Der absehbare Fachkräftemangel nährt den Gedanken, dass sich der Ehrgeiz ihrer Mitarbeiter aufs Beste mit ihrem Bindungsbestreben vereinen lässt. Nach Angaben der Staufenbiel MBA Trends-Studie 2010/11 werden bereits 88,8 Prozent der MBA-Studierenden von ihren Unternehmen finanziell unterstützt, 90,5 Prozent haben gespart (Mehrfachnennungen waren möglich); demnach werden die Kosten wohl mehrheitlich geteilt.

„Masters sind willkommen – am liebsten Hausgewächse."

Der Nutzen auch. Viele Konzerne unterstützen ihre jungen Mitarbeiter sowohl beim berufsbegleitenden Erwerb des Bachelors als auch beim nebenberuflichen Masterabschluss. Wer den Aufwand scheut und lieber ein Vollzeitstudium absolvieren will, kann sich mancherorts auch für bis zu zwei Jahre ohne Bezahlung beurlauben lassen. In der Praxis kommt das aber nur selten und fast ausschließlich bei angehenden Consultants vor. Denn wer steigt schon mitten in seiner Karriere für ein paar Jahre aus?

Industrie und Dienstleistungsunternehmen fördern fast nur berufsbegleitende Programme. Die jungen Master-Talente arbeiten Woche für Woche ihre Regelarbeitszeit ab und lernen in der Freizeit. Zur Belohnung tragen die Unternehmen einen Teil der Studiengebühren und gewähren für Prüfungsvorbereitungen, Klausuren und Exkursionen Sonderurlaub.

Das ist kein schlechtes Geschäft, denn es bietet dem Arbeitgeber die wohlkalkulierte Chance, den Mitarbeiter auch nach seinem Studium behalten zu können. Die geförderte Weiterbildung junger Mitarbeiter wird so zu einem Instrument der Mitarbeiterbindung und der Sicherung des Fachkräftebedarfs.

Die freie Wahl von Hochschule und Studienfach haben die Meisterschüler allerdings nicht. Denn die Unternehmen haben sehr genaue Vorstellungen von dem, was im Unterricht behandelt werden soll und was nicht. Deloitte, Ernst & Young, KPMG und PricewaterhouseCoopers, die „Big Four" der Wirtschaftsprüfung, haben mit Hilfe namhafter Business Schools sogar einen Gemeinschaftsstudiengang namens „Audit Xcellence" gegründet. Hiermit, so glauben sie, könnten sie mehr Einfluss auf die Vermittlung ihres künftig benötigten Know-hows nehmen, als wenn man die Stoffauswahl allein den Universitäten und Business Schools überließe.

Die Idee trifft auf Interesse. In Zeiten knapper Kassen sind viele Hochschulen gern bereit, ihre Studien- und Prüfungsordnungen auf die Interessen der Wirtschaft auszurichten. Informations- und Kommunikationstechnologie, Betriebswirtschaft, Wirtschaftsinformatik sind die Fächer, in denen sich künftig ein Riesenbedarf abzeichnet. Dass die Unternehmen kein Philosophie- oder Romanistikstudium finanzieren, ist klar. Schon deshalb würde kein Rektor oder Dekan auch nur im Traum daran denken, für wirtschaftsferne Studienfächer ein nebenberuflich zu absolvierendes Bachelor- oder Masterprogramm einzurichten. Die Sponsoren würden schlicht ausbleiben.

„Bedarfsgerecht zugeschnittene Bildungsangebote haben eine große Zukunft. "

Dreißig Jahre nach dem Einzug des neoliberalen Denkens in Politik und Gesellschaft ist Bildung zu einem Milliarden-Business geworden, und wie es aussieht, haben die strikt auf Bedarfsdeckung setzenden Geschäftsmodelle eine große Zukunft vor sich. Besonders dann, wenn sie sich gleichermaßen für die Interessen der Wirtschaft wie jener der zukünftigen Arbeitnehmer einsetzen und junge Menschen frühzeitig an Ökonomie und Technik heranführen. Denn hier liegt die Zukunft, und hier entstehen die Jobs.

Jugendliche lernen das allerdings frühestens im neunten Schuljahr, wenn sie nämlich an den Hauptschulen ihr erstes Schülerpraktikum absolvieren sollen. In den Gymnasien müssen sie noch ein oder zwei Jahre länger auf diese Erkenntnis warten. Viele Teenies entdecken erst dann, dass ihnen niemand eine Chance gibt, 14 Tage lang in ihre Traumberufe Model, Manager und Medienstar hineinzuschnuppern. Willkommen sind sie lediglich im Handwerk, im Handel, im produzierenden Gewerbe und in der Gastronomie, und auch nur dann, wenn sie gute Schulnoten in Deutsch und Mathematik mitbringen. Dass auf dem Zeugnis praktisch anwendbare Fächer wie Technik oder Wirtschaftslehre aufgeführt sind, erwarten ohnehin nur wenige Ausbilder.

„Bildung ist kein Passepartout für ungelöste Fragen. "

Deutschland, einst als Nation des Wissens und der Bildung gerühmt, ist im internationalen Vergleich weit zurückgefallen. Durch die Bank fordern die politischen Eliten mehr Bildung, um das Exportland Deutschland auf den vorderen Rängen zu halten, doch bei der Allokation des in einer ökonomisch im Wettstreit liegenden Welt *tatsächlich* benötigten Wissens hapert es bedenklich. Denn bei einem Studierendenteil von mehr als 40 Prozent eines jeden Jahrgangs geht es längst nicht mehr um die Frage, wie man mehr junge Menschen in die Hochschulen bringt, sondern wie man mehr junge Menschen dazu bringt, Schlüsselfächer für den wirtschaftlichen Erfolg einer Volkswirtschaft zu studieren. Dass Bildung sui generis kein Passepartout für die ungelösten Wachstums- und Verteilungsfragen ist, macht die hohe Arbeitslosigkeit unter den Hochschulabsolventen in den südeuropäischen Ländern mehr als deutlich.

Wenn sich Politik und Gesellschaft darin einig sind, dass vor allem gezielte Bildungsanstrengungen in den von der Wirtschaft benötigten Disziplinen erforderlich sind – und das schon in möglichst jungen Jahren –, dann folgt daraus als logischer Schluss, dass auch bei der Weiterbildung erwachsener und älterer Beschäftigter vom bisherigen Gießkannenprinzip abzugehen ist. Gefördert werden sollte das und nur das Wissen, das von den Unternehmen gebraucht wird, weil nur unmittelbar einsetzbare Kenntnisse die Employability der Menschen steigern.

Damit soll nichts gegen das Lernen als l'art pour l'art gesagt werden, es kann den Einzelnen unglaublich bereichern und seine Lebensqualität erhöhen. Doch so lange Bildung und berufliche Weiterbildung nicht explizit auf die Bedarfe der Wirtschaft abgestellt werden, haben sie als Privatsache der Arbeitnehmer zu gelten.

Im Gegenzug gehört es nicht nur zur Verantwortung, sondern ist sogar die Pflicht der Unternehmen, ihren künftigen Wissensbedarf zu erkennen, klar zu konturieren und sich auf die Bildungsanbieter zuzubewegen, um mit ihnen gemeinsam maßgeschneiderte Qualifizierungsprogramme auf den Weg zu bringen.

„Volkswirtschaftlich betrachtet, produziert die berufsbegleitende Weiterbildung nur Gewinner."

Die optimale Form hierfür ist das von Unternehmen initiierte und berufsbegleitende Lernen, bei dem die Bildungseinrichtung und die Wirtschaft Lernziele und Lerninhalte definieren und die Studierenden den Ort und die Zeit ihrer Weiterbildung frei bestimmen können. Die Vorteile gegenüber einem Präsenzstudium, für das der Studierende eine Zeitlang seinen Arbeitsplatz aufgeben muss, wiegen schwer:

• Während der Weiterbildung gehört der Studierende zur Unternehmensorganisation und wird in alle Veränderungen eingebunden.

• Er bleibt Teil seines Firmennetzwerkes und läuft kein Risiko, während seiner physischen Abwesenheit wichtige Kontakte zu verlieren.

• Er kann das neu gelernte Wissen in seiner täglichen Arbeit anwenden, auf Relevanz und Vollständigkeit überprüfen und entsprechende Rückmeldungen an seine Mitstudierenden und die Lehre geben.

- Er muss nach erfolgreich absolvierter Weiterbildung keinen neuen Bewerbungsprozess aufsetzen. Er behält aber die Freiheit, dies doch zu tun.

- Er überzeugt den Arbeitgeber durch Initiative, Motivation, Nachhaltigkeit und Leistung von seinem Talent und verschafft sich damit eine bessere Ausgangsposition für den internen Aufstieg.

- Er und seine Familie müssen keine oder, wenn er einen Teil der Studienkosten selbst trägt, nur geringe finanzielle Einschränkungen in Kauf nehmen.

Volkswirtschaftlich gesehen, gibt es bei der berufsbegleitenden Weiterbildung nur Gewinner:

- Die *Unternehmen* behalten den Mitarbeiter in ihren Reihen, können seine Weiterentwicklung live verfolgen und sparen den Aufwand für Personalbeschaffung. Außerdem übt die bewiesene Bildungsbereitschaft des Mitarbeiters einen positiven Ansporn auf die Belegschaft aus und kann somit wie ein Motivationsvirus wirken.

- Der *Mitarbeiter* behält seine sichere Position und sein gewohntes Einkommen.

- Der *Staat* verliert keine Steuereinnahmen und riskiert nach mittelmäßig oder ohne Erfolg abgeschlossener Weiterbildung keinen weiteren Erwerbslosen. Vielmehr verbessern sich seine Aussichten, nach erfolgter Weiterbildung ein höheres Steueraufkommen zu generieren.

- Die *Sozialversicherungssysteme* werden nicht belastet, sondern im Erfolgsfall dank steigender Einkommen gestützt.

- Den *Bildungseinrichtungen* öffnet sich ein Feedback-Kanal, weil berufstätige Studierende neues Wissen mit dem Praxisblick prüfen, Denk- und Verfahrensfehler an die Dozenten zurückmelden und die Lerninhalte in der Regel erst nach kritischer Beobachtung annehmen.

„Weiterbildung 40plus kann nur neben dem Beruf stattfinden."

Aus all dem folgt: Sich im Alter von 40plus für längere Zeit aus dem Erwerbsleben zurückzuziehen, also seinen Job aufzugeben, um ein Vollzeitstudium zu absolvieren, ist unverantwortlich der Gesellschaft und erst recht sich selbst gegenüber. Das Risiko, am Ende des Prozesses lange nach einem neuen Job suchen zu müssen, eventuell keinen aussichtsreicheren als zuvor oder, noch schlimmer, überhaupt keinen zu finden, ist hoch. Zumal der Bewerber dann in ein Lebensalter gerutscht ist, in dem die Arbeitgeber zwei bis drei Mal überlegen, ob sie ihn wirklich einstellen sollen. Viele werden den Kopf schütteln und einen Kandidaten für naiv halten, der glaubt, als frischgebackener Master mit 46 Jahren – womöglich noch in einem ganz neuen beruflichen Umfeld! – den Mitbewerbern im Alter von Mitte, Ende 20 überlegen zu sein.

Das ist er allenfalls dann, wenn (1) sein weiterführendes Studium inhaltlich in einem engen Zusammenhang zum Erststudium steht und wenn (2) sich aus der an den Bachelor angeschlossenen Berufstätigkeit eine auf der Hand liegende Aufstiegslogik für das Aufbaustudium ergibt.

Bei Peter D. war das der Fall, genauer: der Ausnahmefall. Mit 40 Jahren stand der staatlich geprüfte Betriebswirt als Bereichscontroller eines Dax-Unternehmens der Anlagenverwaltung vor. Wirtschaftskrisen und diverse Restrukturierungen hatten seine vor einer Dekade noch ein gutes Dutzend Mitarbeiter umfassende Abteilung auf zuletzt fünf Fulltime Equivalents zusammenschmelzen lassen. Mit dem Wechsel an der Vorstandsspitze drohte eine neue Abspeckrunde. Peter D. konnte kaum hoffen, das Sparprogramm ohne Blessuren überstehen zu können. Außerdem hatte er schon vor einiger Zeit das starke Signal aufgefangen, als einziger verbliebener Nicht-Akademiker in der Leitung des Controllings unterqualifiziert und „outdated" zu sein. In dieser Situation, fast könnte man sagen: mit dem Rücken zur Wand, entschloss sich der Single, seine Wirtschaftskenntnisse mit einem Bachelorstudium auf ein akademisches Niveau zu hieven.

Für ein berufsbegleitendes Studium fehlten ihm allerdings bei einer durchschnittlichen Wochenarbeitszeit von 60 Stunden die Zeit und die Kraft. Auch der zu Rate gezogene Personaler riet Peter D. davon ab: „Ihr Plan in aller Ehre, Herr Kollege. Aber so, wie ihnen das vorschwebt, kostet Sie das Studium locker vier bis fünf Jahre. Und Sie wissen selbst, dass die Personalausstattung in Ihrer Abteilung jetzt schon auf Kante genäht ist – ganz abgesehen davon, was sich in den nächsten zwölf Monaten noch tun wird. Es wäre selbstmörderisch, in dieser heißen Phase auch nur zeitweilig vom Spielfeld zu gehen. Oder glauben Sie etwa, dass Sie bei Ihren Kollegen und Mitarbeitern Verständnis dafür finden werden, wenn Sie Ihre Qualifikation steigern und die anderen dafür doppelte Leistung bringen müssen?"

„Dieser Schritt fordert Mut."

Nach kurzer Überlegung, das Vorhaben fallen zu lassen, entschied sich Peter D. für die Vorwärtsverteidigung seiner Arbeitsmarktfähigkeit. Er bewarb sich an einer Hochschule für Applied Studies um einen Studienplatz in Betriebswirtschaftslehre und bekam ihn auch für das nächste im Herbst beginnende Semester. Mit dem festen Vorsatz, möglichst noch vor Ablauf der Regelstudienzeit fertig zu werden, kündigte Peter D. zum 30. Juni. In den viereinhalb Monaten bis zum Studienbeginn sichtete er die Unterlagen aus seiner zurückliegenden Ausbildung, brachte sein Englisch auf Vordermann und büffelte eifrig Mathematik auf aktuellem Abiturniveau. Auf diese Weise hoffte er, sich von Anfang an eine gute Startposition zu verschaffen.

Der Plan ging auf. Knapp drei Jahre später war Peter D. 43 Jahre alt und Bachelor of Business Administration mit einer vorangegangenen Berufserfahrung von 15 Jahren in der Anlagenverwaltung. Mit seinem Hochschulzeugnis bewarb er sich gar nicht erst bei seinem früheren Arbeitgeber, denn er wusste, dass der Konzern weite Teile der Buchhaltung und des Controllings schon zwei Jahre zuvor nach Tschechien verlagert hatte. Es kostete Peter D. rund 50 Bewerbungen und vier Monate Zeit, bis er eine neue Stelle als Controller einer gemeinnützigen GmbH fand. Im Gegensatz zu seiner letzten Position unterstanden ihm nur zwei Teilzeitkräfte. Zum Ausgleich dafür konnte er ziemlich regelmäßig um 18 Uhr nach Hause gehen und musste nicht befürchten, dass sich seine Stelle eines Tages in einer Region am Rande der EU wiederfand.

Noch einmal: Die Entscheidung von Peter D. war in der geschilderten Situation richtig: Er studierte innerhalb seines Fachgebietes, und ein berufsbegleitendes Studium wäre angesichts der bevorstehenden Organisationsmaßnahmen mit allzu großen Gefahren behaftet gewesen. Sie gehört aber zu den seltenen Ausnahmefällen, in denen es sich Arbeitnehmer leisten können, drei volle Jahre aus dem Arbeitsprozess auszusteigen. Auf die Risiken weist im Beispiel von Peter D. schon die relativ lange Suchzeit nach seinem Abschluss hin.

Auf dem Kerngedanken, eine akademische Weiterbildung grundsätzlich in die – unter Umständen vom Arbeitgeber freiwillig ausgeweitete – Freizeit der Studierenden zu verlagern, beruhen immer mehr Konzepte von Hochschulen und Business Schools, und das nicht nur für das Executive Development, sondern auch für die Höherqualifizierung von Mitarbeitern auf den mittleren Ebenen. Von Arbeitnehmerseite ist das Interesse hieran groß, wie die bereits früher zitierte Studie der Mannheim Business School vom Herbst 2011 beweist. An dieser Stelle noch einmal: Für 92,5 Prozent der befragten mehr als 1000 Fach- und Führungskräfte aller Karrierestufen ist eine berufsbegleitende Management-Weiterbildung vorstellbar, ein Drittel hat sie sogar schon fest geplant.

„Wer sich weiterbilden will, will das neben seinem Job tun."

Besonders hoch ist die Nachfrage nach Weiterbildungsangeboten in der Gruppe der Berufseinsteiger. Fast die Hälfte von ihnen will sich mit einem weiteren Studiengang oder Kursen in den kommenden Jahren für den nächsten Karriereschritt fit machen. Aber auch im Top-Management ist der Weiterbildungsbedarf hoch: Immerhin ein Viertel der Befragten aus diesem Kreis hat eine Entwicklungsmaßnahme kurz- bis mittelfristig vorgesehen. „Die Resultate unsere Studie zeigen", so Professor Dr. Jens Wüstemann, Präsident der Mannheim Business School, „dass sowohl Arbeitgeber wie auch Bildungsanbieter vor enormen Herausforderungen stehen: Beide müssen Management-Weiterbildungsmaßnahmen für alle Zielgruppen – von Berufseinsteigern bis zu erfahrenen Führungskräften – entwickeln. Für Unternehmen werden attraktive Personalentwicklungsinstrumente für ihre Führungskräfte zukünftig mehr denn je ein Wettbewerbsvorteil und ein Bindungstool sein."

Nicht nur die Mannheimer Studie deutet darauf hin, dass die meisten an Weiterbildung Interessierten Präsenzstudiengänge gegenüber einem reinen Online-Studium vorziehen. Viele präferieren allerdings auch eine Kombination aus Präsenz- und Computerlernen, das sogenannte Blended Learning.

Ausschließlich auf das Distance Learning setzt die Open University Business School in London, und das auch in Deutschland mit wachsendem Erfolg, dem mittlerweile zweitgrößten Markt der Schule. „Die Unternehmen suchen etwas Bestimmtes und sie sprechen uns an, ob wir das bieten können", erklärt Programmleiter Tristan Sage das Geschäftsmodell. Die Unterrichtssprache Englisch sei ein wichtiges Auswahlkriterium für Unternehmen und Studierende, noch wichtiger allerdings sei die Möglichkeit des flexiblen, selbstbestimmten Lernens: „Die Studierenden bleiben voll im Beruf und können doch am Lernprozess teilnehmen."

„Blended Learning gilt als attraktiv."

Eine ganze Reihe von Großunternehmen wählen deshalb einen Kooperationspartner, der gleichermaßen auf die Bedürfnisse der Wirtschaft wie auf die ihrer Mitarbeiter einzugehen bereit ist. Bereits einige Tausend Arbeitnehmer studieren in Deutschland berufsbegleitend betriebswirtschaftliche und technische Bachelor- und Masterstudiengänge. Für das Bachelorstudium wird nicht zwingend das Abitur vorausgesetzt, doch zum Masterstudium werden nur Hochschulabsolventen mit Prädikatsnote zugelassen. Beim britischen Anbieter Open University beenden rund 88 Prozent der Studierenden erfolgreich ihr Studium, auch diejenigen, deren Schul- oder Studienzeit schon länger zurückliegt.

Beim Studium an der Open University ist die Übertragung des Gelernten auf den Arbeitsalltag und die praxisbezogene Anwendung neuer Kompetenzen besonders wichtig. Studiert wird nach dem Prinzip „Blended Learning", bei dem sich traditionelle Unterrichtsmaterialien wie Lehrbücher mit Online-Komponenten, elektronischen Konferenzen und anderen multimedialen Lehr-, Lern- und Austauschmöglichkeiten abwechseln. Berufsbegleitendes Studieren gekoppelt mit multimedial aufbereiteten Inhalten, eingebettet in einer strategisch ausgerichteten Personalentwicklung ist in den Unternehmen auf dem Vormarsch. So wurde die Deutsche Telekom 2011 für ihre Initiative Bologna@Telekom von der Industrie- und Handelskammer (DIHK) mit dem „Initiativpreis Aus- und Weiterbildung" ausgezeichnet. Nach Einschätzung der Jury leiste die Deutsche Telekom mit dieser Maßnahme in besonderer Weise einen Beitrag zur Fachkräftesicherung. Auch die Kriterien „Innovation" und „Transferfähigkeit für andere Unternehmen" sahen die Juroren besonders gegeben.

Neben diesen Weiterbildungsangeboten, die sich in erster Linie an junge Fach- und Führungskräfte richten, bemüht sich der Konzern auch darum, ältere Mitarbeiter für fachbezogene Fortbildungen und eine Erweiterung ihres akademischen Horizontes zu gewinnen. So können auch Mitarbeiter 40plus ein Teilstipendium erhalten, um ihre Studienkosten zu finanzieren. Das Studium selbst wird zeitlich gestreckt, um parallel die Berufstätigkeit und den Wissenserwerb zu ermöglichen.

„Bildungsinvestitionen rechnen sich – und der Staat hilft mit. "

Für die Betriebe sind die Beträge, die sie in die Employability ihrer Beschäftigten investieren, gut angelegtes Geld. Das Finanzamt unterstützt ebenfalls die Aufwendungen der Unternehmen für die Weiterbildungsförderung ihrer Mitarbeiter.

Grundsätzlich kann ein Arbeitgeber jede Form der Weiterbildung eines Arbeitnehmers finanziell fördern und die Kosten hierfür als Personalaufwand verbuchen. Wenn die Bildungsmaßnahmen im ganz überwiegenden betrieblichen Interesse liegen, kann er sogar dem Arbeitnehmer die Kosten hierfür steuerfrei erstatten oder diese direkt übernehmen. Das jedoch muss er dem Finanzamt gegenüber nachweisen. Von diesem akzeptierte Anhaltspunkte für „ein ganz überwiegendes Interesse des Arbeitgebers" an der Weiterbildung des Mitarbeiters sind:

- Die Maßnahme erhöht die Einsatzfähigkeit des Arbeitnehmers im Betrieb des Arbeitgebers.

Beispiel: Eine Unternehmensberatung verspricht sich ein breiteres Einsatzfeld von ihrem Mitarbeiter, der seinen Abschluss Bachelor of Science mit dem MBA ergänzen will.

- Die Maßnahme liegt im Berufsfeld des Arbeitnehmers.

Beispiel: Ein Logistik-Sachbearbeiter strebt einen MBA-Abschluss mit Schwerpunkt Logistik an.

- Die aus der Fortbildung erworbenen Kenntnisse sind im Betrieb des Arbeitgebers für gegenwärtig oder künftig geplante Änderungen der technischen Ausstattung oder in ähnlicher Art verwertbar.

Beispiel: Das Unternehmen soll in eine Holding umgewandelt werden, innerhalb derer der Leiter der Finanzbuchhaltung neue und anspruchsvollere betriebswirtschaftliche Aufgaben erhält.

- Die Teilnahme an der Bildungsmaßnahme wird zumindest teilweise auf die Arbeitszeit angerechnet.

Beispiel: Der Arbeitgeber stellt den Mitarbeiter einmal im Quartal am Donnerstag und Freitag für die Teilnahme an Wochenendseminaren frei.

„Einsam an der Spitze thront:
Der Master of Business Administration."

Thematisch herrscht an beruflichen Fortbildungsmöglichkeiten wahrlich kein Mangel. Ob in der Medizin oder im Monteurberuf, in der Logistik oder Logopädie, ob für Erzieher, Ernährungswissenschaftler oder Energieanlagenelektroniker – Staat, Hochschulen, Handwerks- und Handelskammern sowie ganz vorne die Bildungsindustrie halten Zehntausende von Kursen, Seminaren und mehrjährigen Programmen bereit. Zu den von Ingenieuren, Naturwissenschaftlern und Managern (in genau dieser Reihenfolge) nachgefragtesten Weiterbildungen im akademischen Bereich gehört der Master of Business Administration (MBA), weshalb er an dieser Stelle auch ausführlich auf seine Eignung für Studierende 40plus untersucht werden soll.

Der MBA, 1906 an der Harvard University erstmals aufgelegt und bis Ende der 1990er Jahre in Deutschland als Königsklasse der Managerausbildung bewundert – gewiss auch deshalb, weil diese Manager-Weiterbildung aufgrund eines Reichstagsbeschlusses von 1937 (!) bis zum Bologna-Abkommen von 1998 auf deutschem Boden nicht zugelassen war –, hat eine rasante Entwicklung hinter sich. Waren es vor 15 Jahren gerade drei bis vier Anbieter in Deutschland mit einer Handvoll Studenten, so wetteifern mittlerweile mehr als 140 Anbieter mit mehr als 300 unterschiedlichen Programmen um potentielle Teilnehmer. Rund 6000 Studienplätze stehen allein in Deutschland zur Verfügung, allerdings sind die Klassen beim Start der Programme selten komplett besetzt.

Hier ist zum einen die Kraft des Wettbewerbs in voller Stärke zu spüren. Zum anderen zieht die Weiterbildung seit Ausbruch der Finanzkrise 2008/2009 vermehrt Kritik aus Wissenschaft und Wirtschaft auf sich, was vormals begeisterte Anwärter nun doch etwas zurückhaltender werden lässt. Nach Angaben des GMAC Corporate Recruiters Survey 2009 ging die Zahl der in diesem Krisenjahr weltweit neu eingestellten Masters auf 22.000 zurück. Im Jahr zuvor waren es noch rund 35.000 Kandidaten, doch 2010 stieg die Zahl der Einstellungen schon wieder auf 24.000.

Drittens belaufen sich die Studienkosten für die angesehensten Programme an den weltweit renommierten privaten Business Schools (der sogenannten Ivy League) mit Leichtigkeit auf 30.000 bis 50.000 Euro. Pioniergewinne fährt noch immer die Harvard Business School in Cambridge/Boston ein, die für ihr zweijähriges MBA-Programm rund 150.000 US-Dollar verlangt. Die vergleichsweise hohen Kosten limitieren die Nachfrage deutlich, zumal in Zeiten anhaltender Krisen und wachsender Verteilungsungerechtigkeit.

Das MBA-Studium schließt in Vollzeit entweder direkt an einen Bachelorabschluss an, dann wendet es sich fast nur an junge Menschen, oder es wird Jahre später aufgenommen, wenn sich die Bachelors eine Zeitlang in der Praxis bewiesen haben. Bereits hier werden neben dem ein- bis zweijährigen Vollzeitunterricht zahlreiche Part-Time-Programme angeboten. Während Vollzeitprogramme von Karrierewechslern im Alter von 26 bis 30 Jahren mit geringer Berufserfahrung besucht werden, findet man in den Teilzeitprogrammen die etwa 35-Jährigen mit durchschnittlich sieben bis zehn Jahren Berufserfahrung. Diese wollen aus einer Fachlaufbahn heraus ihre Karriere weiterentwickeln.

„MBA-Absolventen sind besonders im Mittelstand heiß begehrt."

Der Wert des MBA-Abschlusses für die Wirtschaft ist nicht eindeutig anzugeben. Einer Untersuchung der Universität Dortmund aus dem Jahr 2006 zufolge (und erst danach hat die Kritik an Schärfe gewonnen) spielt der MBA bei Neueinstellung, Beförderung und Festlegung der Vergütung in kleinen und in sehr großen Unternehmen eine wesentlich geringere Rolle als in mittleren Unternehmen von 201 bis 1500 Mitarbeitern. Bei sehr kleinen Unternehmen sei dies mit der mangelnden Ressourcenausstattung zu begründen, vermuteten die Forscher, in sehr großen Unternehmen mit der Existenz einer eigenen Ausbildungsakademie oder anderer Formen interner institutionalisierter Weiterbildung. *(U. Wilkesmann, H. Fischer, A. Rubens-Laarmann, G. Würmseer: Hat der MBA Signalfunktion? Discussion Papers des Zentrums für Weiterbildung, Universität Dortmund, 02-2006)*

Dass MBA-Absolventen vor allem von der mittelständischen Wirtschaft geschätzt werden, bestätigt auch eine Befragung von Personalberatern, durchgeführt vom Bundesverband Deutscher Unternehmensberater BDU e.V. im Herbst 2009. Danach haben Führungskräfte mit einem deutschen oder ausländischen Hochschulstudium plus MBA-Abschluss bei Betrieben mittlerer Größenordnung die besten Karrierechancen – weit vor denen ihrer promovierten Kollegen. Die wiederum kommen bei Konzernen grundsätzlich besser an als MBA-Absolventen. Den Grund weiß Jörg Lennardt, Vizepräsident des Unternehmensberaterverbandes. „Mittelständler suchen in der Regel Fach- und Führungskräfte mit möglichst hohem Praxisbezug", sagt er, „und MBA-Absolventen gelten als Kandidaten, die im Laufe ihrer Ausbildung einen guten Einblick in die unternehmerischen Anforderungen erhalten haben. Dafür sorgen nicht zuletzt Gastdozenten aus Industrie und Wirtschaft."

Doch wie unterscheiden die Einkäufer der Kapazitäten den Wender vom Blender? Gilt der Titel „Master of Business Administration" immer noch als Gütesiegel, bei dem man blind zuschlagen kann? Wie viel entwickelte Managementkapazität ist tatsächlich von einem MBA-Absolventen zu erwarten?

Die Recruiter orientieren sich zumeist am Stellenwert der Schule bei den internationalen Rankings und an den Erfahrungen, die sie mit den Absolventen der einzelnen Einrichtungen gemacht haben. Doch selbst Spitzenabsolventen werden immer häufiger nach einschlägiger Berufserfahrung gefragt. Das jedenfalls besagt die letztjährige Recruiter-Umfrage von QS TopMBA.com, einem weltweiten Anbieter von MBA-Messen. Vier von fünf Arbeitgebern geben danach Masters mit mehr als dreijähriger Berufserfahrung den Vorrang, zwei von fünf bevorzugen sogar Absolventen mit mehr als fünf Jahren Praxis. Dagegen ist die Nachfrage nach jüngeren Absolventen ohne Berufserfahrung so niedrig wie nie zuvor. Nur zwei Prozent der Arbeitgeber suchen MBA-Absolventen mit weniger als einem Jahr Berufspraxis. 2008 lag diese Zahl noch bei elf Prozent.

Der erklärte Wunsch nach berufserfahrenen MBA-Absolventen wird später im Buch noch eine Rolle spielen, wenn eine Lanze für den Advanced oder Senior-MBA gebrochen wird.

„Nach dem Executive MBA ist Schluss."

Eine Spezialform des MBA ist der sogenannte Executive MBA, abgekürzt EMBA oder GEMBA (Global Executive Master of Business Administration), für den einzelne Programmmodule auf mehreren Kontinenten studiert werden können.

Executive-Programme richten sich ausschließlich an führungserfahrene Manager mit wenigstens sechs bis zehn Jahren Berufserfahrung, von denen nahezu die Hälfte in Führungspositionen verbracht worden sein muss. Entsprechend zeichnen sich die Teilnehmer, die in der Regel von ihren Unternehmen entsandt werden, durch ein deutlich höheres Lebensalter aus. Im Durchschnitt der Schulen sind die Studierenden 39 bis 44 Jahre alt und auf den obersten drei Führungsebenen ihrer Unternehmen beschäftigt. Der Unterricht findet ausnahmslos berufsbegleitend statt, meist an Wochenenden oder in über das Jahr verteilten, mehrtägigen Präsenzmodulen. Die Gesamtdauer eines EMBA-Programms beträgt ein bis zwei Jahre.

Online- oder Distance Learning verbietet sich bei Executive-MBA-Programmen von vorneherein. Denn ein großer Teil des Studienreizes besteht darin, in der Person der Kommilitonen erfolgreiche Führungskräfte auf Augenhöhe kennenzulernen. Wer über einen längeren Zeitraum hinweg zwischen einem Chief Operating Officer und einem Vertriebsvorstand im Hörsaal gesessen hat, weiß den Wert solcher Bekanntschaften für sein professionelles Netzwerk zu schätzen.

Abgesehen von einer Promotion und der Habilitation hat der aufstrebende Manager mit einem EMBA den Gipfel der Fahnenstange akademischer Bildung erreicht. Wer sich im späteren Verlauf seiner Karriere managementtechnisch weiterbilden möchte, trifft zwar an den angesehenen Wirtschaftshochschulen und an guten privaten Business Schools auf ein reichhaltiges Seminarprogramm. Allerdings dient es in erste Linie dem professionellen Networking und erst in zweiter Hinsicht der Auffrischung des Fach- und Führungswissens.

Im akademischen Bereich gibt es nach dem Executive MBA keine institutionalisierten und akkreditierten Weiterbildungen mehr. Und selbst dieser gehört – wie auch der normale berufsbegleitende MBA – inhaltlich längst auf den Prüfstand.

Nach Ausbruch der Finanzkrise 2008/2009 haben viele Business Schools ihre Curricula umgebaut. Zumindest in die Wahlfächer neu aufgenommen wurden Kurse über Ethik in der Wirtschaft, Ökologie, gesellschaftliche Entwicklungen, Demografie und mancherorts sogar Kapitalismuskritik. Als eine der ersten Schulen hatte die ESSEC Business School in Paris ihr Curriculum mit dem Ziel überarbeitet, eine neue Generation von Führungspersönlichkeiten mit ethischem Gewissen und unternehmerischer Verantwortung auszubilden. „Verantwortungsbewusste Führungskräfte brauchen eine fundierte Allgemeinbildung und ein solides Weltbild", erklärte ESSEC-Professor Laurent Bibard im Februar 2009 gegenüber der Süddeutschen Zeitung.

Drei Jahre später sind die meisten Weichmacher klammheimlich wieder abgesetzt worden. Wie zuvor ziehen sich Strategie- und Finanzthemen durch den gesamten MBA-Unterricht, genau wie vor der Krise wird der Blick der Studierenden vor allem auf den schnellen Ertrag, den Gewinn, den *Return on Investment* gelenkt. Offenbar kommen die Schulen damit sowohl den Wünschen der Teilnehmer als auch denen der Abnehmer ihrer Klientel, den Unternehmen, entgegen.

„Unternehmen brauchen Manager, nicht MBAs."

Eine derart auf Profitthemen zugespitzte Lehre dürfte allerdings spätestens anlässlich der nächsten Finanz- und Wirtschaftskrise erneut heftig in die Kritik geraten. Dann wird man sich auch wieder an das Buch des Wirtschaftswissenschaftlers Henry Mintzberg aus dem Jahr 2004 erinnern, dessen titelgebende Botschaft „Managers not MBAs" noch heute viel Zustimmung findet. Besonders ärgerlich sei an der Managementausbildung an Business Schools, so kritisierte der Autor, dass es sich dabei um eine reine Geschäftsausbildung handele, die ein verzerrtes Bild von Management abgebe. In einflussreichen Führungspositionen brauche man weder Technokraten noch sich selbst zu Helden stilisierende Menschen. Nötig seien stattdessen überlegte und ausbalancierte Manager mit einem motivierenden Führungsstil. „Such people believe their purpose is to leave behind stronger organizations, not just higher share prices."

Dieser Gedanke, verknüpft mit der hinlänglich begründeten Notwendigkeit, für Angehörige der Altersgruppe 40plus einen quartären Bildungssektor zu schaffen, mündet in meinem Vorschlag, *über die bestehenden Formen der Managementweiterbildung hinaus einen berufsbegleitend zu absolvierenden Advanced oder Senior MBA zu entwickeln und diese Fortbildung ausschließlich Führungskräften über 50 Jahren anzubieten.*

Ein solches Programm, das meines Wissens noch von keiner staatlichen Hochschule oder von einer privaten Business School angeboten wird, schließt einerseits die klaffende Lücke im Weiterbildungsportfolio für seniore Manager und erschließt andererseits den Unternehmen ein Reservoir an berufserfahrenen Führungskräften, das der Vorherrschaft von Technokraten und Sonnenschein-Managern dank Lebenserfahrung und menschlicheren Zügen das dringend benötigte Schwergewicht entgegenzusetzen vermag.

„Das sollten Advanced oder Senior-MBA-Absolventen am Ende des Studiums können."

Das oberste der angestrebten Lernziele klingt simpel, bedeutet tatsächlich aber die Meisterschaft im Management: die Befähigung nämlich, unternehmerische Herausforderungen durch Lösungen zu bewältigen, die den Menschen und nicht das Kapital als Leistungs-erbringer betrachten. Notwendige Voraussetzungen hierfür sind ein ausgewogenes Verhältnis von Fach- und Führungswissen sowie jahr-zehntelange Berufserfahrung; fast entscheidender jedoch sind die per-sönlichen Einstellungen der reifen Studierenden zum Menschen, zur Ökonomie, zur Zukunft, zu den Werten dieser Gesellschaft – mithin deren mit Lebensklugheit gewürzte geistige und ethische Grundhal-tung. Aus ihr wächst die moralische Verantwortung für echtes unter-nehmerisches und nicht nur kurzfristig profitorientiertes Handeln.

Solche Manager werden schon bald, dafür bedarf es nicht mehr vieler Krisen, in großer Zahl nachgefragt sein. Doch ich will das Bild schärfer konturieren: Schon heute gehört es zu den Primärtugenden einer Führungskraft, sein ganzes Ich einzubringen. Die Aufteilung zwischen „Job" und „Privatleben" wird zunehmend obsolet, gefördert durch den wachsenden Druck in den Unternehmen auf die Beschäf-tigten, insbesondere jene in Executive- oder Top-Positionen, die Errungenschaften in der Informations- und Kommunikationstechno-logie und die rasante Verbreitung der Sozialen Medien.

Erfolgsmanager jeden Alters haben die Fokussierungskraft für bei-des, für den Beruf und für das Privatleben. *Doch bei komplexen Ent-scheidungen, wie sie bei dem Sprung von der Gewissheits-Gesellschaft in die Ungewissheits-Gesellschaft verlangt werden, haben lebenserfahrene Führungskräfte einen unschlagbaren Vorteil: Sie zögern seltener, wenn ein im Interesse des Unternehmens unvermeidbarer Entschluss persönliche oder berufliche Nachteile für sie selbst mit sich bringt.* Die Zeit der Ichbezogen-heit liegt zumeist ein Stück weit hinter ihnen. Was sie in diesem Alter suchen, ist ein gewisser Status und die Anerkennung ihrer Leistungen. Letzteres sind intelligente, tragfähige und nachhaltige Lösungen für wirtschaftliche Herausforderungen. Ersteres, der erstrebte Status, wird hieraus resultieren.

Sich für die Zukunft der von ihnen geleiteten Bereiche verantwort-lich fühlende Manager haben sich noch nie damit begnügt, alle paar Jahre ein fünftägiges Führungsseminar zu besuchen und die Bulletins der Trendforscher zu abonnieren. Das bringt sie und ihre Mitarbeiter nicht gesund in die Zukunft. Denn gelehrt wird vielfach nur, was der Trainer oder der Trendforscher heute wissen oder – eher noch – als gesichertes Wissen annehmen. Vor dem Hintergrund des Zwanges zur richtigen Weichenstellung entscheidend wichtig ist aber, das zu lernen, was wir noch nicht wissen, aber in der Zukunft benötigen werden.

„Nötig ist eine Weiterbildung, die den Menschen im Manager anspricht."

Und das ist vor allem der menschliche, nicht der technokratische Umgang mit Veränderungen. Erfolgreiche Manager antizipieren Veränderung und passen sich ihr immer wieder aufs Neue an. Die Führungskräfte gut geleiteter Unternehmen haben, häufig unter Schmerzen, gelernt, dass der starre Blick auf Bilanzen, Kennzahlen und Analysen letztlich zum Stillstand im Unternehmen führt, weil er die ihnen anvertrauten Mitarbeiter beunruhigt und in Angststarre versetzt. Stattdessen halten diese Leader Ausschau nach neuen Ideen, neuen Produkten, neuen Methoden und neuen Märkten. Sie lieben die Herausforderung und wollen mit, nicht gegen Menschen, die Zukunft ihrer Unternehmen bewegen. Stillstand ist für sie gleichbedeutend mit Rückschritt.

Seniore Führungskräfte in diesem Sinne reflektieren ihr Handeln zu jedem Zeitpunkt und wissen genau, dass Druck keinesfalls bessere Ergebnisse, sondern Verweigerung, passiven Widerstand und damit Gegendruck erzeugt. Motivation hat viel mit Begeisterung zu tun. Also beschreiben solche Executives ihren Mitarbeitern, welche Visionen sie haben, sie kommunizieren mit ihnen, wertschätzen sie, spornen sie an und sparen ebenso wenig mit Anerkennung wie mit kritischem Feedback.

Diese Führungskräfte haben in der Regel ein positives Bild von ihren Mitarbeitern und zeigen es auch. Deshalb schaffen sie es, dass sich die Mitarbeiter nicht als unbedeutendes Rad im Firmengetriebe sehen. Sie können ihren Mitarbeitern vermitteln, dass die Erfüllung ihrer Aufgaben einen Sinn hat, der dem Ganzen dient: Sie machen aus Arbeitsplätzen „Erlebniswelten", sie vermitteln Erfolgsgefühle und lösen in ihrem Umfeld den Wunsch nach Wissenserwerb aus. Denn auch das ist Teil der Vorbildfunktion exzellenter Führungskräfte: Sie hören niemals auf, zu lernen.

Wie müsste nun ein Advanced oder Senior-MBA-Programm gestaltet sein, um mit guter Aussicht auf Erfolg den skizzierten Typus eines Senior Managers hervorzubringen?

Formal auf jeden Fall berufsbegleitend. Der Unterricht und der Austausch von Teilnehmern und Dozenten finden in mehreren, jeweils einwöchigen und über das Jahr verteilten Modulen statt. Die Hälfte der benötigten Zeit stellt der Arbeitgeber als Sonderurlaub zur Verfügung, für die andere Hälfte stellt der Mitarbeiter Urlaubstage zur Verfügung. Die Gesamtdauer des Programms sollte zwei Jahre betragen. Die Finanzierung erfolgt paritätisch durch Arbeitgeber und Arbeitnehmer, individuelle Regelungen können davon abweichen.

Als Voraussetzung zur Zulassung dürfte ein erster Hochschulabschluss, vormals also das Diplom, der Magister oder die erste Staatsprüfung, heute der Bachelor-, Techniker oder Meisterabschluss (Stufe 6 des Deutschen Qualifikationsrahmens, DQR) genügen. Die entscheidenden Kriterien, die für die Aufnahme des Studiums qualifizieren, sind das Lebensalter (über 50 Jahre) und die Anzahl der Berufsjahre, vor allem die in einer Führungsposition.

Inhaltlich sollte ein MBA-Programm 50plus branchen-, funktions- und themenübergreifend ausgelegt sein. Wie beim Executive MBA stehen Fragen der Findung, Entwicklung, Durchsetzung und Überprüfung einer unternehmerischen Strategie im Mittelpunkt der fachlichen Weiterbildung. Doch im Unterschied zu traditionellen MBA-Programmen sollte hier weit darüber hinaus gedacht werden, und zwar sowohl in zeitlicher Hinsicht (wie tragfähig ist eine Strategie vor dem Hintergrund der demografischen Entwicklung und anderer Zukunftsszenarien?) als auch in Bezug auf die mit ihr einhergehenden Konsequenzen und von ihr ausgelösten Veränderungen für Menschen, Gesellschaft, Natur und Umwelt. Im Kern geht es um die Schaffung von und den Umgang mit Veränderungen, die gleichermaßen zum Vorteil von Unternehmen wie der in ihnen tätigen Menschen gereichen.

„Im MBA 50plus spielen Ethik-, Moral-, ökologische und HR-Themen eine entscheidende Rolle."

Dass bei dieser Aufgabenstellung Ethik-, Moral-, ökologische und Human-Resources-Themen eine weitaus wichtigere Rolle spielen sollten als die bisherige Kernfrage des MBA – Mit welchem strategischen und operativen Ansatz gelingt es, einen Unternehmensteil, aggregiert eine ganze Unternehmung, wirtschaftlich nachhaltig zum Erfolg zu führen? –, darf keinen Protest hervorrufen. Jeder lebenserfahrene Manager weiß, dass Veränderungen nur dann gelingen, wenn die davon betroffenen Menschen an ihrem gegenwärtigen Standort abgeholt und zum zukünftigen Standort mitgenommen werden. Dabei müssen sie Wertschätzung und Akzeptanz erfahren, kurz: Ihrer Führung unterlegt muss ein positives Menschenbild sein.

Für mich ist offensichtlich, dass ein solches, eher auf Nachdenklichkeit denn auf Nachdrücklichkeit angelegtes Senior-MBA-Programm auf große Zustimmung bei älteren Führungskräften stoßen wird. Allerdings würden die Unternehmen selbst, die derart weitergebildete Kräfte in ihren Reihen hätten, den größten Gewinn daraus ziehen. Profitieren könnten nicht zuletzt die für die Programmentwicklung und -durchführung verantwortlichen Business Schools. Sie würden sich eine neue Zielgruppe erschließen, die anders kaum mehr den Weg in den Hörsaal gefunden hätte.

Zum Abschluss dieses Kapitels sei an die Forderung erinnert, die Professor Dr. Klaus F. Zimmermann, Präsident des Deutschen Instituts für Wirtschaftsforschung (DIW) in Berlin, bereits 2006 vor dem 60. Deutschen Betriebswirtschafter-Tag angesichts der damals beginnenden Diskussion um den demografischen Wandel an die Verantwortlichen in Politik, Wirtschaft und Bildung richtete:

Dringend müssten die Unternehmen ihr Verhältnis zu älteren Arbeitnehmern überdenken, mahnte Zimmermann, damals in Personalunion Leiter des Instituts zur Zukunft der Arbeit in Bonn. Die Weiterbeschäftigung älterer Arbeitnehmer sei angesichts der bevorstehenden Nachschubprobleme im Fachkräftesegment des Arbeitsmarktes ohne Alternative. Neben den Unternehmen, die ihre betrieblichen Strukturen nicht hinreichend auf Qualifizierung und altersgerechte Beschäftigungs- beziehungsweise Entlohnungsmodelle ausgerichtet haben, sei auch der Staat gefordert, die private Weiterbildung im Alter zu fördern und die Lebensarbeitszeit weiter zu verlängern. In Bezug auf die Weiterbildung sieht Zimmermann aber auch die Hochschulen in der Pflicht, entsprechende Angebote zu schnüren. Da Deutschland keine Weiterbildungtradition und -struktur aufgebaut habe, falle es den Verantwortlichen besonders schwer, hier tätig zu werden.

Sechs Jahre später muss man mit Bedauern feststellen, wie Recht er mit seiner letzten Aussage hatte.

5 Mit 40 Jahren raus aus dem Talentpool

Eine Neudefinition des Begriffs Talent

Thesen

1. Alle Unternehmen betreiben Talentförderung. *Aber kaum ein Unternehmen sucht unter seinen Mitarbeitern 40plus nach Talenten. Talente haben offenbar eine begrenzte Haltbarkeit.*

2. *Es scheint Konsens zu sein, dass nur junge Mitarbeiter über aktuelles Wissen verfügen. Das ist diskriminierend und greift intellektuell zu kurz.*

3. *Der seit Jahren anhaltende Rückgang der Investitionen in betriebliche Weiterbildung ist bedenklich. Die Unternehmen sparen am falschen Ende.*

Eigentlich hatte Thomas N., zweiter Mann in der Motorenkonstruktion eines Autobauers, mit einem dicken Lob von seinem Vorgesetzten gerechnet. Der hatte ihm vor einer Woche einen schwierigen Auftrag erteilt, Fertigstellung möglichst gestern, das übliche. Thomas N. hatte sich ins Zeug gelegt und zwei Tage später einen dicken Stapel Papier mit einer Kurzpräsentation obenauf abgeliefert. Er war mit einem kurzen „Danke" entgegengenommen worden. Das war's.

Zwei Wochen darauf diskutierten der Chef und Thomas N. die Jahresziele und die beruflichen Perspektiven des Konstrukteurs. „Ich will hier schon noch was werden", antwortete der Ingenieur etwas zögerlich auf die Frage seines Vorgesetzten, was er denn in den nächsten Jahren für sich anstrebe, „und ich vertraue darauf, dass mich die Firma ein Stück weit dabei unterstützen wird." Was er sich konkret vorstelle, bohrte der Bereichsleiter nach. „Ich würde gern ein, zwei, vielleicht auch drei Jahre Auslandserfahrung in unserem Werk in China sammeln", erklärte Thomas N. „Ich glaube, das könnte mir vieles bringen, was ich später für eine verantwortungsvollere Aufgabe im Unternehmen gut verwenden könnte."

Der Chef lehnte sich nachdenklich zurück. „Ich wundere mich jetzt doch", sagte er, „wie alt bist du jetzt, Thomas? 40, 41? Es steht doch jetzt schon so gut wie fest, dass du in fünf Jahren, wenn Martin in Rente geht, die Konstruktion übernehmen wirst. Wieso willst du ausgerechnet auf der Zielgeraden aus der Abteilung raus? Glaubst du nicht, dass das unklug wäre? In China lernst du einiges, gewiss, aber dafür bekommst du nicht mehr mit, was in der Zentrale ausgedacht und angeschoben und aufgesetzt wird. Ganz ehrlich: Mir wäre das zu riskant." Thomas N. setzte zu einem neuen Anlauf an. „Das sehe ich anders. Wir wissen doch beide nicht, was mittelfristig aus der Konstruktion wird. Was ist, wenn sie in das Werk Shanghai verlagert wird? Dann stehe ich hier auf verlorenem Posten, und das kannst du ruhig wörtlich nehmen. Ich denke, ein paar Jahre China täten meiner Karriere sehr gut." (Und in Gedanken setzte er hinzu: „Und wenn nicht hier, dann in einem anderen Unternehmen.") Der Bereichsleiter richtete seinen Blick auf ihn und schüttelte den Kopf. „Selbst wenn ich diesen Schritt befürworten würde, Thomas, wüsste ich nicht, wie ich das in die Wege leiten könnte. Auslandsentsendungen kommen doch nur für die Talentpoolisten in Frage, das solltest du eigentlich wissen. Und zu denen gehörst du seit deiner letzten Beförderung nicht mehr. Die Firma hat dir viel gegeben, damit du deine PS auf die Schiene bringen kannst, und das hast du ja auch getan. Jetzt ist die Zeit gekommen, wo du abwarten musst. Bring nur ja keine Unruhe in die Abteilung. Mach deinen Job weiterhin ordentlich und halte Augen und Ohren offen. In fünf Jahren leitest du die Konstruktion. Wirst schon sehen!"

Am Abend erzählte Thomas N. seiner Frau, einer Personalfachfrau, von dem Gespräch. „Es sieht so aus", fasst sie anschließend bündig zusammen, „als fiele man bei Euch ab einem bestimmten Alter oder einer gewissen Position aus der Personalentwicklung heraus. Wenn das so ist, vergeudet euer Unternehmen reichlich Ressourcen. Und wenn du diesem Treiben in den nächsten fünf Jahren tatenlos zusiehst, dann vergeudest du wertvolle Jahre. Überleg dir das gut."

„Für Personalentwicklung und Talentförderung darf es keine Altersgrenze geben."

Alle Großunternehmen nehmen das Thema Talentmanagement mittlerweile sehr ernst. Viele haben ihre HR-Organisationen geradezu darauf zugespitzt. Das behaupten sie jedenfalls. Doch die Ende 2011 erschienene Studie „HR Kennzahlen auf dem Prüfstand" der Deutschen Gesellschaft für Personalführung e.V., DGFP (2011b) macht deutlich, dass es sich hierbei oft um einen Wunschtraum handelt. So wird nur in 41 Prozent aller Unternehmen der längst etablierte

Key-Performance-Indikator „Talentquote", das ist der Anteil der identifizierten Potentialträger an allen Arbeitnehmern, zur Steuerung der Personalentwicklung verwendet. Gefragt nach der Relevanz dieser Schlüsselgröße, antworteten aber 88 Prozent der Unternehmen mit „hoch" oder „sehr hoch". Die Diskrepanz zwischen Bedeutung und tatsächlicher Nutzung ist sehr hoch – viel zu hoch, meinen die Autoren der Studie: „Angesichts des sich verschärfenden Fachkräftemangels ist zu erwarten, dass eine effiziente kennzahlengestützte Steuerung dieser Aufgaben wettbewerbsentscheidend sein wird."

Der Blick in die Praxis zeigt jedoch als weiteres erschreckendes Ergebnis, dass die Förderung älterer Talente eher stiefmütterlich und selten systematisch betrieben wird. Dabei kann es doch keinen Zweifel daran geben, dass förderungswürdige Talente auch unter Mitarbeitern zu entdecken sind, die das fünfunddreißigste oder vierzigste Lebensjahr überschritten haben. Alle Menschen entwickeln sich weiter, bilden neue Stärken und Schwächen heraus, entdecken ihr Interesse für ganz andere Gebiete und variieren ihre Fähigkeiten. Den Blick hierfür zu verlieren, heißt die Mitarbeiterbindung zu vernachlässigen.

An dieser Stelle ist es geboten, den herkömmlichen „Talent"-Begriff zu hinterfragen. Wer gehört eigentlich zu jenen Ausnahmemitarbeitern, nach denen angeblich alle Unternehmen suchen und an denen sie, wenn sie sie erst gefunden haben, nach Kräften festhalten? Jeder Hochschulabsolvent? Nur die von den Business Schools und von den Universitäten mit Elite-Siegel? Was ist mit den Jahrgangsbesten der Berufsakademien? Oder zählen dazu nur die Überflieger mit Prädikatsexamen, reichlich Praktika, Auslandserfahrung, sozialem Engagement und zur Schau gestellter guter Kinderstube? Kann man auch Nachwuchskräfte mit einigen Jahren Berufserfahrung noch als Talente bezeichnen und im Förderpool der Besten führen? Überhaupt: Darf man es sich angesichts der heute schon spürbaren Knappheit an qualifizierten und motivierten Arbeitnehmern überhaupt leisten, eine Grenze zwischen Talenten und Nicht-Talenten zu ziehen?

Ja, sagen Personalentwickler unisono, Nachwuchskräfte mit dem erkennbarem Potential, auch schwierigere Aufgaben bewältigen zu können, müssten unter allen Umständen eine individuelle Förderung erfahren, weil sie andernfalls über kurz oder lang gelangweilt das Unternehmen verließen. Und weil man ohne die lockenden Extra-Zuckerl gar nicht erst die kritische Masse zusammenbrächte, aus der sich die Talente eines Tages extrahieren ließen: Die Rede ist natürlich von viel versprechenden Hochschulabsolventen, die schon an der Uni eine Karriere im Durchmarsch planen. Wenn man denen nicht spätestens nach zwei Jahren ein konkretes Aufstiegsangebot vorlege oder wenigstens die Aufnahme in den Talentpool verspreche (womit das Unternehmen aber auch nur Zeit gewönne), dann seien die weg. Und die Konkurrenz nehme sie mit Entzücken.

„Mit der Aufnahme in den Talentpool bekommt die Karriere erst richtig Schwung."

So begründet, wird das Talentmanagement zur ersten großen Wasserscheide zwischen solchen Nachwuchskräften, mit denen das Unternehmen „noch etwas vor hat", und solchen, bei denen es noch darüber nachdenken muss. Die Aufnahme in den Talentpool erfolgt häufig auf der zweiten oder dritten Stufe einer Karriere.

Für die dort auf Vorrat gelegten Potentialträger zwischen Anfang und Mitte Dreißig werden spezielle Maßnahmen aufgesetzt, zusammengeschnürt in einem Gesamtpaket aus Bildungsangeboten, Coaching, Begleitung durch Paten oder Mentoren, regelmäßigen beruflichen Herausforderungen, Auslandseinsätzen, attraktivem Einkommen und einem minutiös vorgezeichneten Aufstiegsweg. Das bestätigt die bereits in Kapitel 1 erwähnte Kienbaum-Studie vom Februar 2012. Alle Umfrageteilnehmer gaben an, ihre High Potentials mit herausfordernden Aufgaben und viel Eigenverantwortung im Unternehmen halten zu wollen. Fast ebenso viele fördern aus diesem Grund eine attraktive Unternehmenskultur. Auch ein breites Angebot an Weiterbildungsmöglichkeiten wird den High Potentials in jedem Unternehmen geboten. Neun von zehn deutschen und österreichischen Unternehmen bauen zur Bindung ihrer Talente außerdem ein attraktives Unternehmensimage auf, in der Schweiz sind es 76 Prozent. Darüber hinaus setzen die Unternehmen auf ein Coaching der High Potentials, eine umfassende Feedbackkultur, Job-Enrichment und Job-Enlargement.

Dank dieser besonderen Förderung klettern die Ausgezeichneten in der Regel schneller die Karriereleiter hoch. Manchmal wird ihnen sogar zugetraut, eine Stufe zu überspringen. Packen sie die Aufgabe trotzdem, dann haben sich das Talent und seine Entdecker zweifelsfrei bewiesen und der nächste Schritt wird in Angriff genommen. Und wenn die Hochgehievten versagen, dann merken sie es oft als erste und schauen sich vor lauter Angst, zurückgestuft zu werden, von selbst nach einem neuen Job um. Kurzzeitig fließen dann Krokodilstränen bei den Entscheidern, deren schützende Hand das Talent nicht vom Absturz hat bewahren können. Auch die Organisatoren des Talentpools werden die Stirn runzeln. Insgeheim aber ist jeder froh, wenn ein zu Unrecht als Goldfisch eingestufter Saibling von sich aus das Weite sucht.

Auf diese Weise werden die übrigen Talente wenigstens nicht frustriert, da sie nicht unbedingt merken, dass die Treppe nicht nur nach oben, sondern auch nach unten führen kann. Woraus folgt: Wer einmal als Talent geadelt worden ist, steigt entweder rasch in eine Ebene auf, in der keine Zweifel mehr an seiner Einstufung laut werden (dürfen), oder er steigt nach dem Peter-Prinzip auf einer der nächsten Stufen aus und versucht sein Glück bei einem anderen Arbeitgeber. Woraus wiederum zu schließen ist: Nur selten werden Mitarbeiter mit Mitte, Ende Dreißig noch im Talentpool geführt. Um seine Anziehungskraft auf den karrierehungrigen Nachwuchs zu behalten, darf ein Förderkreis noch nicht einmal in die Nähe des Rufes geraten, eine Restwarenbörse zu sein.

„Talente kann man auch ganz anders definieren – und dann werden sie alterslos."

Es gibt aber auch eine ganz andere Definition von Mitarbeitertalent, mit der die faktische Altersgrenze von 35 Jahren erheblich nach oben verschoben werden kann.

In seinem Bestseller *„Beyond HR: The New Science of Human Capital"* stellt der amerikanische Berater John W. Boudreau die Grundsatzfrage, auf die jedes Unternehmen eine Antwort haben sollte: „Do we know where our pivotal talent is in the organisation?" Dieses „überlebenswichtige" Talent auszumachen, schaffe den entscheidenden Wettbewerbsvorteil. Oberstes Gebot sei folglich, zielgenau in dieses Talent zu investieren. Autor Boudreau bedauert, dass Unternehmen, die angesichts von „money" und „technology" rigorose, logische Entscheidungen treffen, bei der Suche nach erfolgsrelevanten Talenten oftmals blind seien. Er weitet die Definition von Mitarbeitertalent um eine neue Dimension aus: Talente seien überdurchschnittlich leistungsstarke Mitarbeiter, *die überdies schwer zu ersetzen sind.*

So verstanden, gewinnt Talentmanagement strategische Qualität. Es bindet auch ältere Mitarbeiter ein, denn es dient nicht mehr nur als Parkposition für junge Mitarbeiter, denen man augenblicklich nichts bieten kann, die man aber dennoch nicht verlieren will. Vielmehr zielt es nun darauf ab, Besetzungsengpässe an kritischen Hebeln zu erkennen und zu beheben. Dabei geht es nicht allein um den Führungsnachwuchs, denn an den kritischen Hebeln können auch grau- und weißhaarige Mitarbeiter sitzen. Und da kann es für die Unternehmen tatsächlich gefährlich werden, wenn in der Technik der Entwickler mit Gespür für aufkeimende Kundenbedürfnisse, im Vertrieb der nicht locker lassende Big Deal Manager oder in den Finanzen der Controller mit Weitsicht fehlt, oder wenn es allgemein an Key-Account-Managern oder Top-Level-Projektleitern mangelt.

In jedem Unternehmen gibt es eine begrenzte Zahl solcher Positionen mit Hebelwirkung. Umso riskanter ist es, wenn diese Rollen suboptimal besetzt sind oder auch nur mit einer einzigen Person, also ohne personelles Backup. Sitzen solche Schlüsselmitarbeiter in geschäftskritischen Positionen, dann läuft das Unternehmen fortwährend das Risiko, Einbrüche im Ergebnis und beim weiteren Wachstum erleiden zu müssen.

Das Talentmanagement muss deshalb darauf abzielen, vor allem die Positionen mit Hebelwirkung zu identifizieren, vorausschauend aber auch zielgerichtet die Mitarbeiter zu fördern, deren Entwicklungs- und Einsatzpotential für die avisierte Aufgabe hoch genug scheint.

Der dritte Schritt besteht dann darin, die Arbeitsbedingungen und die beruflichen Perspektiven für die erkannten Talente so zu gestalten, dass sie gern im Unternehmen bleiben. Hier sind wir bei dem wichtigen Thema Mitarbeiterbindung.

„Junge Talente bleiben auch fördernden Unternehmen nicht länger treu als unersetzliche Mitarbeiter."

Die High-Potential-Studie von Kienbaum aus dem Februar 2012 macht deutlich, dass sich die Unternehmen mit der alleinigen Konzentration auf Nachwuchs-Talente in Sachen Mitarbeiterbindung einiges vormachen. High Potentials nämlich bleiben der Firma trotz aller Aufmerksamkeiten und Förderungen nur eine begrenzte Zeit treu. 78 Prozent aller High Potentials in Deutschland, 75 Prozent derjenigen in Österreich und sogar 100 Prozent der Top-Talente in der Schweiz bleiben mindestens drei Jahre im selben Unternehmen beschäftigt – danach setzen Abwanderungsbewegungen ein. Kürzer als ein Jahr arbeitete in den befragten Unternehmen kein einziger High Potential, was nicht wundert, weil die Honeymoon-Phase bekanntlich erst nach dieser Frist ausläuft.

Wenn ein Talent seinen Job wechselt, liegt das vor allem an privaten Gründen: Mit 86 Prozent beziehungsweise 73 Prozent wechselt die Mehrheit der deutschen und österreichischen High Potentials aus persönlichen Motiven den Arbeitgeber. In der Schweiz ist die Abwerbung durch andere Unternehmer der wichtigste Fluktuationsgrund: Hier entscheiden sich 85 Prozent der talentierten Nachwuchskräfte gegen ihren momentanen Arbeitgeber, weil ihnen Angebote eines Wettbewerbers vorliegen.

In Deutschland ist die Abwerbung der zweithäufigste Grund, weshalb ein High Potential den Job wechselt. Die geringe Internationalität, das negative Unternehmensimage und die schlechte wirtschaftliche Lage des eigenen Arbeitgebers sind hingegen nur selten die Ursache für einen Arbeitsplatzwechsel.

„Die Besten in der Firma zu halten und zu entwickeln, wird in Zukunft ein zentraler Wettbewerbsvorteil", kommentierte Christoph Thoma von Kienbaum in Zürich. Dem ist nichts hinzuzufügen außer dem einen: Die Besten können – sie müssen aber nicht die Jüngsten sein.

„Wer bestimmt, welcher Mitarbeiter im Talentpool aufgenommen wird?"

Die Bedingungen vieler Dax-Konzerne für die Aufnahme in den Talentpool machen deutlich, dass zumindest theoretisch nicht nur unter Vierzigjährige zur Zielgruppe gehören. In der Regel muss ein Kandidat

- wenigstens seit zwei Jahren im Unternehmen tätig sein,
- Mobilität unter Beweis gestellt haben, also mindestens einmal für mindestens ein halbes Jahr im Ausland gewesen sein,
- ortsunabhängig eingesetzt werden können, auch im Ausland, und
- in mindestens zwei unterschiedlichen Unternehmensbereichen gearbeitet haben.

In keinem Unternehmen ist ein Höchstalter für die Aufnahme in den Talentpool schriftlich fixiert – was aber noch lange nicht bedeutet, dass kein solches existiert...

Vorgeschlagen wird der Mitarbeiter normalerweise durch dessen Führungskraft. Mit Zustimmung des Vorgesetzten kann man sich auch selbst um die Aufnahme bewerben.

Es wäre unredlich, einen Punkt zu verschweigen: So lange nicht der erweiterte Talentbegriff nach Boudreau der Auswahl zugrunde liegt (überdurchschnittlich leistungsstark und schwer zu ersetzen), kann der Faktor Mensch an dieser Stelle das ausgeklügeltste System aushebeln. Kommt ein Mitarbeiter nämlich gut klar mit seinem Vorgesetzten oder ist er sogar dessen Buddy, dann wird der ihn sicher gerne für den Talentpool vorschlagen. Ist er es aber nicht oder ist die Chemie zwischen beiden nachhaltig gestört, dann wird der Vorgesetzte zumindest zaudern. Im schlimmsten Fall kann das eine unüberwindliche Hürde für den weiteren Aufstieg sein.

Der gleiche systemische Fehler macht zuweilen auch das Nachfolgemanagement zu einer Sache, die viel Fingerspitzengefühl erfordert:

Idealtypisch ist folgendes klar geregelt: Falls Müller gegen den Baum fährt, soll Maier sein Nachfolger sein. Aus personalwirtschaftlicher Sicht, also um ihn darauf vorzubereiten, sollte Maier deshalb in den Talentpool eintreten. Doch ein primär eigeninteressierter Müller wird das verhindern wollen. Weil er nämlich nicht will, dass der über den Talent-Katalog auf Maier aufmerksam gewordene Kollege Lehmann ihm seinen besten Mann wegschnappt.

„Oft verhindern die eigenen Leute die Sichtbarmachung ihrer Talente."

Der Fall ist nicht konstruiert. In der Praxis kommt es häufig vor, dass die eigenen Leute aus Eifersucht die Sichtbarmachung der Talente in ihrer Abteilung verhindern. Und es ist ja gerade Sinn der Sache, nämlich der Karriere, dass die in den Talentpool aufgenommenen Mitarbeiter gewissermaßen in ein firmeninternes Schaufenster gestellt werden: Seht diesen jungen Mann, jene junge Dame, zu größten Hoffnungen Anlass gebende Talente, denen HR ein enormes Leistungspotential zutraut. Etwas, das in einer Auslage dargeboten wird, weckt Aufmerksamkeit und Begehrlichkeit. (Psycho)Logisch, dass sich mancher nachdenklich fragt: Talent hin, Talent her – warum sollte ich als Chef meinen besten Mann in die Auslage stellen und riskieren, dass ihn ein Kollege zu sich herüberzieht? Dann kann ich mir wieder einen neuen suchen. Nein, das lasse ich lieber. Echtes Talent bahnt sich selbst seinen Weg.

Ausschalten lässt sich der menschliche Faktor mit drei, durchaus miteinander kombinierbaren Maßnahmen:

- Statt des einsamen Votums des Vorgesetzten entscheidet ein mehrköpfiges Gutachter-Gremium, das sich zuvor gut abgestimmt hat, welche Mitarbeiter besonders gefördert werden sollten.

- Ein neutraler und keinen Partikularinteressen verpflichteter Talent Broker hält in allen Bereichen des Unternehmens nach High Potentials Ausschau, spricht Empfehlungen für dessen Einsatz, Weiterbildung und/oder Förderung aus und kümmert sich im Sinne eines ehrlichen Maklers um die nächsten Karriereschritte.
- Die Einführung des Kriteriums „schwer ersetzbar in der gegenwärtigen Position" bei der Auswahl der Talente.

Ich empfehle eine der beiden ersten und zusätzlich die letztgenannte Maßnahme, diese sogar zwingend. Auf diese Weise wäre jeder Vorgesetzte gezwungen, sich wenigstens einmal im Jahr, anlässlich der Abgabe der Vorschlagsliste für den Talentpool, mit der Frage auseinanderzusetzen: „Was würde passieren, wenn Müller längere Zeit ausfiele? Wer könnte den Job aus dem Stand übernehmen? Oder wäre das gar nicht notwendig?" Jede mögliche Antwort impliziert eine vorzunehmende Handlung. Entweder ist Müllers Stelle geschäftskritisch, dann muss schleunigst eine zweite Besetzung her. Oder sie ist es nicht. Dann können die Aufgaben auch von anderen mit erledigt und die Stelle kann gestrichen werden.

Darüber hinaus kämen bei der Boudreau'schen Definition eines Talentes im Sinne des Themas Bachelor 40plus nun auch solche Mitarbeiter in den Blick, die bereits viele Jahre im Unternehmen tätig sind und entweder noch nie eine spezielle Förderung erfahren haben oder bereits aus dem Talentpool ausgeschieden sind. Und gerade auch solche „vergessenen" Mitarbeiter werden schon in naher Zukunft dringend benötigt.

„Der Bevölkerungsrückgang fordert die Ausschöpfung aller Mitarbeiterpotentiale. "

Fast alle Unternehmen sehen in der Bewältigung des demografischen Wandels eine wesentliche Voraussetzung für ihren künftigen Geschäftserfolg. Dennoch hat, so zeigte eine Untersuchung der Beratungsgesellschaft Towers Watson vom September 2011, erst ein Fünftel der Betriebe geeignete personalwirtschaftliche Maßnahmen eingeleitet (Towers Watson, „Demografischer Wandel – Status Quo und Herausforderungen für Unternehmen in Deutschland". Quelle: http://www.towerswatson.com/germany/research/6321).

Dringend etwas tun müssten die Unternehmen der Studie zufolge insbesondere bei der Personalbeschaffung und beim Karrieremanagement. Aber: „Bislang ist das Thema Demografie in den meisten Unternehmensleitungen noch nicht ausreichend angekommen", so der Autor der Studie, Dr. Thomas Jasper. Dabei werde der demografische Wandel Deutschland früher und intensiver treffen als andere Länder. Während beispielsweise die USA oder China (wegen höherer Lebenserwartung) ein deutliches Bevölkerungswachstum verzeichnen, sinke die Bevölkerungszahl in Deutschland deutlich. Die Anzahl der Menschen im erwerbsfähigen Alter werde bis 2050 voraussichtlich um 30 Prozent zurückgehen. Aber schon 2020 würden rund 40 Prozent der Mitarbeiter in den Unternehmen älter sein als 50 Jahre sein. Gegenwärtig sind es rund 30 Prozent.

„Unternehmen können relativ gut abschätzen, wie ihr Kerngeschäft in der Zukunft aussehen wird, wie sich Produkte und Märkte verändern werden. Allerdings können die wenigsten sagen, woher sie die Leute bekommen, die dann die Arbeit machen sollen", erklärte Jasper. Seinen Untersuchungen zufolge gingen die Unternehmen davon aus, dass sie die Folgen des demografischen Wandels mit geeigneten HR-Maßnahmen ganz (61 Prozent) oder zumindest teilweise (39 Prozent) kompensieren könnten. In fast allen Unternehmen (97 Prozent) werde die Verantwortung für dieses Themenfeld bei der Personalabteilung gesehen.

„Mit älteren Arbeitnehmern kann man keine neuen Stellen besetzen?!"

Handlungsbedarf sehen alle von Towers Watson befragten Unternehmen vor allem im Hinblick auf fehlende Talente und Nachwuchs. Mehr als drei Viertel beklagen die Überalterung der Belegschaft und gleichzeitig Engpässe in der Stellenbesetzung. Beide Aussagen zusammengefasst lassen nur den einen Schluss zu: Mit älteren Arbeitnehmern können keine neu entstehenden oder frei gewordenen Stellen besetzt werden.

Ich halte diesen Gedanken moralisch für diskriminierend, intellektuell für zu kurz gegriffen und daher in seiner Absolutheit für falsch.

Die Annahme, dass jeder neu geschaffene oder wieder zu besetzende Arbeitsplatz brandneue Qualifikationen und Kompetenzen verlangt, über die nur frisch Ausgebildete verfügen, entspricht nicht der Wirklichkeit. Selbstverständlich braucht ein Unternehmen einen kontinuierlichen Zustrom von jungen Mitarbeitern mit frischem Wissen und unverstellten Ansichten. Aber nicht an jedem zu besetzenden Arbeitsplatz! Ist die uralte Streitfrage, was höher zu schätzen sei, Wissen oder Erfahrung, nicht längst mit dem Ausschluss der Ausschließlichkeit beantwortet? Auch Hightech- und Start-up-Unternehmen brauchen berufserfahrene Mitarbeiter, die verhindern, dass für teures Geld jedes Rad noch einmal neu erfunden, konstruiert, gebaut und an die Wand gefahren wird.

„Weiterbildung ist eine strategische Aufgabe."

Der bereits begonnene Prozess des Alterns unserer Gesellschaft wird kurzfristig nicht zu stoppen sein. Daher ist es sinnvoll, sich noch stärker als bisher auf die Weiterbildung und hier insbesondere auf die bislang vernachlässigte Zielgruppe der älteren Beschäftigten zu konzentrieren. „Betriebe haben verschiedene Möglichkeiten, einem bestehenden oder zu erwartenden Fachkräftebedarf zu begegnen", schreiben Lutz Bellmann und Ute Leber vom Institut für Arbeitsmarkt- und Berufsforschung (iab) in Nürnberg. „Eine dieser Strategien besteht darin, ältere, qualifizierte Mitarbeiter im Betrieb zu halten. Weiterbildung ist dabei ein wichtiges Mittel, um die Beschäftigungsfähigkeit aufrecht zu erhalten und die Qualifikationen den neuesten Entwicklungen anzupassen."

Für die Unternehmen ist es sogar das *wichtigste* Mittel. Denn die Alternative, Menschen vermehrt durch Technik und Prozesse zu ersetzen, ist erstens kaum flächendeckend durchführbar und zweitens gesellschaftlich, politisch und ökonomisch verheerend.

Es ist ja auch nicht so, dass Mitarbeiterqualifizierung für die Unternehmen ein völlig neues Thema wäre. Immerhin 30 Prozent der Beschäftigten in allen deutschen Unternehmen hatten zwischen 2004 und 2006 an einer betrieblichen Weiterbildungsveranstaltung teilgenommen. Das belegt die europäische Unternehmensbefragung Continuing Vocational Training Survey (CVTS3) aus dem Jahr 2008. (Die Erhebung wird seit 1993 alle fünf Jahre aktualisiert; die Veröffentlichung der nächsten Studie ist für 2013 angekündigt.) Unter betrieblicher Weiterbildung werden Maßnahmen verstanden, die vorausgeplantes, organisiertes Lernen darstellen und die vollständig oder teilweise von Unternehmen für ihre Beschäftigten finanziert werden. Neben den Lehrveranstaltungen (Lehrgänge, Kurse und Seminare) als Weiterbildung im engeren Sinne umfasst die betriebliche Weiterbildung auch andere Formen von Weiterbildungsmaßnahmen (zum Beispiel Informationsveranstaltungen, Job-Rotation, Lernen am Arbeitsplatz oder Selbstgesteuertes Lernen).

Auf den flüchtigen Blick liest sich eine Weiterbildungsquote von 30 Prozent recht erfreulich. Bei gründlicher Durchsicht der CVTS3-Studie kommt man jedoch zu einem anderen Schluss. Denn die Zahl sagt aus, dass noch nicht einmal jeder dritte Beschäftigte wenigstens in einer Stunde der Jahre 2004, 2005 und 2006 an einer betrieblichen Qualifizierungsmaßnahme teilgenommen hat – die nur eine Informationsveranstaltung gewesen sein kann. Im Vergleich der europäischen Länder liegt Deutschland auf dem dreizehnten Platz, weit hinter Tschechien mit 59, Luxemburg mit 49 und Frankreich mit 46 Prozent. Schlimmer noch ist der Abwärtstrend. In der Vorgängerstudie von 1999 (CVTS2) lag die Weiterbildungsquote bei 32 Prozent und Deutschland damit europaweit auf dem elften Platz.

Wie aus der jüngeren Untersuchung weiter hervorgeht, sinkt seit Jahren der Anteil der weiterbildenden Unternehmen und der Anteil der Unternehmen, die ihren Mitarbeitern Weiterbildung in Form von Kursen und Seminaren anbieten. Zwischen 2004 und 2006 ebenfalls leicht zurückgegangen ist der Anteil der Beschäftigten, die an betrieblichen Weiterbildungskursen teilnahmen. Auch die finanziellen Aufwendungen der Unternehmen waren deutlich rückläufig. Stabil über die Jahre hinweg blieb allein die Zahl der Weiterbildungsstunden je Beschäftigtem.

„Noch nicht einmal jeder fünfte über 50 nimmt an einer betrieblichen Weiterbildung teil."

Erschreckend ist die Tatsache, dass trotz der sattsam bekannten Veränderungen der Alterspyramide und trotz aller Beteuerungen der Unternehmen, sich hierauf einstellen zu wollen, noch immer auf die über 50 jährigen Mitarbeiter der geringste Teil der absolvierten Weiterbildungsstunden entfällt.

Das geht aus dem Datenreport zum Berufsbildungsbericht 2010 hervor, den das Bundesinstitut für Berufsbildung vorgelegt hat. Zwar habe sich seit 2003 die Differenz zulasten der jüngeren Altersgruppen verringert, doch bewege sich der Anteil weiterhin unter der 20-Prozent-Marke.

Bestätigt wird das vom Weiterbilder-Verband Wuppertaler Kreis e.V. Die Mitgliederbefragung 2011 machte deutlich, dass sich Weiterbildungsmaßnahmen, also berufsqualifizierende Maßnahmen und nebenberufliche Studienangebote der Weiterbildungsinstitute, überwiegend an Mitarbeiter im mittleren Lebensalter richten. „Im Zuge des demografischen Wandels wird das lebenslange Lernen noch weiter an Bedeutung gewinnen, und der Anteil der Teilnehmer über 50 Jahre wird mit der steigenden Lebensarbeitszeit voraussichtlich zunehmen", hofft der Wuppertaler Kreis.

Anteil der Altersgruppe bei den Teilnehmern in Prozent	Unter 30 Jahre	30 bis 40 Jahre	40 bis 50 Jahre	Über 50 Jahre
In offenen Seminaren	18,3%	33,8%	31,6%	16,3%
In Lehrgängen	32,8%	34,0%	23,0%	10,1%
In firmeninternen Seminaren	17,1%	36,5%	32,1%	14,3%

Altersstruktur der Teilnehmer in Weiterbildungsveranstaltungen (Quelle: Wuppertaler Kreis e.V., Trends in der Weiterbildung, Mitgliederumfrage 2011)

Zwar verweist das auf dem deutschen Bildungsgipfel 2008 formulierte Ziel, die Weiterbildungsbeteiligung im betrieblichen Umfeld bis zum Jahr 2015 auf 50 Prozent zu erhöhen, auf den hohen Stellenwert individueller Weiterbildung hin. Verlängert man aber den Trend der letzten Jahre – und das wird man angesichts des wirtschaftlichen Einbruchs in der Finanzkrise am Ende des letzten Jahrzehnts leider tun müssen – so könnte die Weiterbildungsquote zwischen 2007 und 2010 sogar noch weiter zurückgegangen sein.

Den Fakten zufolge wird über die Bedeutung kontinuierlicher Qualifizierung an Sonntagen gepredigt und an Werktagen geschwiegen. Das ist nur eines von vielen Paradoxa, die auf diesem Feld zu beobachten sind.

Widersprüchlich zeigen sich nicht nur Unternehmen, sondern auch die Beschäftigten. Obwohl sich gemäß der Eurobarometer-Spezial-Umfrage zur europäischen Beschäftigungs- und Sozialpolitik in 2006 (Europäische Kommission, 2006) nur 23 Prozent der Bevölkerung in Deutschland im Alter von 15 bis 64 Jahren während der vorangegangenen zwölf Monate an Weiterbildungskursen beteiligten, stimmten 62 Prozent der Befragten der Aussage zu, dass "Regelmäßige Weiterbildung die Beschäftigungsmöglichkeiten" verbessert.

6 Total Workforce Management

Im Dienst der demografischen Herausforderung

Thesen

1. *Qualität schlägt Quantität. Auch und gerade bei der Personalplanung.*

2. *Die demografische Entwicklung birgt nicht nur Gefahren. Sie hilft den Unternehmen dabei, sich ihrer Aufgaben und Chancen stärker bewusst zu werden.*

3. *Mitarbeiter in Weiterbildung machen einen neuen Führungsstil erforderlich.*

Weitergebildete und im Auftrag der Firma weitgereiste Mitarbeiter teilen oft das gleiche Frustrationserlebnis: An beides knüpfen sich ernstzunehmende Aufstiegshoffnungen. Werden diese enttäuscht, weil die Personalplanung den Mitarbeiter unterwegs aus dem Blick verloren hat, dann droht ein Verlust an wertvollem Mitarbeiterpotential.

Jahr für Jahr entsenden deutsche Unternehmen Tausende von Mitarbeitern ins Ausland – und verlieren sie prompt aus den Augen. Das rächt sich. Denn nach Ablauf ihres Vertrages stehen die Expats wieder auf der heimischen Matte und fordern Belohnung für ihren Einsatz in der Diaspora. Wenn die Unternehmen darauf nicht vorbereitet sind, werden sie erneut das Weite suchen. Aber diesmal womöglich für immer.

Paul W. Mannheimer soll nach sieben Jahren sehr erfolgreicher Tätigkeit an verschiedenen Stationen im Ausland zurück in die deutsche Zentrale wechseln. In Detroit saß er zuletzt auf einer Stelle, die nach dem Bewertungsschlüssel des amerikanischen Beratungsunternehmens Hay in der Managementgruppe 3 eingeordnet war. In Dresden wird ihm jetzt eine nach den Aufgaben, nicht nach seinen fachlichen und persönlichen Skills niedriger bewertete Position angeboten. Für ihn kommt das keiner Anerkennung seiner Leistungen, sondern einer durch nichts begründeten Rückstufung gleich.

„Ich habe mich in den USA enorm reingehängt, ich habe meinen Radius beträchtlich erweitert, das tägliche Learning by Doing war unglaublich intensiv, ich habe davon wirklich viel profitiert, und sonst hätte ich die Jobs auch gar nicht machen können! Ganz nebenbei: Ich habe auch deutlich mehr Verantwortung übernommen. Dafür erwarte ich schon einen gewissen Respekt hier im Unternehmen. Stattdessen bekomme ich einen freundlichen Händedruck und in Sachen Aufstieg ist vorerst Stillstand", ärgert sich der 46-Jährige und macht seinem Unmut Luft: „Der Einsatz muss sich schließlich auch ganz real rechnen."

Muss? Das ist leider ein Irrtum. Mannheimers Kritik ist menschlich verständlich, allerdings geht sie von falschen Voraussetzungen aus. Bei Stellenbewertungen wird ausschließlich auf die Anforderungen der konkreten Funktion geachtet. Die fachlichen und persönlichen Skills des Stelleninhabers spielen dabei keine Rolle. Anders ist es bei der persönlichen Bewertung: Hier geht es allein um die Person eines Arbeitnehmers, also um seine individuelle Qualifikation, seine Stärken und Schwächen bezogen auf die augenblickliche Position.

„Manchmal sitzen Mitarbeiter zwischen allen Stühlen."

Zwar sollen nach Maßgabe der Arbeitsgerichte Stellenbewertung und persönliche Bewertung in der jeweiligen Position zueinander passen. Doch das liefert einem Arbeitnehmer mit einer höheren persönlichen Bewertung längst noch keinen gerichtlich durchsetzbaren Anspruch auf einen nach Maßgabe der Aufgaben höher eingestuften und deshalb auch besser dotierten Job. Allerdings hat er nach dem Erwerb zusätzlicher Qualifikation die Möglichkeit, sich auf eine höhere Position zu bewerben – sofern sie angeboten wird. Das konnte er vorher nicht.

Auch wenn ein Mitarbeiter eine Weiterbildung absolviert und sich zu diesem Zweck für einige Zeit aus dem Arbeitsprozess herausgezogen hat, ist die Situation nach erfolgreich beendigtem Training latent konfliktgeladen. Die Führungsverantwortlichen sprechen in der Regel im Anschluss an die Aufwendungen eine höhere persönliche Bewertung aus, offerieren aber nicht unbedingt zeitgleich eine adäquate neue Stelle. Die müsste ja auch erst einmal zur Verfügung stehen.

Dass Expatriate Mannheimer sich mit der Aussicht auf eine berufliche Verbesserung „bei nächster Gelegenheit" zufrieden gibt, ist nicht zu erwarten. Zumindest gefühlt hat sein Ansehen im Unternehmen beträchtlich gelitten, was seinem Ego alles andere als gut tut. Gleichzeitig fühlt er sich fit für anspruchsvollere Aufgaben: „Wenn die mich

6 Total Workforce Management

hier verhungern lassen, bin ich in drei Monaten weg." Genau das hätten seine Vorgesetzten voraussehen und einplanen können. Rein betriebsrechtlich müssen sie sich keinen Vorwurf machen lassen, doch verantwortungsvolles Planen bedeutet mehr als korrektes Vorgehen gemäß gesetzlicher Minimalanforderungen, mehr als Übereinstimmung mit den formalen Kriterien.

Es ist doch ganz einfach: Wenn ich exzellente Kräfte im Unternehmen halten will, muss ich ihnen exzellente Entwicklungsmöglichkeiten einräumen. Sonst suchen sie sich einen anderen Einsatzort. Zu kluger Führung gehören daher immer auch Voraussicht und Verantwortungsgefühl für die Geführten. Diese Anforderungen werden zwar bei Kamingesprächen und Festtagsreden gern postuliert, geraten im Alltag aber schnell aus dem Blickfeld. Dann beherrschen sogenannte Sachzwänge, vor allem konkrete, benennbare Kostengrößen die Diskussion. Wer mit Zahlen argumentiert, postuliert Überparteilichkeit und entzieht sich dem Verdacht der Voreingenommenheit. Auf sie wird gern verwiesen, wenn man inhaltlich nicht mehr weiter weiß. Auf Zahlen ist Verlass, heißt es dann. Sie sprechen eine klare Sprache.

„Lasst Zahlen sprechen!"

Ein Kennzahlensystem, wie es in den meisten gut geführten Unternehmen implementiert ist, macht es möglich, eine Leistung quantitativ exakt zu beschreiben. Das ist sehr hilfreich für die Verfechter betriebswirtschaftlicher Modelle, die ja auf eindeutigen Voraussetzungen basieren, um ihren Modellcharakter zu unterstreichen. Wenn die klar definierte geforderte Menge und Qualität geleistet wurde, ist der Anforderung Genüge getan. Auf Zahlenmaterial gründende Folgerungen sind schwer angreifbar.

Auch in den Chefetagen liebt man Zahlen, Daten, Fakten. Aus gutem Grund: Bestimmte Szenarien und Simulationen stellen die Plattform für Planungsaktivitäten dar. Um die zukünftigen Aufgaben hochrechnen zu können, braucht man stabile Daten. „Gefühlte" Veränderungen lassen ebenso wenig wie plausible, aber nicht durch Fakten untermauerte Szenarien Schlussfolgerungen zu, anhand derer man in einem Unternehmen Entscheidungen treffen kann und sollte – andernfalls ist in der Regel kein Konsens unter den Entscheidern zu erzielen.

Wie jede andere Planung auch beruht die der Mitarbeiterschaft auf der Fähigkeit zu logischem Denken. Wenn ich weiß, wie viele X ich zur Bewältigung von Y benötige, dann folgt (unter Vernachlässigung von Synergieeffekten und Economies of Scale) daraus, dass ich – bei unveränderten Rahmenbedingungen – die doppelte Menge Y mit der doppelten Anzahl von X stemmen kann. Oder mit gleicher Personalstärke doppelt solange dazu brauche. Wenn meine Zahlen stimmen, stimmt auch das Ergebnis. Rein rechnerisch zumindest. Und bei überschaubaren Aufgabenstellungen sogar in der Realität.

Der Schreinereibetrieb etwa, der innerhalb von drei Wochen 58 Fenster liefern sollte, hatte zwei Mitarbeiter für die Erfüllung des Auftrags abgestellt. Wenn einer der beiden ausfällt, muss sich der Betrieb Verstärkung suchen – ein zusätzlicher Mann muss her –, andernfalls platzt der Abgabetermin. Die doppelte Arbeitsleistung kann der einzig übriggebliebene Geselle nicht allein erbringen.

„Rahmenbedingungen sprengen nicht selten den Rahmen."

Eine Deduktion diesen Musters hat quasi naturwissenschaftlichen Charakter. Und das ist der Haken. Mathematische Modelle sind in sich formschön, aber eindimensional. Ihr systemimmanenter Nachteil besteht in der „ceteris paribus"-Klausel („bei konstanten Bedingungen"), ohne die sie nicht annähernd so narrensicher wären, wie ihre Erfinder es gern hätten. Die aber häufig nur am Rande erwähnt wird.

Wenn ich alles, was man salopp unter „Rahmenbedingungen" subsumieren kann, ausblende, habe ich zwar das nach wirtschaftswissenschaftlichem Denken optimale Modell. Exogene Schocks wie geologische oder politische Erdbeben, Tsunamis, Terrorattacken, der GAU eines Atomkraftwerks, Börsencrashs und Staatspleiten sind bei einem solchen gedanklichen Konstrukt nicht vorgesehen.

In der Theorie perfekte Modelle laufen deshalb häufig Gefahr, den Realitätstest nicht zu bestehen.

Eine Schreinerei braucht kein ausgefuchstes Konzept, um den Überblick über ihren Personalbestand zu wahren. Die Personalprozesse im Handwerk sind transparent, die zeitlichen Perspektiven bei der Erfüllung konkreter Aufgaben in der Regel eher überschaubar. Eines allerdings verbindet selbst das kleinste Sägewerk mit dem global aufgestellten holzverarbeitenden Unternehmen – die Herausforderung, halbwegs gesicherte Prognosen über die nähere Zukunft abzugeben zu können.

Die Schreinerei sollte eigentlich, kann aber nicht absehen, wie sich die internationalen Rohstoffpreise zum Jahresende hin entwickeln werden, ob der Haus- und Wohnungsbau der Region in der kommenden Dekade schrumpft oder wächst, und welche neuen Mitbewerber im näheren Umfeld auftauchen werden. Mithin weiß die Geschäftsführung in der mittelfristigen Perspektive nicht, ob sie Personal abbauen oder zusätzlich einstellen muss. Sie weiß nicht einmal, ob es Sinn macht, weiterhin Lehrlinge auszubilden. Und wenn, wie viele.

„Effiziente Personalplanung muss flexibel sein."

Die Menge und die Wirkungsweise solcher tendenziell einflussstarken Variablen ist beeindruckend. Man muss gar nicht den berühmten Schmetterling aus der Chaostheorie und die anderswo fatalen Folgen seines Flügelschlags bemühen, um sich die Konsequenzen unvorhergesehener Ereignisse vor Augen zu führen. Diese wiederum sind nach der volkswirtschaftlichen Logik übrigens keineswegs grundsätzlich schädlich.

Ein Jahrhunderthochwasser ist für die Anrainer ebenso wie den Tourismus, die Gastronomie und den Einzelhandel vor Ort ein Unglück. Doch die Wassergewalten können sich für einzelne Unternehmen durchaus positiv auswirken. Im ersten Fall rutschen Auftraggeber in die Insolvenz, bevor sie offene Rechnungen begleichen müssen, im zweiten Fall ziehen die Fluten schnell wieder ab, allerdings unter Hinterlassung zahlreicher aufgequollener Fenster und Türen in Häusern, deren Besitzer für hinreichenden Versicherungsschutz vorgesorgt hatten. Die anfallenden Renovierungen füllen die Auftragsbücher des Handwerks im Umkreis.

Kurzarbeit, Entlassungen oder Expansion im Personalbereich – alles ist möglich, für alles lassen sich Argumente anführen. Für Unternehmen aller Größenordnung. Wenn freilich hieb- und stichfeste Prognosen stets mit der Möglichkeit des Irrtums behaftet sind, muss effiziente Personalplanung ein hohes Maß an Anpassungsfähigkeit aufweisen. Nur ein Unternehmen, das seinen Kurs auch an den unverhofft auftretenden Hindernissen ausrichten und gefährliche Schikanen auf Zuruf umschiffen kann, wird mehr oder weniger unbeschadet durchkommen und seine Überlebensfähigkeit bewahren können.

„Die Mathematik kann nicht alle Probleme lösen."

Solche potentiellen Gefahren machen deutlich, dass Mathematik allein nicht alle Probleme lösen kann. Zahlen zählen halt doch nicht immer und auch nicht als einziges. Weil das niemandem auf Dauer verborgen bleibt, ertönt dann oft zeitgleich mit der Präsentation eines betriebswirtschaftlichen Modells der Ruf, bitte doch auch auf Flexibilität zu achten. Die Fähigkeit dazu wird an allen Fronten, in den unterschiedlichsten gesellschaftlichen Bereichen zwar eingeklagt, doch der Wunsch bleibt oftmals unerfüllt.

Und weil das so ist, schlägt das Pendel gleich wieder um in sein Gegenteil: in die Suche nach rationalen, vorhersehbaren Lösungen. Nach Planungssicherheit eben. Auch das kommt nicht überraschend. In den Unternehmen schätzt man ja aus guten Gründen generell, also auch bei der vorausschauenden Personalentwicklung, eine konkrete Faktenlage – steht doch jede Unternehmensführung, die von Ungewissheiten, Ambiguitäten oder gar Widersprüchen ausgehen muss, vor einer Herkulesaufgabe.

Im Vergleich sehr viel kleiner, ad hoc jedoch ebenso wenig lösbar ist die Herausforderung für den Vorgesetzten unseres Expats Mannheimer. Dem Mitarbeiter müssen am Heimatstandort in unmittelbarer Zukunft gute berufliche Einsatzmöglichkeiten eröffnet und Aufstiegschancen geboten werden, oder er wird das Unternehmen bei der erstbesten Gelegenheit verlassen. Das ist jedem erfahrenen Personaler sonnenklar.

Als erste Schlussfolgerung ist folglich festzuhalten: Die quantitative Personalplanung muss daher zwingend von einer qualitativen Komponente begleitet werden. Nicht nur welche Menge, sondern auch welche *Art* von Fach- und Führungskräften benötigt das Unternehmen in der Mittel- und möglichst auch in der Langfristperspektive? Und was kann, was muss es tun, um diese für sich zu gewinnen?

„Auch schnelle Lösungen können teuer werden."

Nur auf den ersten Blick unproblematisch scheint die Aufgabe eines IT-Leiters in Sachsen. Er braucht zwei neue Mitarbeiter für ein Prestige-Projekt seiner Abteilung. Das Anforderungsprofil wird mit den bewährten Textbausteinen zusammengestellt, spontan ergänzt durch einige ganz konkrete Tätigkeitsmerkmale, und damit ist die Aufgabe der Personalbeschaffung doch hinreichend beschrieben.

Das meint der IT-Leiter. Im Personalbereich sieht man die Angelegenheit zunächst auch ganz entspannt. Doch nur solange die Frage nach den späteren Einsatzmöglichkeiten der Gesuchten nicht auf den Tisch kommt. Und das ist leider die Regel. Gedanken darüber, wo und wie die künftigen Mitarbeiter nach Abschluss des Projektes eingesetzt werden sollen, machen sich Führungskräfte angesichts eines kurzfristigen Personalengpasses selten.

Die meisten Manager entscheiden in ihrem Bereich ad hoc. Sie setzen überwiegend rasch wirksame Problemlösungen durch. Das Tagesgeschäft, heißt es bei den raren Einwänden beschwichtigend, lasse gar nichts anderes zu. Der Zwei-, Drei- oder Fünfjahresplan wurde verabschiedet und selbstverständlich zur Kenntnis genommen. Das war's vielfach dann auch schon. Wer hat denn schon Zeit für Grundsatzdebatten, wenn die Arbeit bewältigt werden muss.

„Wer sich dieses ganze Qualifizierungstheater ausgedacht hat, der hat doch keine Ahnung von dem täglichen Druck, unter dem ich hier stehe", moniert der Projektmanager. „Wenn wir immer zunächst die Grundlagen klären und Gegenargumente sammeln sollen, bevor wir loslegen können, ist die Konkurrenz schon am Ziel, wenn wir noch in die Startlöcher krabbeln."

Natürlich muss (auch) kurzfristiger Personalbedarf gedeckt werden. Das ist unbestritten. Wenn es brennt, muss man in der Tat den fehlenden Fachexperten zur Not halt vom externen Arbeitsmarkt holen, um das Feuer zu löschen. Und zwar auf der Stelle. Der Neue kostet dann zwar das Dreifache eines Eigengewächses, aber in akuten Notlagen und wenn die Rettungsaktion Erfolg verspricht, dann muss man eben den Marktwert zahlen. Das ist eben so.

„Neben die quantitative muss die qualitative Personalplanung treten."

Stimmt. Einerseits. Manchmal muss man wirklich improvisieren. Aber die Maxime eines modernen Personalmanagements darf nicht sein, Lücken schnell und reibungslos zu schließen. Kurzfristige Lösungen liegen häufig nahe. Das macht die Sache aber nicht besser. Im Gegenteil – denn die Verfügbarkeit blockiert die Einsicht, dass längerfristige Lösungen längerfristig mehr Gewinn versprechen und daher von Vorteil sind. Wenn in einem Unternehmen die Erfahrung vorherrscht, dass man auch mit Improvisationen klarkommt, verliert die Fähigkeit, vorausschauend zu planen, an Wertschätzung.

Das wäre fatal. Zur bekannten *quantitativen* Personalplanung gehört heute zwingend auch die strategische Festlegung des zukünftigen Kompetenzbedarfs – also eine *qualitative* Personalplanung. Ohne diese andere Seite der Medaille riskiert ein Unternehmen, gerade die Kräfte zu verlieren, die es zur Sicherung seines zukünftigen Geschäftserfolges dringend braucht.

„Klar", freut sich der BWL-Student im zweiten Semester, weil er meint, er habe die Wirtschaft verstanden, „wenn Bäckermeister Müller sein Angebot an Backwaren verdoppeln will, um den Umsatz zu steigern, dann braucht er mehr Personal in der Backstube, und für den Verkauf müsste wohl noch eine Hilfskraft her. Er kann das ja mal ausprobieren, und wenn es funktioniert, dann kauft er sich einen zweiten Ofen."

Nun beschränken sich die meisten Unternehmen im Lande nicht auf das Backen kleiner Brötchen. Das ist gut so – selbstverständlich. Andererseits aber krankt Geschäftsplanung um so heftiger an der Unmöglichkeit, auch nur halbwegs gesicherte Prognosen für die nahe Zukunft aufzustellen, je komplexer das Geschäftsmodell und/oder je fester verankert das Monopol ist. „Gestorben wird immer", frohlockt der Bestattungsunternehmer auch nur bis zu dem Tag, an dem die Kommune sich gegen die Bewilligung eines Friedenswaldes sperrt. Und auch der Bäcker weiß nicht, ob sein zusätzlich eingestelltes Personal auf Dauer die Kundenerwartungen erfüllt.

Die Erfahrung zeigt, dass Personalmanagement eine quantitativ wie qualitativ sehr schwer zu prognostizierende Führungsaufgabe ist und trotz aller Forecasting-Tools auch bleiben wird. Denn die betriebswirtschaftliche Planungslogik basiert auf der an sich überzeugenden Grundidee, Personalplanung an die Geschäftsplanung zu koppeln. Mit dieser Verknüpfung will man sich gegen ein Abdriften in gefährliche Untiefen absichern.

„Aus den Fachabteilungen wird Widerstand kommen – aber den muss man aushalten."

Dieser Ansatz funktioniert auch, sofern die Geschäftsplanung mit hoher Wahrscheinlichkeit erstens Ziele anpeilt, die sinnvoll, Erfolg versprechend und realisierbar sind, und zweitens von diesem Kurs nicht aufgrund unvorhergesehener Einflussfaktoren abgebracht würde. In solchen Fällen führt das Junktim mit ziemlicher Sicherheit zu einem Fiasko in zwei Akten.

6 Total Workforce Management

Die qualitative Seite einer Personalmanagement-Strategie kann gar nicht überbetont werden. Die Herausforderung an Führungsstab wie Mitarbeiter ist, wie es heute so schön heißt, „ehrgeizig". Fachabteilungen dürfen sich nicht damit begnügen, die Anzahl der benötigten zusätzlichen Mitarbeiter aufzulisten. Sie müssen auch beschreiben, was den zukünftigen Personalbedarf inhaltlich vom aktuellen unterscheiden soll – und sie müssen mit dieser Leistung von sich aus aufwarten. Das ist ihr Job.

Es gehört zum Aufgabenbereich der Führungsverantwortlichen, dafür zu sorgen, dass die notwendigen Informationen einlaufen, ausgewertet und an den Personalbereich weitergeleitet werden. Die Bereitschaft, für diese Aufgabe auch höhere Arbeitsbelastungen zu ertragen, haben sie sowohl von den Fachbereichen als auch vom Personalbereich einzufordern.

Wer sich für die qualitative Personalplanung stark macht, stößt intern mit einiger Sicherheit auf Widerstand. Nicht von Seiten der Unternehmensspitze natürlich, denn die wird schon aus eigenem Interesse das Go geben, aber in den Fachabteilungen. Dort ist man grundsätzlich skeptisch, wenn „oben" ein neuer Masterplan entwickelt und den unteren Etagen zur Exekution vorgelegt wird. Darüber hinaus haben Strategien im Gegensatz zu Blitzkuren immer den Nachteil, dass sie per definitionem zeitaufwändig und zudem bei ihrer Einführung normalerweise noch nicht ausgereift sind. Und sie widersprechen dem Wunsch nach schnellen Lösungen. Kritik kommt daher ungebeten und gern.

„Es kann doch nicht angehen, dass wir gute Leute ins Ausland schicken, ihnen aber nach der Rückkehr nichts zu bieten haben", ärgert sich der Vertriebsleiter. In der Tat: Wenn klar definierte und akzeptierte Wiedereingliederungsprozesse fehlen, werden die Expats dem Unternehmen aus Enttäuschung den Rücken kehren. Und ihr interkulturelles Know-how andernorts einbringen. Ergebnis: Es liegen Ressourcen brach, Potentiale werden nicht genutzt, Talente verkümmern.

„Egoistische Vorgesetzte blockieren gern die Weiterbildung ihrer Mitarbeiter."

Bei vielen international tätigen Unternehmen hapert es an einer wirkungsvollen Nachfolgeplanung. Die notwendigen Daten lassen sich den Excel-Tabellen, Kurvenverläufen und Tortendiagrammen entnehmen. Doch was nutzt es, wenn ich ablesen kann, dass Expat

Mannheimer am 1. Oktober dieses Jahres zurück kommt, ich auf absehbare Zeit aber leider keine adäquate Position für ihn habe? *Eine Nachbesetzungspolitik kann nur funktionieren, wenn dahinter ein Prozess steht, der aktuelle und künftige Aktionen vernünftig steuert.*

Bei der Weiterbildung liegt es genauso im Argen. Weil gerade immer eine Arbeit getan, eine Aufgabe erledigt, ein Projekt durchgezogen werden muss, wollen Führungskräfte nach Möglichkeit nicht auf ihre Leistungsträger verzichten. Aufgaben liegen immer an, da wird der Moment zum Dauerzustand. Die Folgen lassen sich besichtigen: So sank im Mittelstand die Bedeutung des Themas Personalentwicklung/Weiterbildung zu Beginn des Jahres 2010 laut einer Beraterstudie von rund 39 auf knapp 25 Prozent, und damit auf den niedrigsten Wert seit Anfang 2009 („Welche Themen bewegen Ihre Personalarbeit?", Studie der s+p Software und Consulting AG, Leipzig. www.spag-personal.de).

Der Aufgabenbereich Qualifizierung muss erheblich stärker als heute in die Personalplanungsprozesse eines Unternehmens integriert werden. Es ist höchste Zeit, ihm einen gleichwertigen Platz neben dem Recruiting, der Talente-Förderung und der Führungskräfteentwicklung einzuräumen.

Wer sind denn die tatsächlichen Leistungsträger in einem Unternehmen? In der Regel diejenigen, die sich um einen Auslandseinsatz bemühen, die sich gerne immer wieder neuen Herausforderungen stellen, die ständig dazu lernen wollen. Aus eigenem Antrieb. Doch gerade die werden vertrieben, wenn mangelnde Voraussicht keine ehrlichen Perspektiven zulässt.

Die quantitative Komponente einer Personalplanung stößt schnell an ihre Grenzen:

- Sie will Zahlen über den zukünftigen Mitarbeiterbedarf liefern. Aber auf Basis welcher strategischen Ziele?

- Diese Zahlen sollen dann mit dem voraussichtlichen internen und externen Arbeitskräfteangebot verglichen werden. Aber auf Basis welcher Prognosen?

Auf derartige Unwägbarkeiten zu vertrauen, erfordert zuverlässige prophetische Gabe oder ein hohes Quantum Unbekümmertheit. „Vorhersagen sind schwierig, insbesondere wenn sie die Zukunft betreffen", orakelte schon Karl Valentin. (Die Urheberschaft der Erkenntnis ist umstritten. Als Zitatgeber unter Verdacht stehen unter anderen auch Mark Twain und Winston Churchill.) Kein Wunder also, dass sich die Erkenntnis, Personalplanung müsse nicht nur mit

Fakten unterfüttert, sondern durchaus strategisch gesehen und selbstverständlich auch betrieben werden, mehr und mehr durchsetzt.

„Ist Total Workforce Management die Wunderwaffe oder nur New Kid in Town?"

Insbesondere ein in den letzten Jahren entwickeltes Werkzeug, das Total oder Strategic Workforce Management (TWM), soll für die gewünschte Rundum-Übersicht sorgen. In höchster Vollendung garantiert es zuverlässige Planbarkeit an der Mitarbeiterfront. Mit TWM lasse sich, so die Modellannahme, die richtige Anzahl von Mitarbeitern mit den richtigen Qualifikationen zur richtigen Zeit am richtigen Ort definieren und in Folge auch bereitstellen. „Effektives und erfolgsorientiertes Strategic Workforce Management wird gestaltet durch eine aus der Unternehmensstrategie abgeleitete HR-Strategie, ein State-of-the-Art-Geschäftsmodell und einzelne HR-Prozesse, woraus eine wertschöpfungs- und umsetzungsorientierte Personalarbeit hervorgeht", heißt es zur Erläuterung auf der Homepage der Kienbaum Consultants International GmbH (2011).

Bereits Anfang 2009 hielten 81 Prozent der Teilnehmer einer von Hewitt Associates zusammen mit dem Institut für Führung und Personalmanagement der Universität St. Gallen (IFPM) erarbeiteten Studie zu „Strategic Workforce Planning" die Bedeutung des Werkzeugs grundsätzlich für hoch (BildungsSpiegel, 2009). Allerdings waren nur 35 Prozent mit den im eigenen Unternehmen erzielten Ergebnissen zufrieden.

Kein Wunder. Hewitt und IFPM kommen zu dem Befund, dass sich die tatsächliche Umsetzung des Workforce Planning oft als mangelhaft erwiesen habe: Es nutzten zwar mehr als 70 Prozent der befragten Unternehmen die strategische Personalplanung bereits als Führungsinstrument, „aber eher unstrukturiert und teilweise isoliert von anderen HR Aktivitäten".

Die Studienergebnisse machten weitere potentielle Störfaktoren offensichtlich:

- „Nicht die richtigen Verantwortungsträger":
  Entscheidende Player im Unternehmen sollten für TWM verantwortlich zeichnen: HR und Top-Management zusammen mit Linienverantwortlichen und der strategischen Unternehmensplanung.

- „Keine kontinuierliche Anpassung der Pläne":
  Der Personalbedarf müsse, heißt es aus Beratersicht, regelmäßig überprüft und laufend angepasst werden. Die meisten Unternehmen tun dies aber zu selten. „Wer nur sporadisch plant, läuft Gefahr, dass strategische Personalplanung als administrative Pflichtübung angesehen wird", warnt Charles Donkor, Studienleiter und Principal bei Hewitt Associates. Die notwendigen Maßnahmen ließen sich dann schwerer durchsetzen.

- „Keine spezifischen IT-Tools im Einsatz":
  Laut Hewitt und IFPM nutzt ein Viertel der Unternehmen noch keine IT-Tools bei der Administration des TWM. Die Planung basiere vielmehr auf den Einschätzungen (sic!) von Führungskräften und Personalverantwortlichen.

„Total Workforce Management muss gut vorbereitet werden."

Damit Strategic Workforce Management mehr sein könne „als eine mit einem chic klingenden Anglizismus camouflierte qualitative und quantitative Personalplanung", müssten folgende Kriterien erfüllt sein. So wird im HR-Barometer von Capgemini (2009) auf Seite 64f. gefordert:

1. „Enge Verknüpfung der HR-Workforce-Planungsprozesse mit Business und Finanz-(Planungs-)Prozessen.
2. Der Fokus liegt auf Mittel- und Langfristplanung (zwei bis fünf Jahre, je nach Unternehmenshorizont).
3. Szenarien/Simulationen werden als Entscheidungsgrundlage herangezogen.
4. (HR-)Aktivitäten werden auf Basis der Szenarien abgeleitet, geplant und deren Umsetzung kontinuierlich überprüft.
5. Kein einmaliger oder Ad-hoc-Prozess, sondern rollierende Durchführung in regelmäßigen Abständen"

TWM ist ein relativ neues Produkt der Beraterindustrie, in das die Branche hohe Erwartungen zu setzen scheint und das sie vehement vermarktet. Das allein muss nicht bedeuten, dass das Produkt überbewertet wäre oder sich unter den gegebenen Rahmenbedingungen nicht erfolgreich einsetzen ließe. Ob es allerdings die hohen Erwartungen erfüllt, die geweckt werden, bleibt abzuwarten. Momentan sieht es noch nicht danach aus. Denn wie so oft droht die Theorie an der Praxis zu scheitern.

Inmitten einer Umstrukturierung zum Beispiel geht bei HR der Ruf nach zwei weiteren Vertriebsmitarbeitern ein, natürlich asap – as soon as possible. Für den Personaler ist Eile Alltag. „Keine Sorge", lautet denn auch seine lakonische Antwort auf die Anfrage: „Wir gucken natürlich erst mal intern, wen wir da haben. Wenn es sein muss, gucken wir zwei Leute aus, die wir in kurzer Zeit auf das Jobprofil qualifizieren können. Und wenn gar nichts geht, suchen wir eben extern."

„Gezählt werden üblicherweise Köpfe – nicht Qualifikationen, die künftig gebraucht werden."

Für den Vertriebsleiter ist die Angelegenheit damit in den besten Händen und er kann sie auf seiner To-Do-Liste abhaken. Wenn er sich da mal nicht täuscht. Nur wenn alles rund läuft, wird er genau das bekommen, was er geordert hatte. Möglicherweise haben sich sein eigenes Marketing- und Absatzkonzept gravierend geändert, wenn die Verstärkung Monate später tatsächlich anrückt. Um den Job mit Bravour zu erledigen, sind inzwischen Kompetenzen vonnöten, die vor einem halben Jahr noch gar nicht auf der Wunschliste standen.

Die Vertriebler waren zwar zum richtigen Zeitpunkt zur Stelle und willens, ihr Einsatz verursachte auch keine zusätzlichen Kosten, es steckte nur eben nicht das in ihren Köpfen, was das Business stillschweigend erwartete oder, im Nachhinein verargumentiert, brauchte. Der Personalbereich hat mit dem Zahlenmaterial gearbeitet, das zur Verfügung stand. Gezählt werden vertraglich gebundene und noch zu bindende Köpfe – aber eben nicht die Qualifikationen, die möglicherweise im nächsten Jahr benötigt werden. Ein fundiertes, einheitliches Zahlenwerk *kann* nicht mehr sein als die Basis, von der aus sich die Personalprozesse steuern lassen. In der Sprache der Mathematik gesprochen: Es erfüllt die notwendige Bedingung, nicht aber die hinreichende.

HR und Unternehmensführung müssen viel stärker noch als bisher berücksichtigen, dass das Abfragen quantitativer Größen nur das eine Standbein ihrer Überlegungen und Aktivitäten sein kann. Als gute Methode, Personalplanung und Personalprozesse miteinander zu verzahnen, hat sich das Kompetenzmanagement erwiesen. Es integriert Recruiting, Personaleinsatz und Personalentwicklung.

Mit sieben von zehn Unternehmen verfügten „Europäische Unternehmen häufiger als der weltweite Durchschnitt über Kompetenz-Management-Systeme", lobt Silke Aumann (2009). Allerdings seien, relativiert die Beraterin bei der Human Capital Group von Watson Wyatt Heissmann, Düsseldorf, „weniger als zwei von zehn Unternehmen mit deren Effektivität zufrieden". Wenig Sinn macht es offenbar, Kompetenzmodelle lediglich bei einzelnen Personalplanungsmaßnahmen zu verwenden. Deutlich erfolgversprechender dagegen sei es, „die Kompetenzmodelle für mehrere Prozesse – wie Personalgewinnung, Personalentwicklung und Karriereentwicklung – zu nutzen."

„Hard Skills sind nur das Fundament.
Entscheidend sind heute die Soft Skills."

Oberste Zielvorgabe des Kompetenzmanagements ist es, die Fähigkeiten der Mitarbeiter mit den vor allem zukünftig benötigten Kompetenzen in Übereinstimmung zu bringen. Die heute meist als „Skills" gehandelten *Fähigkeiten* basieren auf überprüfbarem Wissen und Know-how und lassen sich mit Zeugnissen und Zertifikaten belegen. *Kompetenzen* dagegen beschreiben Qualitäten wie Kundenorientierung, unternehmerisches Denken, Frustrationstoleranz, Begeisterungsfähigkeit oder Eigeninitiative. Gerade die Kompetenzen werden in Zukunft einen noch höheren Stellenwert einnehmen als heute schon.

Niemand weiß, wie sich die Wirtschaft im laufenden und im kommenden Jahr entwickeln wird. Erreicht die Bankenkrise die realen Märkte? Wo und welche, mit welcher Wucht? Geht Griechenland pleite? Und was würde das für den Rest Europas bedeuten? Was ist mit Italien, mit Spanien? Wer gerät noch in den Sog? Welche Änderungen beschließt die Politik? Bricht Deutschlands Export ein? Wo wird 2013.14.15 noch mit dem Euro bezahlt? Wo steht der Arbeitsmarkt im kommenden Jahr? Bei uns, bei den Nachbarn, bei unseren ausländischen Kunden?

Seit dem Platzen der dot.com-Blase und dem Einsturz der Twin Towers reihen sich Wirtschafts-, Finanz- und Währungskrisen aneinander. Das Tempo scheint anzuziehen. Selbst im sicheren Hafen Deutschland wachsen die Skepsis und die Angst vor der Zukunft. Unter solchen Bedingungen zu planen, fällt schwer. Ganz gleich, ob es um Geschäfts- oder Personalplanung geht.

„Es herrscht Planungsunsicherheit, wohin man auch blickt."

Nur wenige Faktoren darf man als gesetzt betrachten in der Gleichung mit den vielen Unbekannten:

- Die bereits begonnene demografische Entwicklung in Deutschland wird sich fortsetzen.
- Die Anhebung des Rentenalters wird nicht rückgängig gemacht, sondern eher noch auf 69 Jahre oder mehr gesteigert.
- Die Bedeutung der quantitativen Bedürfnisse des Arbeitsmarktes wird gegenüber den qualitativen Bedürfnissen zurückgehen.

Machen wir uns nichts vor: Politik und Wirtschaft müssen sich gleichermaßen auf diese Tendenzen einstellen und handeln, bevor es zu spät ist. *Das bedeutet: Unternehmer und Führungskräfte in den Unternehmen müssen sich dieser Entwicklung und den daraus resultierenden Problemen jetzt endlich stellen und damit beginnen, auch ältere Mitarbeiter weiterzubilden und sie damit noch auf Jahre hinaus aktiv im Arbeitsmarkt zu halten.*

Eine aktuelle Bilanz der Bundesagentur für Arbeit (2011) verzeichnet einen Anstieg von mehr als sechs Prozent der sozialversicherten Beschäftigung Älterer im Vergleich zum Vorjahr. Das kann, muss aber nicht schon als Signal des Aufbruchs gewertet werden.

Denn bei näherem Hinsehen stellt sich die Erwerbssituation älterer Arbeitnehmer nicht ganz so rosig dar. Menschen über 55 Jahre, die als Selbständige oder geringfügig Beschäftigte arbeiten, wurden bei der BfA-Berechnung der Quote nicht berücksichtigt. Und die Zahl der über 50 Jahre alten Minijobber wuchs gegenüber dem Vorjahr um 4,7 Prozent auf über 1,3 Millionen.

„Das System wird unbezahlbar."

Die Bundesagentur für Arbeit sieht die Ursache für die gestiegene Einstellungsquote Älterer zum einen darin, dass der Anteil dieser Altersgruppe an der Gesamtbevölkerung zugenommen habe (in der inversen Logik: Es gibt immer weniger Junge), zum anderen aber auch in der größeren Erwerbsneigung der Älteren. Die entstand natürlich nicht zufällig, sondern als Folge marktwirtschaftlicher Gegebenheiten sowie von der Politik beschlossener Gesetzesänderungen.

Einen wesentlichen Beitrag zu dieser Entwicklung dürfte das Ende der staatlichen Frühverrentungspolitik geliefert haben, die ja sehr kräftige Anreize gesetzt hatte, vor dem Erreichen des bisherigen gesetzlichen Rentenalters von 65 Jahren in den Ruhestand zu gehen – zu Lasten der Steuer- und Beitragszahler. Die Politik sah hier zu Recht Änderungsbedarf.

Dass wir uns diese planmäßige Ausgrenzung und Abschiebung Älterer aus dem Arbeitsleben schon lange nicht mehr leisten können, war ebenfalls schon seit geraumer Zeit bekannt. „Deutschlands Arbeitsmarkt kennzeichnen heute im internationalen Vergleich überdurchschnittlich lange Ausbildungszeiten, die zu einem späten Berufseintritt führen, ein besonders früher Renteneintritt und eine geringe Erwerbstätigkeit von Frauen. Zudem haben wir nach wie vor eine hohe Arbeitslosigkeit", monierte das Mannheim Research Institute for the Economics of Aging 2008, also noch vor der 2012 begonnenen sukzessiven Einführung der Rente mit 67. Bei dauerhaft niedrigem Renteneintrittsalter, so errechneten die Wissenschaftler, müsste 2050 „jeder Erwerbstätige alleine mehr als einen Rentner finanzieren, zusätzlich zu eventuellen Kindern."

Dank des auf 67 Jahre erhöhten Renteneintrittsalter wird dieses Finanzierungsmodell nach aktueller Theorie erst 2065 erreicht.

„Wir müssen umdenken und endlich im Sinne der Zukunft handeln."

Was sich daraus für die Unternehmen ableiten lässt, ist eindeutig: Ging es noch im ersten Jahrzehnt dieses Jahrhunderts vor allem darum, das Durchschnittsalter der Workforce eines Unternehmens möglichst niedrig zu halten und den Ausstieg Älterer kostengünstig und lautlos zu gestalten, so steht jetzt ein generelles Umdenken an:

- Unternehmen werden sich dauerhaft auf ein höheres Durchschnittsalter ihrer Mitarbeiter einstellen müssen.

- Ältere Arbeitnehmer werden darauf drängen (müssen), nicht vorzeitig aus dem Berufsleben auszuscheiden, um zu niedrige Rentenzahlungen zu vermeiden.

- Auch oder insbesondere Ältere werden ihren Anspruch auf eine ausgewogene Work-Life-Balance einfordern.

- Auch und insbesondere Ältere werden sich nicht auf ihrem Wissensstand von vor 30 Jahren ausruhen wollen und können.

Die Zeit drängt. Wir müssen uns auf die Arbeitsmarktperspektiven unserer vergreisenden Gesellschaft einrichten. Die Aus- und Weiterbildung der Arbeitskräfte wird von strategischer Bedeutung für die Zukunft unseres Landes sein. Das betrifft alle Altersgruppen. Insbesondere im Segment der Hochqualifizierten wird der Anteil der Älteren zunehmen müssen. Wir *brauchen* die erfahrenen Mitarbeiter, schlicht deshalb, weil die Zahl der jungen Fachkräfte weiter sinken wird.

2012 wurde zum „Europäischen Jahr für aktives Altern und Solidarität zwischen den Generationen" ausgerufen. Ein schönes Motto! Eine im Vorfeld durchgeführte Eurobarometer-Umfrage (Eurobarometer, 2012) kommt zu dem Ergebnis, dass sich mittlerweile mehr als 70 Prozent der Europäer der Tatsache bewusst sind, dass die Bevölkerung in Europa stark altert. Besorgniserregend finden das allerdings nur 42 Prozent. Die Bürger sehen die demografische Entwicklung also deutlich gelassener als Politik und Wissenschaft.

Ältere Arbeitnehmer sind der Umfrage zufolge vor allem dann motiviert, weiterzuarbeiten, wenn für sie die Arbeitsbedingungen stimmen und wenn sie in die Lage versetzt werden, ihr Wissen kontinuierlich auf den neuesten Stand zu bringen. Ältere stellen demnach keine überzogenen Forderungen. Sie wollen keine Sonderbehandlung per se. Was sie sich wünschen, ist die Chance auf eine längere Beschäftigung unter Bedingungen, mit denen sie zurechtkommen können.

Zahlreiche Untersuchungen zur demografischen Entwicklung in Deutschland richten das Augenmerk auf drohende Engpässe auf dem Arbeitsmarkt. Erst Ende 2011 stellte Bundesinnenminister Friedrich die „Leitziele der Demografiestrategie" der Bundesrepublik vor (BMI, 2011). Das Thema habe gesamtstaatliche Bedeutung. Schließlich gelte es,

- die Chancen eines längeren Lebens zu erkennen und zu nutzen,
- Wachstumsperspektiven zu stärken und Wohlstand zu sichern,
- soziale Gerechtigkeit und gesellschaftlichen Zusammenhalt zu erhalten und zu stärken und
- die Handlungsfähigkeit des Staates zu bewahren.

Der Blickwinkel in den Unternehmen ist naturgemäß etwas enger. Dennoch stellt sich auch hier immer drängender und ganz konkret die Frage, was Führungskräfte und HR tun können, um auch ältere Mitarbeiter fit zu machen und zur beiderseitigen Zufriedenheit im Job zu halten.

Die demografische Entwicklung hat auch Vorteile. Denn die Zahlen zwingen den Blick vieler Entscheider auf besonders kritische Problemfelder. Im Zuge dessen werden sich die Unternehmen noch stärker ihrer Aufgaben bewusst. Gleichzeitig eröffnen sich neue Chancen. Zum Beispiel die, Erfahrungswissen in Zukunft vermehrt zu nutzen.

Bislang zielen die Rekrutierungs-Tools überwiegend auf die junge Generation, insbesondere auf jederzeit mobile Talente, die ihr Privatleben inklusive ihren Kinderwunsch bereitwillig hintan stellen. Man wird die Zielgruppe erweitern müssen, wenn in absehbarer Zeit die erfahrenen Fachkräfte Mangelware sind. Im Grunde weiß jeder Personaler, was zu tun ist. Ohne Zugeständnisse wird es nicht gehen. Von dem Verdikt, nach dem ein Mitarbeiter 50plus nur noch Ballast ist, wird man sich – wenn schon nicht aus Einsicht, dann doch notgedrungen – verabschieden (müssen).

„Die Gretchenfrage heißt: Was wollen und brauchen die Leistungsträger, die das Unternehmen gern gewinnen und behalten möchte?"

Zur Vorbereitung darauf sollte man sich die spezifischen Lebensumstände der Mitarbeiter genau anschauen, die man an das Unternehmen binden möchte. Mit abstrakten Anforderungskatalogen kommt heute niemand mehr durch. Wo sind sie denn, die Leistungsträger, die man zukünftig gerne im Unternehmen hätte? Und was sind ihre besonderen Bedürfnisse? Welche Reize, Attraktionen, Perspektiven und Benefits muss ich also anbieten, um auch die Generation Silberhaar auf uns aufmerksam zu machen? Und zwar gerade auf uns, und nicht auf den Mitbewerber. Ganz von selbst passiert gar nichts. Also muss jedes Unternehmen für sich definieren, inwieweit es den Erwartungen und Wünschen der Gesuchten entgegenkommen kann und will. Dazu müsste es diese natürlich erst einmal kennen. Häufig herrscht da noch eine gewisse Ahnungslosigkeit, wenn nicht sogar Ignoranz.

In vielen Unternehmen hält man immerhin schon seit längerem spezielle Angebote für junge Eltern und für Mitarbeiter mit pflegebedürftigen Angehörigen bereit. Da bemüht man sich auch aktiv um die Wiedereinstellung des Mitarbeiters oder der Mitarbeiterin nach der Elternzeit. Da ist für Kinderbetreuung am Nachmittag und für Beschäftigung in den Ferien gesorgt. Diese Unternehmen haben verstanden, dass sie in Vorleistung gehen müssen, wenn sich der Anteil ihrer weiblichen Mitarbeiter wirklich erhöhen soll.

Eine Führungsfrauenquote ohne breite gesellschaftliche Akzeptanz ist kaum mehr als ein Placebo. Für eine moderne Beziehung wird es immer mehr zur Selbstverständlichkeit, dass auch der männliche Partner sich bei der Erziehung und Betreuung der Kinder engagiert. Für Unternehmen müsste es Routine sein, dem Mitarbeiter dazu die notwendigen Rahmenbedingungen zu bieten.

In der Informationstechnologie wird diesem Rollenbild offenbar bereits weiträumig Rechnung getragen. Wie eine Umfrage des Branchenverbands Bitkom Ende 2011 in Vorbereitung der Cebit 2012 ergab, setzen bereits drei Viertel aller IT-Unternehmen auf eine familienfreundliche Arbeitszeitgestaltung. Klassische IT-Tätigkeiten sind zumindest flexibler ausführbar als viele Tätigkeiten in anderen Branchen.

Nicht nur die Rekrutierungstools sind momentan noch zu stark auf Hochschulabsolventen, Industry Hires und Young Professionals fokussiert. Auch die aktuellen Arbeitszeitmodelle müssen insbesondere Ältere stärker ins Visier nehmen. Es ist entschieden mehr Flexibilität gefordert, wenn Beschäftigte in höherem Alter berufsbegleitend studieren sollen und wollen. Dann geht es ja nicht nur um die an die Ausbildungsstätten zu überweisenden Studienkosten und die Forderung nach einem BAföG für Ältere. Es stellt sich auch sofort die Frage, ob und wie die Arbeitszeiten der betreffenden Mitarbeiter während der Dauer des Studiums deren neuer Zusatzbelastung angepasst werden können.

„Die Weiterbildung qualifizierter Mitarbeiter wird stärker in eigener Regie stattfinden."

Glücklicherweise sind immer mehr Unternehmen auf dem Weg zu der Einsicht, dass eine kontinuierliche Weiterbildung Älterer zwingend erforderlich wird. Nur wird noch viel zu selten, viel zu vage und bisweilen völlig unverbindlich diskutiert, was sich daraus für die Praxis ergeben sollte, ja muss.

Für erfahrene Mitarbeiter, speziell für solche in höheren Positionen, ist es in vielen Branchen und Funktionen momentan fast unmöglich, eine komplexe Weiterbildung zu absolvieren. Insbesondere von denjenigen, die Dienstleistungen erbringen, wird häufig erwartet, dass sie 80 Prozent und mehr ihrer Zeit den Kunden zuschreiben. Denn nur der „Verschreibungsanteil" lässt sich schließlich fakturieren. Die verbleibenden 20 Prozent der Arbeitszeit müssen für Administration und Weiterbildung ausreichen. Das kann auf Dauer nicht funktionieren, und in praxi funktioniert es schon heute nicht.

Um ihren Mitarbeitern einigermaßen vernünftige Rahmenbedingungen zu bieten, innerhalb derer sie eine komplexe Weiterbildung absolvieren können, stehen den Unternehmen grundsätzlich nur drei Wege offen:

1. *Entweder* stellen sie ihren Mitarbeitern mehr Zeit für Weiterbildung zur Verfügung, reduzieren mithin den Anteil der den Kunden fakturierbaren Stunden. Das jedoch dürfte, solange sich nicht alle Firmen auf diesen Weg begeben, erhebliche Wettbewerbsnachteile für die Protagonisten zur Folge haben.
2. *Oder* der Anteil des Präsenzlernens wird dramatisch heruntergefahren und durch moderne Lernformen wie Distance Learning und E-Learning vom heimischen Computer aus ersetzt. Das wiederum verlangt den Mitarbeitern viel Eigenarbeit in ihrer Freizeit ab und dürfte den Zorn der gewerkschaftlichen Arbeitnehmervertreter hervorrufen.

Meine persönliche Meinung hierzu: Ab einer gewissen Gehaltsstufe sollte man von eigeninteressierten Mitarbeitern erwarten können, dass sie Teile ihrer Freizeit in den Erhalt und Ausbau ihrer Employability investieren. Wer ein Top-Salär bekommt, muss eine Top-Leistung abliefern. Der kann nicht grundsätzlich um 18.15 Uhr den Rechner abschalten und sich der Familie oder den Hobbys widmen. Wer mehr will, muss mehr bringen: mehr Leistung, einen größeren Zeitaufwand. Der Mitarbeiter hat die Bringschuld. Das ist im Einzelfall mit Sicherheit unangenehm. Unfair ist es aber nicht.

3. Die dritte denkbare Variante einer „Weiterbildungszeit" analog zur Elternzeit ist, insbesondere auf höheren Positionen, unfinanzierbar. Die dafür anfallenden Kosten lassen sich nicht allein den Arbeitgebern anlasten, zumal ja auch der Arbeitnehmer einen Vorteil daraus zieht. Und Steuermittel stehen dafür nicht bereit und werden trotz aller negativen demografischen Perspektiven wohl auch zukünftig nicht darauf verwendet werden können.

Der mit der Globalisierung unweigerlich wachsende Kostendruck lässt nur die eine Schlussfolgerung zu: Wenn man nicht komplett auf die gezielte Weiterbildung seiner älteren Mitarbeiter verzichten will, und das kann sich kein Unternehmen mehr auf Dauer leisten, dann muss der Anteil des Präsenzlernens noch weiter heruntergefahren werden. Um sich weiterzubilden, werden Arbeitnehmer also weniger Zeit in Seminaren, Workshops und Vorlesungen verbringen und sich

6 Total Workforce Management

stattdessen den Lehrstoff in eigener Regie und vor allem in Teilen ihrer Freizeit aneignen müssen.

„Der Aufbau neuer Qualifikationen muss in Eigenregie des Mitarbeiters erfolgen."

Ein solches Modell hat Vor- und Nachteile für den Mitarbeiter. Er bekommt die Chance zum Erhalt und Ausbau seiner Qualifikation, muss dafür aber Stunden seiner Freizeit bereitstellen. Selbstverständlich stehen auch die Unternehmen in der Pflicht, die organisatorischen Voraussetzungen zu schaffen, um eine unter Umständen jahrelange Weiterbildung mit einem Aufwand von zehn Wochenstunden oder noch mehr zu ermöglichen. Aus ihrer Verantwortung dürfen sich die Betriebe nicht stehlen. Schließlich obliegt ihnen ja die Fürsorge für ihre Beschäftigten, und das bedeutet: Kein Unternehmen darf seine Workforce mit Arbeit *über*lasten. Mitarbeiter haben ein Recht auf Freizeit und Urlaub. Das darf und soll ihre Leistungsfähigkeit erhalten. Dieses Gebot wird in der Regel in den Unternehmen respektiert, schon im eigenen Interesse. Ausgepowerte Kräfte nutzen kurzfristig wenig und auf Dauer gar nichts.

Im Allgemeinen wird darauf geachtet, die Ressource Arbeitskraft zu schonen. Allerdings sind immer wieder Ausreißer zu beobachten. Zum Beispiel ist insbesondere bei den Führungskräften die dauerhafte Erreichbarkeit längst zum Standard geworden; Smartphones sind unentbehrlich, Rückfragen und Arbeitsaufträge der Vorgesetzten bis in den späten Abend gehören zum Alltag und zu manchem Wochenende. Was technisch möglich ist, wird genutzt – bis hin zu Abhängigkeit und (Selbst-)Ausbeutung. Viele Führungskräfte fühlen sich ohnmächtig angesichts des permanenten Zugriffs ihrer Oberen (und der Kunden). Doch ihre Fähigkeit, diese Unterordnung kritisch (zu ihren Vorgesetzten hin) und selbstkritisch (gegenüber ihrer eigenen Unfähigkeit, dem einen Riegel vorzuschieben) zu reflektieren, nimmt von Jahr zu Jahr ab. Es scheint fast so, als ob der Dauerzugriff auf die Zeit von Executives mittlerweile zum Berufsbild eines Managers gehört.

„Führungskräfte sind Sklaven von Telefon und E-Mail."

Da werden spät abends und das ganze Wochenende hindurch E-Mails an Mitarbeiter verschickt, auf die der Empfänger tunlichst reagieren sollte. Sonst heißt es konsterniert am nächsten Morgen:

„Wie, haben Sie denn meine Mail nicht gekriegt? Die war wichtig! Da stand doch ganz klar drin, welche Punkte wir noch ändern müssen. Ich bin natürlich davon ausgegangen, dass Sie längst tätig geworden sind!"

Dass Mitarbeiter nach Ende der Dienstzeit vom Vorgesetzten eine Mail bekommen, aber nicht sogleich öffnen, scheint noch nicht einmal mehr denkbar zu sein. Wer klar zu erkennen gibt, dass er in der Freizeit in Ruhe gelassen werden möchte, muss eine unanfechtbare Position im Hause haben, ansonsten macht er sich verdächtig. Ihm mangelt es doch ganz offenbar an Einsatzfreude, oder? Erfreulicherweise setzen einzelne Unternehmen dieser neuzeitlichen Form der Sklaverei in letzter Zeit immerhin Schranken.

So verbat der Waschmittelkonzern Henkel seinen Mitarbeitern zum Jahresende 2012, zwischen Weihnachten und Neujahr geschäftliche E-Mails zu versenden. Die angeordnete Weihnachtsruhe sollte sicherstellen, dass die Mitarbeiter in dieser Zeit nicht unnötig behelligt wurden. Henkel-Vorstandschef Kasper Rorsted äußerte sich in einem Interview mit der Frankfurter Allgemeinen Sonntagszeitung Ende 2011 kritisch zur E-Mail-Flut:

„Ich schaue samstags morgens noch einmal auf den Blackberry, dann lege ich ihn für den Rest des Wochenendes weg, kümmere mich um die Kinder und lese keine Mails. Zwischen Weihnachten und Neujahr haben wir im Vorstand eine Pause verordnet: Schickt nur im Notfall eine Mail, war die Ansage. Das gilt für alle Mitarbeiter. Nur weil sich irgendjemand irgendwo langweilt und Aktivität zeigen will, muss ich keine Mails lesen. Das ist auch eine Frage des fehlenden Respekts, womit man Leute behelligt." (Meck, G., 2011)

Solange nicht klammheimlich beabsichtigt war, dass die pflichteifrigen Beschäftigten die Korrespondenz auf ihre privaten Smartphones und Rechner verlagern, kann man nur applaudieren – Super! – und auf eine entsprechende Einsicht der Arbeitnehmer in Hinblick auf ihre Weiterbildung hoffen.

Auch der Volkswagen-Konzern macht sich dafür stark, dass seine Mitarbeiter in der Freizeit tatsächlich abschalten. Dem Unternehmen ist es wichtig, dass die E-Mail-Funktion bei den Firmen-Blackberrys künftig nach Feierabend abgeschaltet wird und erst morgens 30 Minuten vor Arbeitsbeginn wieder offen steht, berichtet unter anderem die Financial Times Deutschland am 23.12.2011. Handy-Ruhe, E-Mail-Pausen sind Schritte in die richtige Richtung, sofern sie nicht

6 Total Workforce Management

dazu führen, dass der Druck während der Normal-Arbeitszeit deutlich erhöht wird.

„Weiterbildung darf nicht aus dem Füllhorn kommen."

Aber natürlich bringen sinnvolle Maßnahmen wie diese allein noch nicht den Durchbruch. Der Leistungsdruck, der auf Mitarbeitern lastet, ist enorm. Er wird noch verstärkt, wenn eine Weiterbildung ansteht. Grundsätzlich muss man klären, wie man den Mitarbeitern zumindest mehr *Zeit* dafür freischaufeln kann.

Spontan lautet die Antwort: mit einer effektiven und effizienten Organisation der Arbeitsaufgaben. Zum einen könnte man konsequent alle unnötigen Belastungen ausschalten. Mails nach Feierabend zum Beispiel. Bestimmte Aufgaben lassen sich auch an Externe outsourcen. Arbeit muss stringent organisiert sein. In dieser Hinsicht gibt es immer wieder konkreten Handlungsbedarf.

Zum anderen sollte man zunächst einmal sorgfältig prüfen, wen man wie qualifizieren möchte. Denn Weiterbildung für alle ist nicht nur zu teuer, sie macht auch keinen Sinn.

Weiterbildungsangebote sollten sich gezielt zunächst an Mitarbeiter in Schlüsselpositionen ausrichten. Folglich ist es zunächst einmal geboten, diejenigen im Unternehmen zu identifizieren, die solche Stellen besetzen. Im zweiten Schritt stellt sich dann die Frage, wie man diese Kräfte für die Studiendauer entlasten könnte, möglichst ohne gleich Neueinstellungen vornehmen zu müssen.

„Wir brauchen einen neuen Führungsstil und berufliche Perspektiven."

Der dritte Schritt ist der entscheidende. Wer als Vorgesetzter einen Mitarbeiter in Weiterbildung hat, sollte dieser Tatsache mit seinem Führungsverhalten Rechnung tragen. Eine Führungskraft muss einfach akzeptieren, dass dieser Mitarbeiter vorübergehend höher belastet ist. Das erfordert zwar Rücksichtnahme, aber immerhin ist der zeitliche Rahmen ja klar vorgezeichnet. Die Anforderung an den Vorgesetzten ist also keineswegs unzumutbar.

Überwiegend selbst verantwortete und geleistete Weiterbildung verlangt eine neue Art der Führung. In solchen Fällen müssen Vorgesetzte besonders guten Kontakt zu ihren Mitarbeitern haben. Sie müssen jederzeit wissen, wie stark der Einzelne im Augenblick belastet ist, damit sie ihn nicht überfordern. Wenn das Weiterbildungsangebot sich vor allem an Mitarbeiter in Schlüsselpositionen ausrichtet, dann wird es selbstverständlich werden, diese Mitarbeiter auch anders zu führen.

Sowohl im Weiterbildungsangebot als auch in diesem neuen Führungsstil kann ein besonderer Anreiz für Mitarbeiter liegen, sich für eine dieser Key Positions zu qualifizieren.

Davon kann das Unternehmen nur profitieren. Eine Organisationsform, die das Überleben der Firma sichert, wird eher ad personam geführt. Man baut das Unternehmen um die Personen herum auf, mit denen man sein Geschäftsmodell realisieren will. Bei dem eher theoretischen Gegenbeispiel, der ad rem geführten Organisation, stehen die Prozesse (die Sache) im Vordergrund.

Um Mitarbeiter zu motivieren, sich höheren Anforderungen zu stellen und ihre eigenen Arbeitsmarktaussichten darüber zu optimieren, muss man ihnen Perspektiven eröffnen. Dieses Ziel lässt sich mit Total Workforce Management besser erreichen als ohne dieses Instrument. Schließlich weiß ein Unternehmen dank der qualitativen Personalplanung, welche Positionen in zwei, drei, vier Jahren zu besetzen sind – und welche Fähigkeiten und Kompetenzen die Anwärter mitbringen sollten.

„Qualifikation in Schlüsselpositionen ist von zentralem Interesse."

Ein Wort noch zur Finanzierung der Weiterbildung. Man wird nicht umhinkommen, für Schlüsselpositionen ein zentrales Budget für alle Unternehmensbereiche einzurichten. Ansonsten würde bei wirtschaftlichen Engpässen mit Sicherheit zum Rotstift gegriffen werden.

6 Total Workforce Management

7 Neu lernen oder Neues lernen?

Warum es sich nicht lohnt, noch einmal ganz
von vorne beginnen zu wollen

Thesen

1. Von der Idee, einen Arbeitsplatz zu „besitzen", sollten wir uns schnell und endgültig verabschieden.
2. Erfahrungswissen muss einen höheren Stellenwert bekommen, denn es ist ein aus sich selbst heraus wachsender Erfolgsfaktor im Beruf.
3. Wer Karriere macht, bleibt in der Spur.

Es gab einmal ein Dogma, dem viele Menschen blind vertrauten. Es lautete „Je mehr Staat, desto besser für den einzelnen Menschen." Sein Zwilling war das Resultat konträrer politischer Blickrichtung: „Je mehr Staat, desto schlechter für den Einzelnen." Die Lehrsätze wurden bei bildungs-, wirtschafts- und sozialpolitischen Disputen vor allem dann deklariert, wenn den Protagonisten die Geduld mit den gegnerischen Argumenten ausging.

Für Matthias Horx zum Beispiel spiegeln derart apodiktische Ansagen nicht mehr die Realität. So einfach könne man es sich heute keinesfalls machen, meint der renommierte Zukunftsforscher. Das „ideologische Korsett des Links-Rechts-Widerspruchs" müsse gesprengt werden, fordert Horx (Villa Lessing, 2008). Der längst fällige Befreiungsschlag wiederum werde zwangsläufig Auswirkungen auf die Volkswirtschaften, auf Unternehmen und ihre Mitarbeiter haben.

„Arbeitsplätze sind kein Privateigentum."

„Während uns das Industrie-System noch eine Menge Faulheiten und Feigheiten nicht nur erlaubte", schreibt Horx, „sondern geradezu aufdrängte – in Form von lebenslangen Arbeitsplätzen, Milieubindungen, genormten Bildungs- und Berufsbiographien – orientiert sich die Wissensökonomie an Losgröße eins. Dem Individuum." Das Ende der Industriegesellschaft bedeute den Abschied der „alten wirtschaftlichen Automatik."

Ohne Zweifel: Auch ohne den demografischen Wandel wird man sich auf Veränderungen einzustellen haben. Wenn im Zuge der Globalisierung die einfachen Tätigkeiten in der Produktion zunehmend von Arbeitern auf anderen Kontinenten erledigt werden, dann gehen hierzulande Jobs verloren. Ohne regelmäßige technologische Sprünge in der westlichen Welt ist der Stellenabbau im Bereich der Facharbeiter unaufhaltsam. Wer als ungelernte Arbeitskraft noch vor zwei Jahrzehnten einen gering bezahlten, aber sicheren Arbeitsplatz „besaß", der ist inzwischen mit einiger Wahrscheinlichkeit arbeitslos, steckt in der Zeitarbeit oder muss sich auf einen Werkvertrag einlassen. Auch ein anerkannter Abschluss räumt dem Berufseinsteiger heute nicht mehr als eine Schonfrist bis zur nächsten Jobsuche ein.

„Das prägende Merkmal unserer Gesellschaft ist Unsicherheit."

„Ich habe das ganze System so satt", stöhnt Bauleiter Oliver S. „Dieser Einsatz hier in Südbayern steht kurz vor der Abnahme. Wir liegen sehr gut im Plan, alles läuft paletti, aber die Firma will mir trotzdem keinen ordentlichen Vertrag anbieten. Das geht jetzt schon seit vier Jahren so. Ich hangele mich von Projekt zu Projekt und zwischendrin muss ich privatisieren und mir mein Geld von der Arbeitsagentur holen. Ich trete auf der Stelle, wie der Hamster im Rad. Aber der hat im Vergleich zu mir ein Luxusleben."

Nicht wirklich. So schnell der Hamster auch rennt, er kommt nie ans Ziel. Also läuft er bis zur Erschöpfung. Er rennt, frisst und schläft, solange er lebt. Aber Menschen sind keine Hamster. Sie können über ihre Situation nachdenken („Ich komme nicht von der Stelle"), sie können Ursachen erkennen und analysieren („Weil sich das Ding im Kreis dreht"), und sie können aus aussichtslosen Situationen ganz bewusst und zu einem Zeitpunkt ihrer Wahl aussteigen („Jetzt reicht es mir aber!"). Menschen treffen freie, in der Regel von Kosten-Nutzen-Überlegungen geleitete Entscheidungen.

Diese unsere Willens- und Entscheidungskraft ist immer stärker gefordert – privat wie beruflich. Weder aus Partnerschaften noch aus Arbeitsplätzen lassen sich dauerhafte Besitzansprüche ableiten. Zumindest Letzteres ist entscheidend auf die Globalisierung zurückzuführen. Da uns immer noch ein weiterer Niedriglohnanbieter im Nacken sitzt, müssen wir härter, schneller und intelligenter arbeiten als er, um ihn abschütteln zu können und es dem nächsten nicht zu leicht zu machen, den Platz des Vorgängers einzunehmen. Neu ist auch: Dieses „wir" ist nicht nur an die Adresse der Unternehmen gerichtet, sondern auch an die ihrer Beschäftigten.

Die Schlüsseltugend Eigenverantwortung lebt im Labor und in der Kanzlei, an der Kasse im Supermarkt, an der CNC-Maschine, im Cockpit eines Düsenjets und erst recht in den Führungspositionen der Wirtschaft. Sie wird zum wichtigsten Differenzial zwischen wachsenden und stagnierenden Unternehmen, zwischen beruflich erfolgreichen und beruflich verkümmernden Menschen. „Die Globalisierung treibt uns die Treppe der Wertschöpfung hinauf", sprach Matthias Horx eine doppeldeutige Botschaft aus (Villa Lessing, 2008). Sie erhöht die Belastungen der Menschen. Das ist der Preis. Und sie steigert das Ergebnis der wirtschaftlichen Leistung. Das ist der Lohn.

Also stecken wir eben doch im Hamsterrad. Wir sind dazu verdammt, dem Erfolg hinterher zu rennen und ihn trotzdem niemals zu erreichen, weil der nächste Herausforderer schon ein Auge auf uns geworfen hat. Was sich nicht verbessern lässt, wird früher oder später ausgemustert: Produkte, Services, Strukturen, Prozesse, Unternehmensbereiche, Manager, Mitarbeiter. Wir müssen lernen, mit dem Alb auf der Schulter, mit der dauerhaften Bedrohung unserer gegenwärtigen Existenzform zu leben.

Natürlich kann es für den einzelnen Menschen äußerst schmerzhaft sein, wenn sein einst geschützter Bereich implodiert. Für denjenigen aber, der die Zukunftsperspektiven aller Bürger im Blick hat, gehen Grausamkeiten dieser Art in Ordnung. Denn es gibt keine Alternative. Wenn Europa nicht seinen Platz in der globalen Hackordnung behauptet, ihn mit aller Macht und unter höchsten Anstrengungen verteidigt, dann werden andere die komfortable Position erst beanspruchen und dann einnehmen. Die BRIC-Staaten (Brasilien, Russland, Indien, China) legen sich mächtig ins Zeug. Vor allem in Asien wollen die Menschen den Erfolg. Sie wollen ihn unbedingt. Und sie sind zahlreich, jung, gut ausgebildet und ehrgeizig.

Selbst in unserem im weltweiten Vergleich reichen Sozialstaat haben die Bürger keinen automatischen Anspruch auf einen lebenslänglichen und gut bezahlten Job. Jedes Unternehmen in Europa muss tagtäglich seine Daseinsberechtigung auf dem Markt nachweisen. Jeder Mitarbeiter muss belegen, warum gerade er dem Unternehmen dabei von Nutzen ist. Jeden Tag. Dieser permanente Stresstest erzeugt Druck, gelegentlich auch Überdruck, der sich aber nur partiell, bei einzelnen Gruppen und in wirtschaftsschwachen Regionen entlädt. Die Dauerbelastung als solche ist akzeptiert. Ebenso, dass sie anhalten wird.

„Die Akzente verschieben sich."

Zu pessimistisch darf man diese Entwicklung nicht sehen. Zeitgleich mit dem Verlust einfacher Arbeitsplätze entstehen neue und höherwertige Jobs. Die Akzente werden nicht rasiert, sie verschieben sich nur. Parallel zum Arbeitsplatzabbau in einzelnen Branchen öffnen sich anderswo Nischen und neue Chancen, entstehen anspruchsvolle Einsatzmöglichkeiten und aufgewertete Jobs für gut ausgebildete Mitarbeiter. Die Geschichte der Informationstechnologie beispielsweise ist voller verpasster Möglichkeiten *und* voller beeindruckender Erfolge.

Noch vor einigen Jahren hätte kaum jemand erwartet, dass Telefone den Digitalkameras mit Leichtigkeit den Rang ablaufen würden. Heute ist die jeweils neueste Version eines Smartphones die Cashcow ihres Anbieters. Digitale Fotoapparate, mit denen man nicht auch telefonieren kann, sind zum Auslaufmodell geworden. Im Februar 2012 verkündete Kodak denn auch, das Kamerageschäft einzustellen. Die Abwärtsspirale des Digitalkamerapioniers zeigt, wie fatal es sein kann, die Erwartungen und Ansprüche der Kunden nicht zu erfüllen und auf diese Weise einen Trend zu verschlafen, der sich als lukrativ und zudem robust erweist. Die Drogeriemarktkette Schlecker musste die gleichen Erfahrungen verbuchen.

Für Mitarbeiter gilt die gleiche Prämisse: Wenn das, was sie anbieten oder wie sie es anbieten, niemanden mehr begeistert, wird es eng. „Die Wissensgesellschaft erfordert (...) vom Individuum neue und komplexe Sozialtechniken. Die Fähigkeit zur *Selfness* (Hervorhebung d. Verf.), zur bewussten Veränderung und Weiterentwicklung der eigenen Fähigkeiten, rückt in den Vordergrund", formuliert Matthias Horx in der Villa Lessing (2008).

Dieser Appell lässt sich von der politischen auf die realwirtschaftliche Bühne übertragen. Auch hier geht es um die Frage, wer für den Erhalt und den Ausbau der Employability des Mitarbeiters in der Pflicht ist. Weiter oben habe ich dazu bereits Stellung bezogen: in erster Linie der Mitarbeiter selbst. Er muss das vielerorts postulierte notwendige Lifelong Learning in die Tat umsetzen. Durch die Übernahme von Eigenverantwortung. Dieser These und der Frage, ob und wann welche Weiterbildung für einen Älteren überhaupt Sinn macht, will ich nun nachgehen.

„Eine Garantie auf Karriere steht nicht im Arbeitsvertrag. "

In Großbritannien begann die Auseinandersetzung mit der Employability schon in den 90er Jahren des letzten Jahrhunderts, und sie betraf zunächst die akademische Welt. Das National Committee of Inquiry into Higher Education – das sogenannte Dearing Committee – bekam die Aufgabe, den Praxisbezug der studentischen Ausbildung zu untersuchen. Darüber hinaus sollte es ein Gesamtbildungskonzept erarbeiten, „im Sinne personaler Profilierung von Kenntnissen, Fertigkeiten und Fähigkeiten, die über das Studium hinaus im gesamten Berufsleben immer wieder zum Tragen kommt und aktualisiert werden muss". (Richter, R. 2004)

Inzwischen ist die Diskussion europaweit und in allen Wirtschaftsbereichen angekommen. Für die Beschäftigten in den Unternehmen geht es vordringlich und ganz konkret darum, im Erwerbssystem zu bleiben. Um dieses Ziel zu erreichen, muss es ihnen gelingen, das Interesse ihres Arbeitgebers an der Fortsetzung des Arbeitsverhältnisses mit ihnen dauerhaft zu erhalten.

Employability im Sinne des Dearing Committee bedeutet, dass man

- sich immer wieder um den eigenen Job bewerben können muss – und gute Aussichten hätte, das Rennen zu machen,
- seine Kompetenzen in der momentanen Position beständig weiterentwickelt,
- konstant Leistungen von gleichbleibender oder, besser noch, steigender Qualität bringt und
- sich dafür qualifiziert, eine höher bewertete Beschäftigung übernehmen zu können.

„Jeder Job wird zur Disposition gestellt – durchaus von beiden Seiten. "

Kein Unternehmen kann heute noch seinen Mitarbeitern zusichern, sie über die nächste Dekade hinaus, geschweige denn bis zum Rentenalter zu beschäftigen. Für die High Performer, die man keinesfalls verlieren möchte, setzt man sich besonders ein; ihnen macht man nach Möglichkeit attraktive Bleibe-Angebote. Von den Low Performern trennt man sich so schnell wie möglich. Das ist ein ganz normaler Vorgang, der in aller Offenheit betrieben wird. In Europa ist der gelegentliche Wechsel des Arbeitgebers an der Tagesordnung, wobei durchaus beide Seiten die Trennung aktiv betreiben können.

Ob die Kräfte, mit denen das Unternehmen seine Zukunft plant, ihm überhaupt noch weiterhin zur Verfügung stehen, zeigt sich bei der nächsten Gehaltsverhandlung. Dann kommen die Konditionen auf den Tisch, dann werden Gebote gemacht und angenommen – oder eben nicht. Kaum ein Beschäftigter sieht sich heute noch in der Pflicht, seinem aktuellen Arbeitgeber ewige Treue zu halten. Wenn der Job keine Freude mehr macht, wenn sich keine Zufriedenheit mehr einstellt, wenn der Frust überwiegt, dann sieht man sich nach Alternativen um. Die Kündigung eines Mitarbeiters trifft den Arbeitgeber häufig unverhofft. Doch daran ist das Unternehmen in der Regel nicht schuldlos.

„Irgendwas muss ich übersehen haben", klagt Katja M. nach dem dritten vergeblichen Versuch, den Sprung aus dem Talentpool des Unternehmens zu schaffen und auf einer attraktiven Führungsposition zu landen. „Das Nachfolgemanagement ist mir ein Rätsel. Ich hänge seit vier Jahren in der Warteschleife und muss mir Durchhalteparolen anhören", schimpft die 32-Jährige. „Als ich antrat, hat man angeblich viel Potential in mir gesehen. Meine bisherigen Bewertungen waren exzellent, aber die wirklich interessanten Stellen, die bekommen immer andere. Also, wenn ich nicht bald die Chance bekomme, das, was ich gelernt habe, auch anzubringen, dann bin ich weg." Viel Geduld haben die Talente nicht mehr mit den Talentverwendern.

Fach- und Führungskräfte kündigen aus den unterschiedlichsten Gründen. Eine Befragung der NewPlacement AG in Zusammenarbeit mit der Freien Universität Berlin aus dem Jahr 2009 fasst die auslösenden Faktoren in sechs Gruppen zusammen:

- Anreizbedingte Kündigungsgründe: vor allem zu wenig Geld (42 Prozent), keine guten Entwicklungsmöglichkeiten (25 Prozent), zu wenig Aufstiegsmöglichkeiten (22 Prozent)
- Persönliche Gründe
- Mangel an Zufriedenheit und Zugehörigkeit
- Reorganisationsbedingte Kündigungsgründe: vor allem wegen Mangel an Perspektive (41,7 Prozent) oder auf Grund von Jobunsicherheit nach Umstrukturierung (37,5 Prozent)

- Allgemeine Veränderungswünsche
- Jobbedingte Kündigungsgründe: vor allem wegen Mangel an eigener (!) Kompetenz.

„Nach Einschätzung der Befragten stehen hinter den kommunizierten Gründen in vielen Fällen eine geringe Zufriedenheit, Konflikte mit Vorgesetzten und ein als schlecht empfundenes Betriebsklima", heißt es in der Auswertung der Studie. Unternehmen wiederum kündigten Fach- und Führungskräften am häufigsten „wegen Leistungsmängeln und Nichteignung, wegen Führungsproblemen und sozialen Defiziten (unzureichende Schlüsselqualifikationen, Konflikte, Veränderungsresistenz, mangelnde Teamfähigkeit) sowie aus Gründen der Reorganisation und des Personalabbaus". (NewPlacement AG/Freie Universität Berlin, 2009)

Mitarbeiterbindung (Retention Management) gehört dann auch zu den wichtigsten Maßnahmen, mit denen man sich in den Unternehmen auf den demografischen Wandel einstellt. „Wenn sich die Personalmanager festlegen müssen, welche einzelne Aufgabe sie in den kommenden drei Jahren am stärksten beschäftigen wird, nennen die meisten Employer Branding, gefolgt von Retention Management, einer effizienten Organisation der Personalarbeit und der strategischen Integration des Personalmanagements in das Unternehmen", heißt es in der Auswertung einer Studie der Deutschen Gesellschaft für Personalführung e.V. (2011a) zu den wichtigsten HR-Trends.

„Mit einer überzeugenden Employer Value Proposition fischen Unternehmen nach Talenten."

Alle drei Top-Themen sind keine Neuerscheinungen, doch diese Tatsache macht sie nicht weniger brisant. Zudem stehen die Aufgaben in einem engen Zusammenhang. Die Gestaltung und Verankerung der Arbeitgebermarke als Teil des Employer Branding ist eine personalstrategische Herausforderung erster Güte. Auf dem Marktplatz der Talente will ein Unternehmen mit seinen Stärken punkten, um exakt die richtige Zielgruppe anzusprechen. Mit einer positiv auffallenden Employer Value Proposition (EVP) wirbt es um die gesuchten Bewerber.

Der attraktive und ausbaufähige Arbeitsplatz, den das rekrutierende Unternehmen in Aussicht stellt, ist gedacht als eine Gegenleistung für den Einsatz, den es vom internen oder externen Bewerber erwartet.

Aus Sicht des Bewerbers lautet die Vereinbarung:

- „Ich biete Leistung und erwarte dafür eine angemessene Vergütung, Jobsicherheit, eine ausgeglichene Work-Life-Balance und Aufstiegsmöglichkeiten."

Aus Sicht des Unternehmens lautet sie:

- „Wir erwarten Leistungsbereitschaft, Engagement sowie hohe fachliche, methodische, soziale und personale Kompetenzen und bieten dafür einen attraktiven und ausbaufähigen Arbeitsplatz."

Ein solcher Deal beruht auf Gegenseitigkeit und ist auf die lange Frist ausgerichtet. Das sehen Arbeitnehmer nicht mehr so. Bei einem noch besseren Angebot wird die Vereinbarung beendet. Moralisch vorzuwerfen ist das den Beschäftigten nicht. Damit antworten die Beschäftigten auf die Shareholder-Value-indizierten Veränderungen in der Arbeitswelt der 80-er und 90-er Jahre, als Restrukturierungen und Reorganisationen von Lay-offs in großem Stil begleitet wurden und den Einfluss der Lohnabhängigen massiv beschnitten.

Selbst in Japan ist es heute nicht mehr undenkbar, den Arbeitgeber zu wechseln. Das ist ein bemerkenswerter Bruch mit der Vergangenheit, gehörte doch bis vor wenigen Jahren die Tradition einer lebenslangen Beschäftigung bei ein und demselben Unternehmen zur kulturellen Identität. Mittlerweile bröckelt der Konsens. Die Unternehmensberatung Roland Berger Strategy Consultants kommt in einer Studie zu dem Ergebnis, dass die bisherige Beschäftigungsgarantie Aufweichungserscheinungen zeige, wodurch sich der Spielraum der Unternehmen, Personal auch zu entlassen, etwas erweitert habe. (Vaubel, D., Herbes, C. et. al, 2009)

Der Studie zufolge stellen mittlerweile auch japanische Firmen mehr *Mid-Career-Hires* ein, also Kandidaten mit Berufserfahrung. Allerdings hätten weniger als zehn Prozent der japanischen Angestellten überhaupt Interesse an einem Stellenwechsel. Obwohl der Trend klar dorthin weise, sei „ein Ende der gegenseitigen Erwartungshaltung hinsichtlich lebenslanger Beschäftigung (…) nicht zu erkennen".

„Eine dauerhafte Beschäftigungsgarantie gibt es nicht."

Ein kodifizierter Anspruch auf eine Beschäftigung bis zur Rente beim selben Arbeitgeber wurde in Europa weder jemals gestellt noch gewährt. Unausgesprochen aber gingen viele Arbeitnehmer genau davon aus. Insbesondere die Leistungsträger hatten stets die feste

Vorstellung, Karriere „vor Ort" machen zu können, sofern sie sich nicht bei groben Fehlern ertappen ließen – oder das Haus selber etwa im Zuge einer Fusion seines Führungspersonals verlustig ging. Wenn Fachpersonal und Manager wechselten, dann in der Regel freiwillig und mit der begründeten Hoffnung, ihren Aufstieg andernorts beschleunigt fortsetzen zu können.

Heute kann kein Unternehmen hierzulande mehr verbindlich zusagen, die momentane Beschäftigungssituation eines Mitarbeiters in den nächsten fünf Jahren nachhaltig und positiv zu verändern. Der alte Sinnspruch „Der Erfolg gehört dem Tüchtigen" hat nur noch einen sehr begrenzten Gültigkeitsbereich. Denn was soll selbst die dauerhafte Höchstleistung einer kompletten Belegschaft ausrichten, wenn in der außereuropäischen Zentrale des Unternehmens der Beschluss gefasst wird, den deutschen Standort zu schließen?

„Vorübergehender Tunnelblick fördert die Karriere."

Es lässt sich wirklich nicht bestreiten, dass die Aussichten für den persönlichen Aufstieg heutzutage ungeheuer unsicher sind. Dennoch steht bei vielen Mitarbeitern die Karriere als feste Größe auf dem Masterplan für ihre berufliche Zukunft. Der Lehrling hat die Erwartung, die Ausbildung zum Gesellen und vielleicht sogar zum Meister zu schaffen. Der Praktikant sieht sich als zukünftiger Projektleiter.

Manager sind von Haus aus erfolgsorientiert. Diese Disposition gehört zu den Einstellungsvoraussetzungen, und sie ist auch notwendig, um überhaupt Führungsaufgaben auftragsgemäß und zufriedenstellend erledigen zu können. Ein gewisser Tunnelblick zum Ziel hin – den avisierten Erfolg eben – ist zumindest in bestimmten Situationen und für begrenzte Zeit notwendig, um die Aufgabe zu meistern. Es macht keinen Sinn, sich hauptsächlich mit den Hindernissen zu befassen, die sich mit hoher Wahrscheinlichkeit auftürmen werden. Wer nur Probleme sieht, hat kein Auge frei für Lösungen.

In bestimmten Phasen hat der Wettstreit der Aspiranten um eine bessere Position im eigenen oder einem anderen Unternehmen durchaus Ähnlichkeiten mit einem Tennisturnier in Wimbledon: Entscheidend sind die Big Points. Nur wer die macht, gewinnt. Wenn man die Chance zum Breakball hat, sollte man sie nutzen, sonst sammelt der Gegner am Ende doch noch die Siegesprämie ein.

Um beim Turnier auf dem britischen Rasenplatz antreten zu dürfen, muss man über Talent, Ausdauer und ein unerschütterlich starkes

Ego verfügen. Vor allem aber muss man kontinuierlich besser werden. Schon als Kind kämpft der angehende Tennis-Crack um den Pokal in den Bezirksmeisterschaften, und von da aus hangelt er sich weiter vor. Dass manche Erfolge nur gelingen, weil der Gegner unerwartete Schwächen zeigt, tut der Siegesfreude keinen Abbruch. Erfolgreiche Laufbahnen im Tennisbusiness gleichen denen auf anderen Feldern. Auch die berufliche Karriere fordert Begabung, einen nachhaltigen Leistungswillen, permanenten Kompetenzauf- und -ausbau.

Doch allein das genügt auch noch nicht, um jahrelang, wünschenswerterweise jahrzehntelang auf Top-Ebene arbeiten zu können. Hinzu kommen muss die Kunst, mit Widersprüchen umgehen und sie dauerhaft ertragen zu können und sich dennoch nicht von dem eigenen, als richtig erkannten Weg abbringen zu lassen. So verwerflich der berühmte „Tunnelblick" an anderer Stelle sein mag, so angebracht ist er in Positionen auf höherer Leitungsebene: „Mir ist die Durchsetzung dieses oder jenes so wichtig, dass ich alles andere im Augenblick ausblende" – selbst wenn dieses Denken und entsprechendes Verhalten im Leadership-Kreis kritisiert wird. Immerhin geht es um nicht weniger als Selbstachtung, die eine Grundvoraussetzung für jede erfolgreiche Karriere ist.

Wenn sich dazu ein Quäntchen Glück gesellt – die richtige Hochschule, die richtigen Kontakte –, dann ist der Himmel offen.

„Wer Karriere macht, bleibt in der Spur."

Dazu wechselt man zwar gerne und gerne auch wiederholt den Arbeitgeber. Grundsätzliche Kurswechsel aber sind in der Regel nicht vorgesehen. Wer Karriere macht, bleibt in der Spur. Mit jeder weiteren Stufe auf der Leiter bekommt er nur *mehr* Mitarbeiter und *mehr* Verantwortung, selten aber andere Mitarbeiter und die Verantwortung für ein völlig neues Aufgabengebiet. Ein sachlich unbegründeter (nicht etwa gesundheitsbedingt erzwungener) Richtungswechsel droht unnötig Kräfte zu verschleißen. Dass der Forstwirt zum Physiker wird oder der IT-Spezialist auf den Vertrieb umsattelt, ist der Ausnahmefall.

Genau den hat Sven Carl P. im Visier, 42 Jahre alt und Verkäufer logistischer Dienstleistungen. Der staatlich geprüfte Betriebswirt hat seinen Abschluss an einer Fachakademie für Wirtschaft gemacht, und dort auch die Fachhochschulreife erworben. Bislang verlief der Aufstieg in der internationalen Speditionsagentur erwartungsgemäß, doch mit der momentanen Position scheint er seine Grenze erreicht zu haben. Weder im eigenen Unternehmen noch extern hatten seine Bewerbungen um die Position eines Niederlassungsleiters Erfolg. „Ich komme nicht weiter", ärgert sich Sven Carl P. „Nur ein einziges Mal habe ich es überhaupt bis in die Vorstellungsrunde geschafft." Lange überlegte er, wie es weitergehen solle. Zum Schluss kam er zu dem Ergebnis, besser etwas ganz anderes zu machen. „Ein guter Freund von mir ist Personaler", sagt der Betriebswirt. „Er hat mich auf die Idee gebracht, auf das Personalwesen umzusteigen. Dort würden Leute gesucht, die auch etwas von wirtschaftlichen Themen verstünden, und Quereinsteiger sähe man nicht ungern." Deshalb trägt sich Sven Carl P. jetzt mit dem Gedanken, den Betriebswirt mit Schwerpunkt HR zu absolvieren.

„Wer sich auf neues Land wagt, lebt gefährlich."

Ein Präsenzstudium kann er allerdings nicht finanzieren, er braucht sein monatliches Einkommen. Doch ein berufsbegleitendes Studium hält er für realisierbar – sofern es ihm gelingt, seinen Arbeitgeber mit ins Boot zu holen. Das indes stellt sich als äußerst schwierig heraus.

Der Logistiker stößt mit seinem Plan auf wenig Verständnis und noch weniger Hilfsbereitschaft. „Sie wollen noch einmal ganz neu anfangen?", fragt der Vorgesetzte mit hörbarem Erstaunen. „In Ihrem Alter? Echt? Sie sind doch schon über vierzig, oder? Also, selbst wenn Sie die Ausbildung hinkriegen, wie soll es denn dann weitergehen? Glauben Sie wirklich, dann eine ganz neue Karriere starten zu können? Was macht Sie eigentlich so sicher, dass Sie überhaupt eine Stelle im Personalbereich finden werden? Hier im Haus gibt es auf absehbare Zeit jedenfalls keinen Bedarf."

Sven Carl P. hatte anders lautende Informationen aus der Zentrale, wollte aber nicht damit vorpreschen, denn die nächsten Sätze des Chefs machten ihn neugierig: „Warum krönen Sie nicht Ihre bisherige Ausbildung mit einem Sahnehäubchen? Machen Sie sich doch schlau in Sachen Kostenmanagement! Oder bringen Sie Ihre IT-Kenntnisse auf Vordermann. Dabei würden wir Ihnen wahrscheinlich auch entgegen kommen können. Aber für einen völligen Neuanfang sehe ich diese Möglichkeit beim besten Willen nicht."

Das war zwar keine Zusage, aber immerhin auch keine klare Abfuhr, fand der Betriebswirt, und auf dem schmalen Grat dazwischen ließ sich womöglich aufbauen. Immerhin zeigte man sich im Unternehmen bereit, eventuell in seine Weiterbildung zu investieren. Dann musste er die Hoffnung, noch einen weiteren Karriereschritt zu schaffen, vielleicht doch noch nicht begraben. Trotz insgesamt zwar ziemlich vieler Unwägbarkeiten beschloss er, die versprochenen Weiterbildungsangebote genau zu prüfen. Parallel dazu wollte er sich selbst weiter informieren.

„Weiterbildung sollte auf den Erfahrungen des Mitarbeiters aufbauen."

Unternehmen tun sich in der Regel keinen Gefallen, wenn sie dem älteren Mitarbeiter Hilfestellung dabei leisten, sich grundsätzlich beruflich umzuorientieren. Aus Sicht eines Controllers wäre ein solcher Schritt mit Sicherheit kostenintensiv und hoch riskant, denn nach dem Neustart fängt der Mitarbeiter in weiten Bereichen seiner Tätigkeit wieder bei Null an. Es wird ihm über längere Zeit an Routine und Erfahrung mangeln.

Auch als Mitarbeiter sollte man sich kritisch fragen, ob sich der persönliche Einsatz von Zeit und Geld für die Weiter- oder Zusatzausbildung weitab vom bisherigen Berufsweg überhaupt jemals amortisieren kann. Erfahrungsgemäß muss jemand, der etwas ganz Neues lernt, anschließend Abstriche beim Einkommen hinnehmen. Eine solche Rückstufung ist kein unbilliges Verhalten des Arbeitgebers, sondern nachvollziehbar und Ausdruck kaufmännischer Vorsicht.

Der amerikanische Sachbuchautor Malcolm Gladwell sieht Erfahrung als Erfolgsfaktor Nummer Eins. Menschen, die auf einem Gebiet besonders erfolgreich sind, haben nach Gladwells Recherchen mindestens 10.000 Stunden für die Ausbildung oder das Einüben dieser Tätigkeit investiert. (Gladwell, M., 2009)

Ob man dieser Zahl nur Symbolwert attestiert oder mehr, ist nebensächlich. Der Zeitfaktor spielt in der Tat eine wichtige Rolle. Nach einem langen Vorlauf als Älterer komplett die Richtung zu wechseln, wäre ein Wagnis, dass sich der Mitarbeiter selbst dann gut überlegen sollte, wenn es kein Problem für ihn wäre, die zweite Ausbildung allein zu finanzieren. Wenn der persönliche Einsatz bei dieser Art Karrierepoker nämlich nicht zu den begehrten besseren Stellenangeboten führt, war er vergeblich. Dann hat man das Spiel verloren.

„Erfahrungswissen ist ein zentraler Erfolgsfaktor."

Das Risiko eines Misserfolgs ist in der Tat hoch. Mit dem Gehalt honoriert ein Unternehmen ja nicht nur das fachspezifische Anwendungswissen und die Methodenkenntnisse des Beschäftigten. Es entlohnt das gesamte Bündel an Qualifikationen, Leistungen und Potential des Mitarbeiters. Und dazu gehört insbesondere auch das Erfahrungswissen. Dessen Bedeutung kann gar nicht hoch genug angesetzt werden.

Forscher an den beiden Fraunhofer Instituten IPK und IFF in Magdeburg untersuchten 2008 im Rahmen ihres Projekts „ProWis" die für kleine und mittlere Unternehmen (KMU) relevanten Wissensdomänen. Ihr Ziel war es, solche Aktivitäten zu definieren, mit denen sich Wissensmanagement gestalten und optimieren lässt, um das für ein Unternehmen überlebenswichtige Know-how zu bewahren.

In der Auswertung der Studie wird unter anderen auf folgende Ergebnisse hingewiesen:

- „Das Wissen über das externe Umfeld gewinnt zunehmend an Bedeutung für KMU. Insbesondere das Wissen über Kunden, Märkte und Wettbewerber tritt in den Vordergrund (...).

- Das Wissen über die eigenen Produkte und Leistungen des Unternehmens sowie das Fach- und Methodenwissen der Mitarbeiter sind die zentralen „internen" Wissensinhalte.

- Erfahrungswissen ist ein zentraler Erfolgsfaktor für die Bewältigung der täglichen Arbeitsaufgaben. Drei Viertel der Befragten schätzen den hierfür benötigten Anteil an Erfahrungswissen auf mehr als 60 Prozent ein." (Orth, R., Finke, I. et al., 2008)

Interessanterweise scheint langjährige Erfahrung selbst in einer Branche als besonders wertvoll gewürdigt zu werden, in der das Wissen bislang unter besonders kurzen Verfallszeiten zu leiden schien: in der Informationstechnologie.

Udo Nadolski, Geschäftsführer des auf Technical Recruitment und Outsourcing Services spezialisierten Beratungshauses Harvey Nash in Düsseldorf, erklärt: „Uns war natürlich trotz des Internethypes klar, dass sich die Datenverarbeitung auf absehbare Zeit auf altbewährte Systeme abstützen wird. Wir haben deshalb frühzeitig angefangen, eine spezielle Gruppe von Seniorberatern und Managern aufzubauen, die eigentlich nichts anderes gemacht haben, als sich auf den alten Technologien weiterzubilden und auf dem neusten Stand der Technik zu sein. Und mit diesem Konzept sind wir bis zum heutigen Tage sehr erfolgreich." (Sohn, G., 2012)

„Fach- und Methodenwissen braucht regelmäßige Upgrades."

Um in den Personalbereich wechseln zu können, müsste sich der Logistik-Betriebswirt Sven Carl P. gänzlich neues Wissen aneignen. Das kostet Zeit – Zeit, die ihm fehlt, um sein bisher erworbenes Fachwissen à jour zu halten. Bleibt er während der Weiterbildung in seinem ursprünglichen Arbeitsbereich tätig, dann verliert er nach und nach an Wert für seinen Arbeitgeber. Grundsätzlich wird sich das Dienstleistungs-Portfolio der Spedition zwar in den nächsten Jahren nicht ändern. Doch in vielen Detailbereichen stehen Entwicklungen an, in deren im Kontext gesammeltes Know-how besonders schnell Aktualität einbüßt:

• Der Markt wird höhere Anforderungen stellen.

• Es werden neue Wettbewerber auftauchen.

• Bei den Kunden und Lieferanten wird es andere Ansprechpartner geben.

• Die internen Prozesse könnten sich ändern.

• Neue Methodenkenntnisse könnten erforderlich werden.

• Und mit hoher Wahrscheinlichkeit wird es zu neuen Gesetzen, Verordnungen oder zumindest neuen Normen kommen.

Ein Sven Carl P. wohlgesonnener Kollege warnt dann auch vor einem kompletten Richtungswechsel: „Machst du dir eigentlich klar, was für ein Risiko du eingehst? Es sieht ja wohl nicht danach aus, dass das Unternehmen dich für einen Teil der Arbeitszeit freistellen würde. Wenn du die Weiterbildung zum Personaler in Eigenregie unternimmst und das Ganze zusätzlich zum Job durchziehst, was ich mir im Übrigen ziemlich schwer vorstelle, dann bist du in spätestens sechs Monaten in wichtigen Fragen nicht mehr auf dem Laufenden. Denk doch mal an den Kollegen F. Glaubst du im Ernst, dass der Dir noch irgendwelche Informationen zukommen lässt? Der sieht Dich im Geiste doch schon auf einer anderen Baustelle. Mach Dir bitte klar: Du bist dabei, die Fronten zu wechseln. Wenn du den Abschluss hast, bist du einer von den anderen, von den Managern, die ihm das Leben schwer machen können mit ihren Maßnahmen und ihren Ideen. Willst du dich wirklich freiwillig zwischen alle Stühle setzen? Das würde ich mir noch mal sehr gut überlegen."

„Besser als ein kompletter Wechsel ist die aufbauende Weiterbildung."

Der Rat des Freundes klingt vernünftig. Nach dem Wechsel von der Logistik in den Personalbereich wären die Kunden nicht mehr die von früher. Ab sofort wären dann die Kollegen die internen Kunden und die Geschäftsleitung der wichtigste Ansprechpartner, dessen Vertrauen und Wertschätzung sich Sven Carl P. erst noch erarbeiten müsste. Eine Weiterbildung in einem ganz neuen Beruf sollte daher zumindest hohe Praxisanteile haben, auf denen sich aufbauen lässt. Im eigenen und auch im Interesse des Unternehmens. Besser wäre es in jedem Fall, auf schon vorhandenen Kenntnissen aufzubauen und dieses Wissen in der Spitze zu vertiefen.

Wäre der Betriebswirt ein Mitarbeiter von IBM, dann würde der Freund seine Warnung vermutlich noch viel dramatischer formulieren. Etwa so: „Glaubst du wirklich, du hättest noch so viel Zeit? Bis du die ersten Früchte ernten kannst, ist HR bei uns doch längst eingemottet. Dann haben die letzten Personalexperten ihre Dateien mit den letzten HR-Outsourcing-Projekten abgespeichert, dann hat niemand mehr einen festen Arbeitsvertrag, und die Niederlassungen haben dichtgemacht. Du solltest dir besser irgendein tolles IT-Zertifikat zulegen, mit dem du dich dann noch von deinen Konkurrenten in Korea oder Afrika abheben kannst."

„Auch auf der Wolke ist die Freiheit kein bisschen grenzenlos."

Im Februar 2012 beschreiben zwei Spiegelautoren ein Szenario, das aus einem Science-Fiction-Film hätte stammen können: „Der Software-Konzern IBM plant eine Radikalreform seiner Belegschaft. (...) Kleine Kernmannschaften dirigieren ein Heer freier Mitarbeiter – weltweit." Mithilfe des geheimnisvollen Programms „Liquid" wolle sich IBM „weltweit eine flexiblere Organisation geben". Die angeblich vertrauliche Präsentation, aus der die Autoren zitieren, breche mit fast allen bislang geltenden Regeln auf dem Arbeitsmarkt mit dem Ziel, „schneller, effizienter und vor allem profitabler zu sein als Wettbewerber" (Dettmer, M., Dohmen, F., 2012).

Das Stichwort heißt „Cloud Working", setzt auf den Charme des Cloud Computing und hat das Zeug, den Arbeitsmarkt zu revolutionieren. Fachkräfte (aus aller Welt) sollen ihre Leistungen auf einer Plattform im Internet, genannt „Wolke", anbieten. Firmen (aus aller Welt) hätten Zugriff. Die Arbeitsplätze würden komplett aus dem

Unternehmen ausgelagert, und die Arbeitsverträge wären „globalisiert". Von der deutschen Arbeitsgesetzgebung bliebe wenig übrig. Nationale Tarifverträge würden ihre Gültigkeit verlieren.

Das IBM-Modell ist momentan kaum mehr als ein Planspiel. Doch die Situation auf dem Arbeitsmarkt ist auch ohne das beunruhigend undurchsichtig – und zwiespältig. Viele Konzerne bauen erst Stellen im vierstelligen Bereich ab und schreiben sie anschließend konzernweit zur Neubesetzung aus. Da dreht sich dann munter das Postenkarussell, da bewirbt sich der zweite Mann in Singapur um einen vergleichbaren Posten in Frankfurt – und umgekehrt. Zahlreiche Bewerber fallen dabei durch das Raster. Die Selektion wird billigend in Kauf genommen, denn das Manöver bezweckt neben einer optimalen Besetzung wichtiger Posten vor allem die Reduzierung der Personalkosten und größtmögliche Flexibilität.

Auf der anderen Seite wird immer wieder der drohende Fachkräftemangel beklagt, durchaus von denselben Akteuren. Per Saldo schwebt eine Fachkraft ganz konkret in Gefahr, ihre Stelle zu verlieren, obgleich ihr Arbeitgeber Sorge hat, just diesen Posten wieder adäquat neu besetzen zu können.

„Die Anforderungen in den Unternehmen werden immer spezifischer."

Einzelne Branchen und Funktionsbereiche sind von Besetzungsproblemen härter betroffen als andere. So hätten sich wissensintensive Unternehmen bereits darauf eingestellt, heißt es in einer Studie, die im Auftrag des Bundesministeriums für Bildung und Forschung 2008 erarbeitet und vom BIBB – Bundesinstitut für Berufsbildung begleitet wurde, „dass es mittel- und langfristig nicht genügend Fachkräfte gibt, die ihren immer höher werdenden, oft sehr spezifischen Anforderungen entsprechen". (Jasper, G., Horn, J. et al, 2008)

Eingestellt würden daher bevorzugt Bewerber, denen man genügend Potential für die Bewältigung künftiger Herausforderungen zutraut, das dann mit internen Personalentwicklungsmaßnahmen erschlossen werden solle. Neben Spezialisten seien verstärkt „Fachkräfte mit Querschnittswissen gefragt, die sich auf einem Gebiet hervorragend auskennen und auf anderen zumindest in der Lage seien, Altes infrage zu stellen. Um dies leisten zu können, müsse sich zum Beispiel ein Maschinenbauingenieur nebenberuflich Wissen über den Einkauf oder den Vertrieb aneignen.

„Die Weiterbildung Älterer
sollte auf vorhandenem Wissen aufbauen."

Die Bildungsindustrie ist angetreten, diesen wachsenden Bedarf zu decken und bietet speziell zugeschnittene Fernstudiengänge an. An der Wilhelm Büchner Hochschule, einer privaten Fernhochschule in Darmstadt beispielsweise kann sich der studierte Ingenieur (Bachelor oder Diplom) in einem Kurzstudiengang in vier Semestern zum multifunktionalen Bachelor Wirtschaftsingenieurwesen (Bachelor of Engineering) mit dem Schwerpunkt Informationstechnik, Energietechnik oder Logistik weiterbilden lassen. (www.wb-fernstudium.de/wirtschaft/bachelor-kurz-logistik-ingenieur/, Abrufdatum 08.02.2012). Die Studiengebühr liegt Anfang Februar 2012 bei 7230 Euro.

Kosten und Zeitaufwand könnte Betriebswirt Sven Carl P. stemmen, doch die Eingangshürde liegt für ihn zu hoch, denn er hat zwar die Fachhochschulreife, aber keinen akademischen Abschluss. Das bedeutet, dass er sich in Darmstadt für ein volles berufsbegleitendes Studium einschreiben müsste, um den Bachelor nachzuholen. Die Studiendauer beträgt laut Angaben der Hochschule sieben Leistungssemester, also in der Regel 3,5 Jahre. Insgesamt fallen Studienkosten von 12.810 Euro an. (www.wb-fernstudium.de/servicebereich/servicebereich.php, Abrufdatum 08.02.2012).

Sven Carl P. setzt seine Recherche fort und landet auf der Homepage der SHR Hochschule für Logistik und Wirtschaft Hamm. Die staatlich anerkannte SRH hat sich auf die Bereiche Logistik und Wirtschaft spezialisiert. Daher bietet sie den Bachelorstudiengang Logistik in gleich drei Ausführungen an: Als Präsenzstudium, duales Studium und Fernstudium. Ein Wechsel zwischen den Studienformen sei möglich.

Präsenzstudium und duales Studium kommen für den Betriebswirt nicht Betracht, aber er könnte sich für den Bachelor-Studiengang Wirtschaftsingenieurwesen (Logistik und Energiewirtschaft) als Fernstudium einschreiben. Für die sechs Studiensemester müsste er 12.600 Euro ansetzen. (www.fh-hamm.de/fileadmin/srh/hamm/pdfs/Gesamtordnung_mit_Zertif_110622.pdf , Abrufdatum 09.02.2012). Auf der SRH-Homepage heißt es weiter: „Das berufsbegleitende Fernstudium Logistik wurde gemeinsam mit der Deutschen Bundesbahn (...) entwickelt und vermittelt neben Management-Kompetenzen (...) auch die technischen Zusammenhänge und die erforderlichen IT-Kenntnisse, um nach einem erfolgreichen Abschluss des Fernstudiums als Bachelor of Science das Anforderungsprofil in der boomenden Zukunftsbranche Logistik zu erfüllen."

Sven Carl P. hat sich entschieden. „Ich denke, dass es für mich den meisten Sinn macht, mein Managementwissen zu erweitern und meine IT-Kenntnisse auf Vordermann zu bringen. Wenn ich solch einen Logistik-Bachelor vorweisen kann, dann bin ich bei den nächsten Bewerbungen sicher deutlich besser positioniert als bislang." Von seinen Gedankenspielen mit einer vollkommen neuen beruflichen Richtung hat er sich verabschiedet.

Es spricht viel für die Entscheidung, sich besser in der Spitze zu verstärken, als eine neue Basis aufzubauen.

Neben der Erarbeitung eines neuen Fachgebietes und der Verstärkung des Wissens im bisherigen Gebiet hat insbesondere für weiterbildungsbereite Beschäftigte jenseits von fünfzig Jahren eine dritte Variante großen Charme: Sie widmen sich Aufgaben, die zwar nicht zu den bisher erworbenen Fachkenntnissen im engeren Sinn, aber zur Lebens- und Berufserfahrung passen. Insbesondere Coaching, Konfliktmanagement oder Mediation dünken Älteren spannende Tätigkeitsfelder, die an vielen Stellen im Unternehmen von Nutzen sein könnten.

Das sind sie auch. Ein Bedarf lässt sich mit Sicherheit ausmachen. In vielen Unternehmen wäre es dringend geraten, den Wertekanon und die Employer Value Proposition unter die Lupe zu nehmen, die Personalprozesse zu durchleuchten, Teams zur besseren Zusammenarbeit anzuhalten, Verhaltensmuster zu analysieren, Änderungen zu initiieren und durchzusetzen, Talente auf ihre Karriere vorzubereiten und gestandene Führungskräfte dabei zu begleiten, neue Sichtweisen vorzustellen, den Finger in aufgedeckte Wunden zu legen und Akzente anders zu setzen. Sicherlich fände sich auch in der Verbesserung der Führung ein breites Einsatzfeld.

Doch in der Praxis werden die Leistungen von Coaches, Konfliktlösern und Mentoren allenfalls von Konzernen und großen Mittelständlern nachgefragt – und die holen sich lieber externe Trainer und Ratgeber ins Haus, als für die seltenen Fälle, in denen man ihrer bedarf, eine eigene Beratertruppe vorzuhalten.

Das hat fatale Konsequenzen. Denn externe Ratgeber coachen die Talente in der Regel genau in die Richtung, die sie in ihrem oder ihren Kundenunternehmen kennengelernt haben und von der sie annehmen, es sei die gewünschte Haltung. Aber ist sie das wirklich? Erwarten Unternehmen von ihren Dienstleistern nicht eher innovative

7 Neu lernen oder Neues lernen?

Impulse, eine Abkehr von den gewohnten Bahnen und das Beschreiten neuer Wege? Die Frage ist daher zu stellen, ob Coaches und Berater die Talente nicht eher *ver*bilden als bilden, ob sie nicht deren von außen kommenden Sichtweisen ignorieren und sie auf Stromlinie trimmen, anstelle ihre Frische und vielleicht Andersartigkeit für das Unternehmen zu nutzen.

„Coaches & Co. sind zu breit aufgestellt."

Ich bezweifle, dass Unternehmen in Zukunft größere Mittel für die Einsätze von Coaches und Berater aufbringen werden.

Der Hauptverdienst der beratenden und Strukturen, Grundsätze und Werte infrage stellenden Tätigkeiten besteht darin, Anstöße zu geben, eingetretene Pfade zu verlassen und über den Tellerrand zu schauen. Ein guter Coach, ein guter Mentor motiviert seinen Coachee oder Mentee zum Nachdenken. Das ist gleichzeitig sein größtes Manko. Die notwendige ganzheitliche Orientierung prallt in der Regel auf die zahlenfixierte Denkbarriere im Vertrieb, in der Buchhaltung, in der Produktion und im Einkauf – und auf deren Erfolgsmessgrößen. So paradox es klingt: Coaches, Mentoren & Co. sind zu breit aufgestellt für die Bedarfe eines Unternehmens.

„Unsere Gesellschaft muss dem Aspekt der Globalisierung Rechnung tragen."

Nicht nur das. Auch bei der Vergabe von öffentlichen Geldern gilt es, Prioritäten zu setzen. Die Politik muss abwägen, in welche Ausbildungszweige sie investieren will. Was unsere Gesellschaft angesichts der voraneilenden Globalisierung insgesamt sehr viel dringender benötigt als eine Armada von ausgebildeten Coaches und Beratern sind Betriebswirte, Ingenieure, IT-Entwickler und Juristen. Jedenfalls dann, wenn man Dringlichkeit unter streng ökonomischen Gesichtspunkten definiert. Und genau das werden wir tun müssen, wenn wir im Wettstreit der Volkswirtschaften nicht auf einem abgeschlagenen Platz landen wollen. Ägyptologen, Philosophen oder Romanisten leisten viel, keine Frage, aber der Schwerpunkt der Bildungsinvestitionen muss zukünftig deutlicher dem Aspekt der Globalisierung Rechnung tragen.

Dieses Buch beschäftigt sich vorrangig nicht mit den schönen Künsten, sondern mit Globalisierung, Demoskopie und möglichen Handlungsempfehlungen, die sich aus den sich abzeichnenden Problemfeldern ableiten lassen. Wenn man der Politik vorschlägt, ihr Förderwesen im Bildungsbereich der Überalterung der Bevölkerung anzupassen, muss man ihr immer auch raten, gleichzeitig die Anforderungen des Marktes zu berücksichtigen. Es fehlen uns einfach die Mittel, ins Blaue hinein auszubilden. L'art pour l'art ist ein Phänomen vergangener Zeiten.

Selbstverständlich wäre es reizvoll und sicher auch für den Einzelnen sehr befriedigend, wenn es sich unsere Gesellschaft leisten könnte, eine Vielzahl von Interessenten ein halbes Arbeitsleben lang bei der Ausbildung für einen Beruf zu alimentieren, der nicht nur auf Wertschöpfung im betriebswirtschaftlichen Sinne zielt. Wir alle würden davon profitieren. Die Chance, dass wir uns diesen Luxus jemals ' leisten können, dürfte allerdings marginal sein.

Unternehmen stehen noch viel stärker als ein Staat unter dem Druck, sparsam zu wirtschaften. Sie können nämlich, anders als Staaten, nicht nur pleite gehen, sondern völlig von der Bildfläche verschwinden. Staaten sind auch nach einem Konkurs noch vorhanden. Unternehmen haben keinen Bildungsauftrag, und es liegt auch nicht in ihrem Verantwortungsbereich, für kulturelle Vielfalt zu sorgen. Sie müssen ihre Beschäftigten fair behandeln und sich gleichzeitig durchsetzen gegen eine immer stärkere weltweite Konkurrenz. Mit dieser Aufgabe sind sie voll ausgelastet.

„Aktualisierung und Erweiterung des Wissens bringen mehr als der Neustart."

Das Fundament einer erfolgreichen Karriere in einem Unternehmen wird immer die spezifische Berufsausbildung bleiben. Dieses einmal erworbene theoretische Wissen muss im Laufe der Berufstätigkeit mit Wissen ergänzt werden, das sich aus den in der Praxis gemachten Erfahrungen bildet. Nur ein solches sukzessive erweitertes Wissen kann den Einzelnen in die Lage versetzen, Fehler und Schwachstellen zu erkennen, zu beheben und Innovationen anzustoßen.

Die Fortsetzung der Karriere eines älteren Arbeitnehmers steht unter demselben Zwang. Um im Rennen bleiben zu können, muss er ständig Neues lernen, darf aber nicht hinter den Mindeststandard zurückfallen, dessen Einhaltung ihm die Teilnahme am Wettstreit überhaupt erst ermöglicht hatte. Das gelingt ihm am ehesten, wenn er in seiner Spur bleibt.

8 win³

*Der Nutzen arbeitslebenslanger Weiterbildung
für Staat, Wirtschaft und Gesellschaft*

Thesen

1. *Staatliche Investitionen in die Weiterbildung Älterer zahlen sich in höheren Steuereinnahmen und geringeren Sozialleistungen aus.*

2. *Unternehmen müssen ihre Qualifizierungsmaßnahmen gleichmäßiger als bisher auf junge und ältere Mitarbeiter verteilen. Aus zwei Gründen: Erstens haben auch ältere Mitarbeiter noch viele aktive Berufsjahre vor sich. Und zweitens lassen sich jüngere Mitarbeiter auch durch Weiterbildungsangebote nicht dauerhaft binden.*

3. *Wenn kontinuierliche Weiterbildung als integraler Teil des Arbeitslebens angesehen wird, verliert der demografische Wandel seinen Schrecken. Fachkräfte wachsen nach, die Gesellschaft verjüngt sich mental, Generationskonflikte schwinden.*

Am 7. Februar 2012 gab Fredrik Reinfeldt, Staatsminister von Schweden, der Tageszeitung „Aftonbladet" ein Aufsehen erregendes Interview. Tags darauf waren die Blätter in Europas Hauptstädten voll der Nachricht, dass Schwedens Bürger dem politischen Chef zufolge künftig bis zum 75. Lebensjahr arbeiten müssen – zehn Jahre länger als bisher. Die absehbare demografische Entwicklung ließe auch in Schweden keine Alternative zu. Und das, obwohl die Menschen in diesem Land mit im Durchschnitt 43 Jahren sowieso schon am längsten in Europa arbeiten. Rekordhalter sind sie auch in anderer Hinsicht: Bereits heute gehen drei Viertel aller Schweden zwischen 55 und 64 Jahren einer sozialversicherungspflichtigen Tätigkeit nach.

In der spektakulären Meldung unter gingen allerdings Reinfeldts Bedingungen für ein längeres Erwerbsleben. Die erste: Arbeitnehmer müssten auch nach ihrem 54. Geburtstag offen für einen Berufswechsel, ja sogar das Erlernen eines neuen Berufs sein. Die zweite: Staat und Arbeitgeber müssten Mittfünfziger bei einem beruflichen Neustart unterstützen. Seine einleuchtende Begründung, sowohl für das höhere Renteneinstiegsalter als auch für den Start in einen neuen Beruf mit Mitte Fünfzig: „Wenn Arbeitgeber wissen, dass sie noch zwanzig Jahre lang mit einem gut ausgebildeten Mitarbeiter rechnen können, dann werden die Älteren viel attraktiver für den Arbeitsmarkt." (Stenberg, E., 2012)

Der Gedanke ist von bestechender Logik. Denn die Tatsache, dass in der Vergangenheit in der Regel wenig Geld in ältere Mitarbeiter investiert wurde, lässt sich ökonomisch wie politisch korrekt sauber mit der Erwartung begründen, dass ältere Mitarbeiter nicht mehr lange im Unternehmen bleiben werden. Ihre jüngeren Kollegen hingegen haben noch ihr ganzes Berufsleben vor sich. Tendenziell und unter der Annahme einer unveränderten Verweildauer im Unternehmen ist die Rendite bei einer Bildungsinvestition in jüngere Mitarbeiter also deutlich höher als bei Investitionen in die Fortbildung der Generation 40plus oder gar 50plus.

Beide Grundlagen dieser Investitionsentscheidung haben sich in den letzten Jahren gravierend verändert.

„Heute Fünfzigjährige haben noch 15 bis 18 Berufsjahre vor sich."

Nicht nur in Schweden und in Deutschland, sondern fast überall in Europa wurde in den vergangenen Jahren der Pensionsbeginn herausgeschoben. Wo dies noch nicht der Fall ist, wird ein späteres Renteneinstiegsalter zumindest ernsthaft diskutiert.

- In *Frankreich* wurde das Renteneintrittsalter von 60 auf 62 Jahre angehoben.
- In *Tschechien* gehen Arbeitnehmer statt mit 61 Jahren und acht Monaten nun mit 63 Jahren in Rente.
- In *Griechenland* müssen Frauen jetzt ebenso lange arbeiten wie Männer, nämlich bis zum 65. Geburtstag.
- *Belgien* hat das Renteneintrittsalter 2009 von 63 auf 65 Jahre erhöht.
- In *Litauen* und *Österreich* wurde bzw. wird der Rentenbeginn vom 63. auf das 65. Lebensjahr hinausgeschoben und für Männer und Frauen vereinheitlicht.
- *Ungarn* plant die Erhöhung des Renteneintrittsalters von 62 auf 65 Jahre.
- In *Deutschland*, *Malta*, *Slowenien* und *Dänemark* steigt das Renteneintrittsalter nach und nach auf 67 Jahre.

8 win³

- Die Volksrente in *Finnland* wird ab dem vollendeten 65. Lebensjahr gezahlt, mit der (höheren) Zusatzrente jedoch kann erst im 68. Lebensjahr gerechnet werden.

- Arbeitnehmer in *Irland* und in *Lettland* müssen künftig bis zum zum vollendeten 68. Lebensjahr arbeiten, um ein Rentenanrecht zu erlangen.

- Zum Vergleich: Beschäftigte in *Japan* haben mit 70 Jahren einen Anspruch auf Erhalt einer Rente.

Vor diesem Hintergrund mutet die Empfehlung des schwedischen Staatsministers, die Pensionsgrenze auf 75 Jahren zu erhöhen, mehr als nur zeitgemäß an. Sie greift wahrscheinlich künftigen, EU-weit verbindlichen Regelungen vor.

Denn schon mit ihrer im Sommer 2010 verabschiedeten „Strategie 2020" forderte die Europäische Kommission eine deutlich längere Lebensarbeitszeit. Erklärtes Ziel ist es, die Beschäftigungsquote der 20- bis 64-Jährigen in der gesamten Union bis in acht Jahren von heute durchschnittlich 65 auf 75 Prozent zu steigern. Diese Messlatte überwunden haben bisher nur drei Länder: Dänemark, die Niederlande und Schweden.

„EU-Kommission verlangt: Das Renteneintrittsalter soll mit der Lebenserwartung steigen."

Wie es auch in den anderen Staaten zu schaffen ist, zeigt das im Februar 2012 vorgelegte Weißbuch mit dem Titel „Agenda für angemessene, sichere und tragfähige Renten". Darin schlägt die EU-Kommission vor, das Renteneintrittsalter in allen europäischen Ländern „erheblich anzuheben". Konkret empfiehlt die Behörde, „das Rentenalter mit der Steigerung der Lebenserwartung abzugleichen". Das könnte für die Mitgliedsländer die Verpflichtung mit sich bringen, es nicht bei einmaligen – und in fast jedem Land von heftigen Protesten begleiteten – Reformen zu belassen, sondern den Rentenbezug an eine statistisch messbare Verlängerung des Lebens zu koppeln. Auf diese Weise würde ein Automatismus eingeführt, der die Zahl der für den Rentenbezug geforderten Beschäftigungs- oder Lebensjahre dauerhaft ansteigen ließe.

Zur Begründung heißt es im Weißbuch, dass die Bürger Europas heute etwa ein Drittel ihres Lebens im Ruhestand verbrächten. Dieser Anteil, so warnt die Kommission, wachse mit steigender Lebenserwartung weiter an und würde die Rentensysteme in Europa überfordern. Deshalb sei eine Beteiligung der Bürger an den Kosten gefragt, wenn sich diese noch auf ein sicheres und ausreichendes Einkommen im Alter verlassen können wollten. Ergänzend schlägt die Kommission vor, den Zugang zu Frühverrentungsmodellen zu beschränken, ebenso „wie zu anderen frühen Auswegen" aus dem Arbeitsleben.

Die in jüngster Zeit forcierten Attacken auf ein frühes Rentnerdasein sind eine direkte Folge des chronischen Geldmangels in den meisten EU-Mitgliedsstaaten. Angesichts der schon in wenigen Jahren um 180 Grad gewendeten Bevölkerungspyramide und der neuen Marktkämpfer aus den agilen Schwellenländern besteht wenig Aussicht auf eine Verbesserung der Kassenlage. Für Völker mit deutlich mehr Senioren als Junioren sind die staatlichen Pensionen schlicht unbezahlbar geworden.

In Brüssel wird deshalb schon seit längerem der revolutionäre Ansatz diskutiert, ob die gesetzlichen und tariflichen Altersgrenzen abgeschafft werden sollten, mit denen Arbeitnehmern verboten wird, ab einem bestimmten Geburtstag noch berufstätig zu sein.

Dass die EU auf dem Weg dorthin ist, hat eine Entscheidung des Europäischen Gerichtshofes vom Herbst 2011 signalisiert. Darin haben die Richter die Altersgrenze von 60 Jahren für unzulässig erklärt, mit der Piloten der Lufthansa aus dem aktiven Arbeitsleben gedrängt worden waren. Ein in einem Tarifvertrag vereinbartes Arbeitsverbot ab 60 diskriminiere Ältere, erklärten die Straßburger Juristen. Nach diesem Urteil wird man nicht mehr lange darauf warten müssen, wann das erste Mitglied eines Unternehmensvorstands auf Weiterbeschäftigung klagen wird. Denn vertragsgemäß müssen viele Vorstände schon mit 60 Jahren ihren Abschied nehmen. Selbständige Unternehmer und Berater dagegen gehen oft noch mit 70 und 75 Jahren mit Tatkraft, Kompetenz und Freude ihrer Arbeit nach. Warum sollte jemand, der mit 70 seinen Job noch gut und gerne macht, nicht weiterarbeiten dürfen?

„Höhere Abgaben machen die Tragfähigkeitslücke nicht kleiner."

Die unter den demografischen Rahmenbedingungen zwingend notwendige Verlängerung der Lebensarbeitszeit wird sich nicht zuletzt in solchen Berufen vollziehen, die ein Studium voraussetzen. Schon heute ist die Erwerbsbeteiligung von älteren Arbeitnehmern mit Hochschulabschluss überdurchschnittlich hoch. „Zwischen der Dauer der Erwerbstätigkeit und dem Bildungsstand gibt es einen sehr deutlichen Zusammenhang", analysiert A. Wolter (2011). „Je höher die berufliche Qualifikation, desto später erfolgt der Eintritt in den Ruhestand.

Während in der Altersgruppe der 55- bis 65-jährigen Personen unter denjenigen, die über eine Anlernausbildung oder einen Lehrabschluss verfügen, nur noch etwa die Hälfte erwerbstätig ist, so sind es unter den Erwerbstätigen mit Hochschulabschluss mehr als 70 Prozent."

Die Freiheit, sein Pensionsalter selbst bestimmen zu dürfen, bringt den Bürgern einen Gewinn an Autonomie und entlastet die Rentenkassen gleich zweifach: Anstatt Altersrenten bezahlen zu müssen, steigern die Rentenversicherungsträger ihre Einnahmen. Darüber hinaus fließen den Krankenversicherungen mehr Beiträge zu. Ohne eine längere Lebensarbeitszeit steigen in beiden Systemen die Kosten, wenn es immer mehr ältere Menschen gibt. Volkswirte sprechen von einer Tragfähigkeitslücke zwischen Einnahmen und Ausgaben. 2010 betrug sie 3,1 Prozent des Bruttoinlandsprodukts.

Allein mit Steuererhöhungen und Steigerung der Beitragssätze für die Sozialversicherung kann die Tragfähigkeitslücke nicht geschlossen werden. Selbst wenn die Steuersätze in den oberen Einkommensklassen drastisch steigen würden, schließt sich die Finanzlücke nach Berechnungen der „Wirtschaftsweisen" kaum. Ebenso wenig Wirkung würde eine Erhöhung der Mehrwertsteuer zeitigen. Das gleiche gilt für eine Anhebung der Beitragssätze in der Sozialversicherung.

Bereits im Frühjahr des zurückliegenden Jahres hatte der Sachverständigenrat für die Begutachtung der wirtschaftlichen Entwicklung (2011) die Forderungen des EU-Weißbuches vom Februar 2012 vorweggenommen und die Einführung „einer an der Entwicklung der ferneren Lebenserwartung orientierende regelgebundene Anpassung des Renteneintrittsalters" verlangt. Das würde bedeuten, dass Beschäftigte, Angestellte wie Beamte, im Jahr 2060 erst mit 69 Jahren in Pension gehen können.

Nicht nur die Erkenntnis, dass ein 49-jähriger Arbeitnehmer mindestens noch 18 Jahre, möglicherweise bald schon zwei volle Jahrzehnte berufstätig sein muss, zwingt die für Weiterbildung Verantwortlichen in den Unternehmen zu einer Verschiebung ihrer Qualifizierungsprioritäten. Auch die erhöhte Wechselbereitschaft der jüngeren Beschäftigten stützt die Überlegung, Weiterbildungsmaßnahmen gerechter auf die Generationen zu verteilen.

„Junge Mitarbeiter wechseln schnell und oft den Job."

Jeder dritte Arbeitnehmer im Alter zwischen 18 und 29 Jahren hat schon mindestens einmal den Arbeitgeber gewechselt, zeigte der Gesundheitsreport 2011 der Deutschen Angestelltenkasse (DAK) vom September 2011. Jeder siebte Beschäftigte wechselte sogar schon öfter seinen Job. Mehr als zwei Drittel der jungen Arbeitnehmer nannten als Beweggrund für den Wechsel ein höheres Gehalt und bessere Perspektiven.

Die Unternehmensberatung Mercer kommt in einer Folgestudie vom November 2011 – die Erstbefragung stammt aus dem Jahr 2004 – sogar auf einen noch höheren Anteil junger Wechselwilliger. Jeder zweite Arbeitnehmer unter 24 Jahre spiele mit dem Gedanken, den Arbeitgeber zu wechseln. Bei den 25- bis 34-Jährigen seien es 40 Prozent.

Das höchste Maß an Arbeitgebertreue legten 55- bis 64-Jährige an den Tag, in dieser Altersklasse wolle nur jeder Fünfte wechseln. Insgesamt seien Männer wechselwilliger als Frauen (36 Prozent beziehungsweise 29 Prozent). Auch zwischen Managern und Arbeitnehmern in nicht-leitenden Funktionen zeigt sich ein klarer Unterschied: Bei den Managern liegt der Anteil der Wechselbereiten bei 47 Prozent, bei den anderen Arbeitnehmern dagegen nur bei 27 Prozent.

Betrachtet man vor diesem Hintergrund die Verteilung von betrieblichen Qualifizierungsmaßnahmen auf Mitarbeiter unterschiedlichen Alters (vgl. Kapitel 5: Noch nicht einmal jeder fünfte Beschäftigte zwischen 55 und 65 Jahren wird zu betrieblichen Weiterbildungsmaßnahmen eingeladen oder nimmt daran teil), dann wird eine erschreckende Fehlallokation erkennbar: *In den Genuss betrieblicher Weiterbildung kommen überwiegend die latent wechselwilligen Mitarbeiter: Junge, Männer, Führungskräfte. Diejenigen, die sich an ihrem Arbeitsplatz wohl fühlen und seltener Stellenangebote studieren, also Ältere, Frauen und Mitarbeiter ohne Personalverantwortung, werden weniger häufig in Qualifizierungsmaßnahmen eingebunden.*

Die Mercer-Studie wirft ebenfalls ein Licht auf die stark zurückgehende Identifikation der Mitarbeiter mit ihren Unternehmen. Nur 55 Prozent fühlten sich 2009 ihrem Unternehmen sehr verpflichtet – 30 Prozent weniger als im Jahr 2004. Rückläufig ist auch die Zahl derer, denen die Arbeit ein Gefühl von Selbstverwirklichung gibt. Der Anteil ist hier von 69 auf 58 Prozent gesunken.

8 win³

Die rückläufige Mitarbeiter-Loyalität sollte hellen Alarm auslösen.

Vor dem Hintergrund des sich zuspitzenden Fachkräftemangels und alternder Belegschaften sind Unternehmen dringend gefordert, den Ursachen dieser Entwicklung auf den Grund zu gehen und geeignete Gegenmaßnahmen einzuleiten.

Denn die Fluktuationsgefahr von wertvollen Talenten führt in einer immer komplexeren Unternehmensrealität zu ganz neuen Problemen hinsichtlich der Produktivität, der Profitabilität sowie des Engagements verbleibender Leistungsträger.

Mercer-Chef Fridtjof Helemann interpretiert die Ergebnisse so: „Offensichtlich befindet sich die Beziehung zwischen Arbeitnehmer und Arbeitgeber auf einem kritischen Wendepunkt: Motivierte Mitarbeiter sind gefragt wie nie und zugleich so schwer wie nie zuvor zu bekommen. Das hätte die Unternehmen längst veranlassen müssen, den Ursachen dieser Entwicklung auf den Grund zu gehen und geeignete Gegenmaßnahmen zu entwickeln."

„Akademiker arbeiten länger und mit höherer Arbeitszufriedenheit."

Es ist also klar, dass es sowohl aus fiskalischen als auch aus personalwirtschaftlichen Gründen, also aus der Sicht der Unternehmen, gute Gründe gibt, die Weiterbildungsaktivitäten für ältere Beschäftigte auszudehnen beziehungsweise neue Zielgruppen, hier vor allem Akademiker, dafür zu motivieren.

Den Hochschulen kommt in dieser Hinsicht eine große und weiter wachsende Bedeutung bei.

Sie sind einerseits gehalten, neue Bildungsangebote zu entwickeln und bereitzustellen, mit denen der fachliche Bedarf der Unternehmen gedeckt werden kann. Andererseits braucht eine Wissensgesellschaft wie Deutschland neue, insbesondere berufsbegleitende Weiterbildungsformen. Denn nur so kann sichergestellt werden, dass das Know-how in den Firmen bleibt und an den Nachwuchs weitergetragen wird. Darüber hinaus ist, wie an anderer Stelle deutlich gemacht wurde, die nebenberufliche Qualifizierung für die Älteren selbst deutlich attraktiver als die Aufgabe des Arbeitsplatzes zugunsten eines Studiums oder einer längeren nicht-akademischen Weiterbildung.

„Wenn die Älteren beruflich aktiv sind, motiviert das die Jungen."

Auch mit Blick auf den Zusammenhalt in der Gesellschaft ist der Nutzen des Weiter- oder Noch-einmal-neu-Lernens im höheren Lebensalter beträchtlich. Wenn junge Menschen erleben, dass Vertreter der Eltern- oder gar Großelterngeneration kontinuierlich am Ball bleiben, um mit den gestiegenen Anforderungen an ihre Positionen Schritt zu halten, dann wird die angestrebte Vorbildwirkung nicht ausbleiben. Sie werden ihren bejahrten Kollegen mit mehr Verständnis und Respekt als heute entgegentreten, sehen sie doch, dass sich die Älteren den gleichen Herausforderungen stellen, wie sie es selbst tun müssen. Dies könnte zu einer Entschärfung der Generationenkonflikte führen und die Gesellschaft dem demografischen Wandel zum Trotz geistig verjüngen. Das folgende Beispiel soll das illustrieren.

Vor 18 Jahren hatte Arzthelferin Jeanette M. ihr Medizinstudium abgebrochen, weil sie sich der Belastung des weitgehend theoretischen Unterrichtes nicht gewachsen fühlte. Stattdessen lernte sie den Beruf der medizinischen Fachangestellten. Jahre später bedauerte sie ihren damaligen Entschluss, doch erst mit 47 Jahren war sie soweit, etwas Neues in Angriff zu nehmen und ihrem Beruf einen neuen Drall zu geben. Weil immer mehr Diabetes-Patienten in die Praxis des Allgemeinmediziners kamen, für den sie seit zehn Jahren tätig war, erwachte in ihr der Wunsch, sich zur Diabetesberaterin fortzubilden. Die Weiterbildung dauerte ein Jahr und fand zweimal im Monat am Wochenende statt. Ihr Arbeitgeber war hellauf begeistert, konnte er doch mit einer examinierten Diabetesberaterin in seiner Praxis wesentlich mehr Leistungen anbieten als zuvor. Deshalb erfüllte er gerne Jeanette M.s Bitte nach einem zusätzlichen freien Tag im Monat, der es ihr ermöglichen würde, den Unterrichtsstoff vor- und nachzuarbeiten.

Allein die 18-jährige Tochter der alleinerziehenden medizinischen Fachangestellten fand das Vorhaben nach ihren eigenen Worten „total Banane". Die Mutter habe doch eine sichere Stelle, versuchte Hanna diese von ihrem Weiterbildungsplan abzubringen, mithin stelle sich für sie doch gar keine Notwendigkeit, Monat für Monat zwei volle Wochenenden für die Schulung aufzubringen und womöglich nach Dienstschluss noch zu Hause arbeiten zu müssen. Wahrscheinlich würde sie das Pensum ohnehin nicht bewältigen können, da sie doch so lange „aus dem Lernen heraus sei". Und selbst wenn die Mutter die Prüfung bestehen würde – woran Hanna jeden nur denkbaren Zweifel ließ –, dann würde ihr die neue Qualifikation keinen Cent mehr Einkommen verschaffen. Schließlich hatte sie in ihrem Beruf schon die höchste Gehaltsstufe erreicht, und um als Diabetesberaterin ein höheres Einkommen zu erzielen, würde sie ihre Stelle wechseln müssen. Das aber hatte die Mutter kategorisch abgelehnt, da es ihr in der Allgemeinpraxis gut gefiel.

Jeanette M. hörte die Einwendungen, aber sie ließ sich nicht beirren. Sie war sich sehr wohl über die wahren Gründe für die ablehnende Haltung ihrer Tochter im Klaren, hatte diese selbst doch entgegen der Empfehlung ihres Arbeitgebers eine Weiterbildung nach der kurz zuvor abgeschlossenen kaufmännischen Lehre ausgeschlagen. Wenn nun die erheblich ältere Mutter just den Weg ging, gegen den sich die 18-Jährige sträubte, so würde sie gegenüber ihren Freunden ganz schön dumm (im Wortsinn) dastehen, und diese Schmach wollte sie sich natürlich nicht antun.

Allein, es nutzte nichts. Jeanette M. besuchte die Fortbildung und hatte trotz des ungewohnten Lernens viel Freude daran, den Arzt und die an Diabetes erkrankten Patienten mit ihrem neu gewonnenen Fachwissen unterstützen zu können. Angesichts der Hartnäckigkeit ihrer Mutter kam Tochter Hanna nicht umhin, die Mutter insgeheim zu bewundern. Und, was glauben Sie, wer tippte am Ende die Abschlussarbeit in den Computer?

„Die Menschen sehen dem demografischen Wandel gelassen entgegen – die Experten und die Politik nicht."

Das Jahr 2012 wurde von der Europäischen Union zum „Jahr des aktiven Alterns und der Solidarität zwischen den Generationen" ausgerufen. Ziel ist es, die Aufmerksamkeit auf das Thema des Alterns zu richten, insbesondere im Hinblick auf die Beschäftigung, die gesellschaftliche Beteiligung und das unabhängige Leben älterer Menschen. Im Rahmen dieser Initiative sollen Interessenvertreter und politische Entscheidungsträger ermutigt werden, Verpflichtungen einzugehen und konkrete Maßnahmen zu ergreifen. Beispiele hierfür sind die Beseitigung von Hürden bei der Beschäftigung älterer Menschen und die Verbesserung der Arbeitsbedingungen für ältere Mitarbeiter. Am Ende des Jahres sollen die erfolgreichsten Initiativen auf nationaler und europäischer Ebene geehrt werden.

Wie wäre es mit einem Vorstoß für mehr akademische Weiterbildung für Arbeitnehmer im höheren Lebensalter? Lorbeer winkt.

Die Menschen selbst würden es fraglos begrüßen, und zwar auf dem ganzen Kontinent. Im Januar 2012 legte die EU-Kommission eine Eurobarometer-Umfrage vor, der zufolge sich 71 Prozent der Europäer darüber im Klaren sind, dass die Bevölkerung Europas immer älter wird, aber nur 42 Prozent diese Entwicklung besorgniserregend finden.

Das steht in erklärtem Widerspruch zur Ansicht der politischen Entscheidungsträger. Politiker empfinden den demografischen Wandel als besorgniserregend – mehr noch als die Vertreter der Wirtschaft, die sich erst allmählich der Brisanz des Themas bewusst werden. Entsprechend meint auch nur jeder dritte Europäer, dass das offizielle Renteneintrittsalter bis 2030 angehoben werden müsse. Hohe Unterstützung (61 Prozent) findet allerdings die Idee, den Beschäftigten nach Eintritt in das offizielle Rentenalter die Möglichkeit zu geben, weiterzuarbeiten. Und da die meisten am liebsten in ihrem eigenen Beruf arbeiten möchten, werden sie eine Zufuhr an aktuellem Wissen zu schätzen wissen.

In die gleiche Kerbe schlagen die von der deutschen Bildungsregierung beauftragten sogenannten „Forschungsweisen". Vehement forderte das Expertengremium aus Pädagogen und Bildungswissenschaftlern im März 2012 die Öffnung der Hochschulen für Menschen ohne Abitur und für ältere Arbeitnehmer, um den absehbaren Fachkräftemangel abzuwehren. „Der Innovationsstandort Deutschland droht Schaden zu nehmen, wenn die Bundesregierung es nicht schafft, das deutsche Ausbildungssystem zu verbessern", warnten die Gutachter. Zügig und mit Nachdruck müsse alles getan werden, um brachliegendes Potential zu fördern.

Denn obwohl die Zahl der Hochschulabsolventen eines Jahrgangs seit dem Jahr 2000 von 18 auf 25 Prozent gestiegen ist, fiele Deutschland im internationalen Vergleich zurück. In den Mitgliedstaaten der Organisation für wirtschaftliche Zusammenarbeit und Entwicklung (OECD) stieg die Zahl der Akademiker in der gleichen Zeit von 28 auf 38 Prozent. Da hilft auch der Hinweis auf die weltweit anerkannte duale Berufsausbildung in Deutschland wenig, wenn die Wirtschaft doch hochschulgebildeten Mitarbeitern erklärtermaßen den Vorzug gibt.

„Lasst uns die Hochschulen für Über-40-Jährige öffnen!"

Deshalb verlangen die Forschungsweisen die Öffnung der Hochschulen für Über-40-Jährige – auch ohne formale Hochschulzugangsberechtigung. Bisher nehmen die Hochschulen gerade mal drei Prozent dieser „nicht traditionellen Studenten" auf. Das müsse sich nach dem Rat der Sachverständigen schnell ändern. Dazu sollten die Universitäten ihre neue Rolle und Mission entschieden annehmen – und die hieße „Weiterbildung von Bildungsaufsteigern" und „Einrichtung berufsbegleitender Teilzeitstudiengänge".

Mithin genau das, was in und mit diesem Buch gefordert wird und endlich in Angriff genommen werden sollte. Denn allein die Erkenntnis, dass Millionen älterer Arbeitnehmer ohne kontinuierliche Weiterbildung Jahr für Jahr an Wert auf dem Arbeitsmarkt verlieren, führt noch nicht zu einer Veränderung. Erst der ganzheitliche Blick auf die politischen, wirtschaftlichen, sozialen und individuellen Konsequenzen des fortgesetzten Nichtstuns macht die Chancen des Konzepts Bachelor 40plus deutlich.

Zur Beleuchtung sämtlicher Aspekte sollte dennoch kritisch gefragt werden, ob eine höhere Weiterbildungsbeteiligung älterer Arbeitnehmer auch von gesellschaftlichem Nutzen ist. Dass sie fiskal- und personalpolitisch vorteilhaft ist, habe ich bereits dargelegt. Aber trägt sie auch dazu bei, die Gesellschaft zu festigen, Gräben zwischen den Generationen zu überwinden und ein besseres Miteinander zu ermöglichen?

Mit diesem Ansatz betreten wir ein völlig neues Feld. Denn die heute lebende ältere Generation ist die erste, der an wissenschaftlicher Weiterbildung in einem nennenswerten Maße gelegen ist und die von einem Anstieg ihrer formalen Qualifikation direkt profitieren kann, sowohl im Hinblick auf Einkommenssteigerungen als mit höheren Freiheitsgraden, mehr Verantwortung und größerer Arbeitszufriedenheit.

„Die Generation der heute Fünfzig- und Sechzigjährigen kann den Weg bereiten in eine konfliktfreie Zukunft."

Die heute 50- und 60-Jährigen sind die ersten, denen bis zum Erreichen des soziologischen Alters der Hochbetagten, definiert als Menschen über 85 Jahre, eine dritte, kaum von schweren Erkrankungen gezeichnete Lebensphase zur Verfügung stehen wird. Die meisten Menschen werden die Freiheit genießen, diese Jahre selbst zu bestimmen.

Aber gleichzeitig stehen sie auch in der Verantwortung, diese Jahre dank neuer Lebensentwürfe mit Werten zu füllen. Diese Werte kommen ihnen selbst zugute, auch ihren Familien, dem Umfeld, der Gesellschaft und den nachfolgenden Generationen. Sie werden die Wegbereiter für ein aktives Altern sein, das in den kommenden Dekaden unumgänglich sein wird, soll die Gesellschaft nicht von latenten und offenen Konflikten und harten Verteilungskämpfen zwischen Jung und Alt geschüttelt werden.

Die Aufgabe der älteren Arbeitnehmer als Wegbereiter ist es, mit den noch immer herrschenden negativen Stereotypen Schluss zu machen und eine neue Alterskultur, auch innerhalb der Erwerbsbiografie, zu entwickeln.

Noch immer ruft ein Hochschulstudium im höheren Alter vielfach ein gerüttelt Maß an Erstaunen wach („Warum tust Du Dir das noch an?") , trifft auf Kritik („Du nimmst den Jungen den Studienplatz weg!"), wird als Egoismus gewertet („Denk doch mal an die Heranwachsenden, die sich das nicht leisten können!") oder als beginnende Altersdebilität („Du weißt schon, gell, worauf Du Dich da einlässt?").

„Nutzen wir die Chance, lebenslanges Lernen neu zu definieren!"

Just diesen Vorurteilen treten Mitarbeiter 50plus entgegen, in dem sie ihr Reservoir an Wissen im fortgeschrittenen Alter noch einmal auffüllen. Im Jahr 2035 wird die Zahl der Über-60-Jährigen in etwa so hoch sein wie die der Jungen unter 20 Jahre. Spätestens dann werden die aktiven Senioren dringend benötigt – von der Wirtschaft und von der Gesellschaft.

Über die Aufgabe der Hochschulen lässt sich trefflich streiten – jedenfalls heute noch. Sollen sie zuvörderst junge Menschen für den Beruf, für den Arbeitsmarkt und für das Funktionieren in der Marktwirtschaft ausbilden? Oder haben sie die Pflicht, dem Wunsch jedes Menschen nach wissenschaftlich fundierter Bildung nachzukommen, also auch dem von Älteren, die sich nicht oder nicht mehr unter das Diktat des Arbeitsmarktes stellen? Dient Bildung, wie sie unsere Universitäten betreiben, dazu, unser aller Wissen um die Welt und das Leben und um uns selbst zu erweitern oder reduzieren wir sie auf eine ökonomische Nützlichkeit?

Gegenwärtig stehen wir vor der einzigartigen Chance, die Gegensätzlichkeit dieser beiden Pole aufzuheben. Lebenslanges Lernen, als

Freude und Ansporn und nicht als Last und Pflicht verstanden, kann den tertiären Bildungssektor enorm bereichern und zu einer neuen Blüte führen – mit menschlichen Antlitz und ökonomischem wie gesellschaftlichem Nutzen.

Nutzen wir diese Chance. Denn eine zweite werden wir aller Voraussicht nach nicht bekommen.

9 „Ich bin dann mal in der Schule"

Chancen und Risiken für das Familienleben

Thesen

1. *Ein Studium neben dem Beruf ist eine echte Doppelbelastung – für den Weiterbildungsbereiten, für seinen Partner und für seine Familie.*
2. *Wenn die Familie nicht mitspielt, ist der Abschluss gefährdet.*
3. *Weiterbildung braucht stärkeren gesellschaftlichen Konsens.*

Holger M. arbeitet seit mehr als zehn Jahren als examinierter Krankenpfleger an einem großen Klinikum in Nordrhein-Westfalen. Jetzt, mit Anfang Vierzig, fühlt er sich den Anforderungen nicht mehr gewachsen. Er will umsatteln auf einen Bereich im Gesundheitswesen, bei dem die körperliche Belastung deutlich geringer ist. Holger M. hat neben seiner Berufserfahrung als Pfleger auch persönliche Stärken und Vorkenntnisse, mit denen sich punkten lässt: Er ist patientenorientiert, kommunikativ, belastbar – und er hat Abitur und eine kaufmännische Ausbildung.

„Es ist an der Zeit, dass ich meine grauen Zellen mal wieder deutlich stärker auf Touren bringe als bisher und etwas ganz Neues lerne", erklärt er seiner Frau. „Ich könnte doch Gesundheitswissenschaften studieren. Da gibt es sehr interessante Fachrichtungen. Und wenn ich den Abschluss habe, kann ich mich um eine Stelle im Management der Klinik bewerben – zum Beispiel als Verwaltungsreferent".

Das könnte funktionieren. Die Rahmenbedingungen im Gesundheitswesen haben sich in den letzten Jahren immer stärker denen in anderen Wirtschaftsbereichen angeglichen. Ausschlaggebend für den Erfolg einer Klinik ist längst nicht mehr nur die reine medizinische Versorgung der Patienten. Es geht um Wirtschaftlichkeit, um Qualitätsmanagement und um überzeugendes Marketing. Dass unsere Gesellschaft immer älter wird, verschafft der Gesundheitsbranche einen Dauerboom.

Es verschärft aber gleichzeitig den Wettbewerb der dort tätigen Mitarbeiter untereinander. Im Pflege- und im Verwaltungsbereich von Kliniken ist Führungspersonal mit Wirtschafts-Know-how gesucht.

Eine Neu- oder Weiterbildung, die eine gute Chance auf den Einstieg und eine mögliche Karriere in einer Zukunftsbranche erwarten lässt, müsste sich also rechnen. Eines unterscheidet Holger M. von vielen Beschäftigten, die zwar grundsätzlich bereit sind, sich weiterzubilden, aber noch kein konkretes Ziel gefunden haben: „Viele tun sich schwer, inmitten ihres Berufsalltags das Weiterbildungsthema herauszufiltern, das sie langfristig weiterbringt", erklärt Andreas Vollmer, Leiter Studienprogramm und Services bei der Studiengemeinschaft Darmstadt (SGD). In ihrem Auftrag befragte TNS Infratest Personalverantwortliche, wie sie es bewerten, wenn sich Mitarbeiter in Eigeninitiative weiterbilden. Das Ergebnis ist eindeutig. Weiterbildung sei der Karrieretreiber schlechthin, und „wer sich für eine berufliche Weiterbildung entscheidet, zeigt Vorgesetzten Eigeninitiative, Engagement und Leistungsbereitschaft." (Vollmer, A., 2012)

M. hat klare Vorstellungen davon, wie es für ihn weitergehen soll. „Schau dir einmal diese Stellenanzeige an", bittet er seine Frau und liest vor: „'Sie unterstützen unseren Verwaltungsleiter ... Sie sind der Ansprechpartner für die Dienstleister ... Sie bringen mit ... mehrjährige Berufserfahrung im Krankenhaus ... sicheres Auftreten, gute Umgangsformen, Organisationstalent, kaufmännische Kenntnisse'. Das wäre doch etwas für mich! Das einzige, was mir fehlt, ist der geforderte akademische Abschluss mit Fachrichtung Hotel- oder Gesundheitswesen."

Eine Aufstiegsfortbildung, wie Holger M. sie anstrebt, wird der TNS Infratest-Studie zufolge von vielen Chefs unterstützt. Es spricht also nichts dagegen, dass der Pfleger in der Personalabteilung der Klinik vorspricht und sich danach erkundigt, ob und in welcher Form mit einer Unterstützung von Seiten des Arbeitgebers zu rechnen ist. Und dann müsste er nur noch sein Studium durchziehen.

Genau hier liegt das Problem. Wer sich im Alter von 40plus noch oder noch einmal für ein Studium entscheidet, nimmt sich enorm viel vor. Der berufstätige Student hat zwangsläufig weniger Zeit für Familie und Freunde als bisher, die berufstätige Studentin wird manche Aufgabe an die Familie übertragen müssen. Das gemeinsame Leben verändert sich, zumindest für die Dauer der Aus- oder Weiterbildung, gravierend. Der Raum für das Privatleben wird stark eingeschränkt.

„Der Arbeitsaufwand erscheint zunächst durchaus machbar."

Holger M. blättert durch die Internetseiten verschiedener Bildungsanbieter. Theoretisch käme für ihn sowohl ein Präsenzstudium als auch ein Fernstudium in Frage. Ein Studienzentrum liegt in erreichbarer Nähe zu seiner Wohnung, sodass kein zusätzlicher Zeitaufwand für die Anfahrt anfiele. Bei der zweiten Variante – dem Fernstudium – wäre er naturgemäß nicht an eine Örtlichkeit gebunden. Beim Fernstudium gibt es zudem keine festen Termine für den Semesterbeginn; auch Unterbrechungen sind möglich. Holger M. findet dieses Konzept angenehm flexibel. Außerdem ist es kostengünstiger.

Bei beiden Modellen wirken die Studiengänge gut strukturiert. Auch der Arbeitsaufwand erscheint zumindest auf den ersten Blick machbar. Das Lernpensum wird in leicht verdaulichen Happen – sogenannten Modulen – aufbereitet. Beim berufsbegleitenden Präsenzmodell sind die Studienanbieter bemüht, die organisatorischen und administrativen Belastungen der Studierenden so gering wie möglich zu halten. Vorlesungen und Seminare finden abends und an den Wochenenden statt. Damit ist es natürlich nicht getan. Die Studierenden müssen Fachliteratur lesen, den Lehrstoff lernen, Hausarbeiten schreiben und sich auf die Klausuren vorbereiten.

Wie realistisch ist die Vorstellung überhaupt, neben dem Beruf noch eine Weiterbildung stemmen zu können? Auch Studierende mit einer großen Portion Eigeninitiative müssen manche Stolpersteine aus dem Weg räumen, bevor sie sich das Abschlusszeugnis einrahmen lassen können. Die Hindernisse fallen in zwei Kategorien. Es sind zum einen intellektuelle und persönlichkeitsbedingte Faktoren und zum anderen der potentielle familiäre Stress, die dem Studierenden den Spaß am Lernen verderben können und so möglicherweise den Erfolg gefährden.

„Über Abbrecherquoten wird nicht gern gesprochen."

Die FOM, laut eigener Aussage die größte private Hochschule Deutschlands, ist zur Zeit an 23 Studienorten präsent und versteht sich als Spezialist für berufsbegleitende Studien in wirtschaftswissenschaftlichen Studiengängen. Auf der Homepage stellt die Institution ihre Vorteile gegenüber Anbietern von Fernstudien heraus: „Über 80 Prozent unserer Studierenden erreichen den angestrebten Hochschulabschluss. Im Vergleich: Die Hagener Fernuniversität schätzt ihre Abbrecherquote auf 70 Prozent." (http://www.fom.de/faq/zum-studium-an-der-fom.html. Abrufdatum 21.02.2012)

Detaillierte und offizielle Informationen zur Abbrecherquote beim Fernstudium sind schwer zu bekommen. Das nährt den Verdacht, dass sie tatsächlich hoch anzusetzen ist. Auch die Fernuniversität Hagen, Deutschlands größter Anbieter auf diesem Gebiet, informiert auf ihrer Homepage nicht darüber, wie viele Studenten ihre Bemühungen ohne einen Abschluss einstellen. Die Universität gibt allerdings auf ihrer Statistikseite die Gesamtzahl der Studierenden bekannt, und sie veröffentlicht auch eine Aufstellung der Absolventen: http://www.fernuni-hagen.de/arbeiten/statistik/ (Abrufdatum 21.02.2010). Demnach waren 2010 in Hagen rund 70.000 Studierende aktiv eingeschrieben; rund 68.000 im Sommersemester und rund 73.000 im Wintersemester 2010/11. Für das Prüfungsjahr 2010 meldet die Uni einschließlich aller Zusatzstudiengänge 1313 bestandene Abschlussprüfungen. 409 Studierende erwarben den Bachelor-Abschluss, 220 bauten den Master, 20 (!) davon den Master in Weiterbildung (http://www.fernuni-hagen.de/arbeiten/statistik/absolventen/abschl.shtml).

Die Zahlen sind nicht gerade überwältigend, selbst wenn man annimmt, dass sich unter den Studierenden auch solche finden, die von Anfang an gar nicht die Absicht hatten, einen Abschluss zu erwerben. Vermutlich testen auch viele erst einmal unverbindlich, ob ein Studium für sie überhaupt in Frage kommt, und wenn ja, ob das gewählte Fach das richtige ist. Vorstellbar ist auch, dass sich Studenten an einer Fernuniversität anmelden, um die Wartezeit bis zur Aufnahme ihres regulären Studiums zu überbrücken. Möglich wäre sogar, die Pause zwischen zwei Arbeitsverträgen mit der Auffrischung oder dem Erwerb beruflich nutzbaren Wissens zu füllen.

Dennoch: Die Absolventenquote ist alles andere als beeindruckend. Die Schlussfolgerung, dass ein sehr hoher Prozentsatz der Studierenden das Studium vorzeitig abgebrochen und somit den Abschluss nicht erreicht hat, ist legitim. Der Konkurrent FOM könnte mit der genannten Abbrecherquote von 70 Prozent also durchaus richtig liegen. Warum so viele Fern-Studenten ihr einmal begonnenes Studium nicht ordnungsgemäß beenden, wurde bislang meines Wissens nicht statistisch belastbar erfasst, zumindest nicht veröffentlicht.

„Das duale Studium ist eine Doppelbelastung."

Als Gründe für den Abbruch kommen die üblichen Verdächtigen in Frage. Mithin Konzentrationsschwäche, intellektuelle Überforderung, zu geringe Freude am Lernen, unzureichendes Interesse am Fach, zum wenig Motivation allgemein oder Zeitmangel.

Eine kleine (und sicher nicht repräsentative) Online-Umfrage habe ergeben, berichtet das VDV-Karriereportal, dass es nicht der Schwierigkeitsgrad sei, der die Studierenden entmutigt, sondern vor allem die enorme zeitliche Belastung: „Fernstudierende jonglieren permanent zwischen beruflichen Verpflichtungen, Weiterbildung und Privatleben. Wenn dann zum Beispiel noch ein Hauskauf, eine Schwangerschaft oder ein Jobwechsel hinzukommt, fällt das Fernstudium oft hinten über", schreibt Markus Jung, Inhaber der Informationsplattform fernstudium-infos.de. (Jung, M., 2010)

Ohne genaue Überlegung, wie die notwendige Zeit für das Studium freigeschaufelt werden kann, droht der nebenberufliche Qualifikationserwerb zu scheitern. Denn mit vier, fünf Wochenstunden ist es beileibe nicht getan. „Eine Weiterbildung benötigt Zeit und Aufmerksamkeit. Und insbesondere bei einer berufsbegleitenden Weiterbildung ist es nicht immer leicht, die notwendige Zeit aufzubringen. Daher ist eine Planung der benötigten und zur Verfügung stehenden Zeiträume sehr wichtig. Als groben Orientierungsrahmen hat sich für eine nicht-akademische Weiterbildung ein durchschnittlicher Zeitaufwand von 10-15 Stunden pro Woche und für ein akademisches Fernstudium von 15-20 Stunden pro Woche als realistisch erwiesen." (Oppermann, A./Jung, M., 2011) Das entspricht zwei vollen Arbeitstagen.

„Jede längere Weiterbildung braucht Überzeugungsarbeit in der Familie."

Ein duales Studium, ob in der Form eines Fern- oder eines Präsenzstudiums, ist eindeutig eine Doppelbelastung. Beide Varianten erfordern neben dem erheblichen Zeitaufwand und einer unabdingbar hohen formalen Intelligenz insbesondere Disziplin, Eigenmotivation, Fleiß und ausgeprägtes Durchhaltevermögen über einen längeren Zeitraum. Beide verlangen zudem noch sehr viel Toleranz und Rücksichtnahme der Familie oder des Partners sowie den Verzicht auf gewohnte gemeinsame Aktionen.

Weil Pfleger Holger M. ahnt, dass er für seine Idee, sich für einen Job im mittleren Management zu qualifizieren, im Familienkreis erst noch kräftig Überzeugungsarbeit leisten muss, besinnt er sich auf den guten Rat, den ihm eine befreundete Psychologin vor Jahren gab: „Wenn du beruflich ein Problem hast, das sich auch auf die Kinder und deine Frau auswirken wird, oder wenn du was ganz Grundsätzliches verändern willst, dann musst du alle Betroffenen mit einbeziehen. Du kannst deine Angehörigen nicht einfach vor vollendete Tatsachen stellen. Du musst es schaffen, dass sie mit dir am selben Strang ziehen.

Am besten rufst du in solchen Fällen erst einmal eine sogenannte Familienkonferenz ein. Das klingt für dich vermutlich nach typischem Psychologen-Trara. Doch störe Dich nicht an dem Wort, denn solch ein Treffen macht Sinn. Dabei kommt dann alles auf den Tisch, jeder kann seine Befürchtungen loswerden. Danach wird diskutiert, aber bitte ergebnisoffen, sonst fühlen die anderen sich von dir verschaukelt. Und wenn Du spüren solltest, dass sich die Familie entschieden gegen Deine Weiterbildung ausspricht, aus welchen Gründen auch immer, dann überlege, ob Du den Preis zu zahlen bereit bist, wenn Du es trotzdem tust."

Die Konferenz der Familie von Holger M. findet tatsächlich statt und verläuft erwartungsgemäß: Die 16-jährige Tochter ahnt sofort, was auf sie zukommt, wenn ihr Vater in seiner (bisherigen) Freizeit über seinen Büchern sitzt: Sie wird mehr als bisher im Haushalt helfen müssen. Diese Gefahr erkennt auch ihr jüngerer Bruder. Mehr Hausarbeit wäre schon schlimm genug für ihn. Geradezu furchterregend aber ist die Vorstellung, der Papa hätte dann überhaupt keine Zeit mehr für Radtouren „unter Männern" oder zum Fußballspielen.

Auch Ehefrau Sandra M. ist skeptisch. „Wie soll das gehen? Wo bleibe ich denn in deinem Modell? Ich habe schließlich auch einen Beruf. Machst du dann hier zu Hause keinen Handschlag mehr? Hast du überhaupt keine Zeit mehr für die Kinder? Oder für mich? Bisher haben wir uns beide um die Hausaufgaben der Kinder gekümmert. Soll ich das jetzt alles ganz alleine machen? Und heißt das jetzt, dass wir zwei Jahre lang nicht mehr in Urlaub fahren können, weil du lernen musst?"

„Ein Abend- oder Fernstudium verursacht familiären Stress."

Das sind berechtigte Fragen und Einwände, die der Weiterbildungswillige beantworten und berücksichtigen sollte. Offen und ehrlich. Denn es stimmt ja, dass die neue Herausforderung die gesamte Familie belasten wird. Die mit Sicherheit auftretenden Probleme sollten in keinem Fall tabuisiert werden. Im Idealfall treten die Eltern als Team an und erklären die Notwendigkeit der Veränderung im Alltagsleben. Nach Möglichkeit haben sie auch schon ein paar konkrete Vorschläge entwickelt, wer in der bevorstehenden Zeit welche Aufgaben erledigen könnte. Auch kleinere Kinder können verstehen, dass man als Student Hausaufgaben machen *muss*. Und dann sollte die Familie gemeinsam überlegen, wie die neue Aufgabenverteilung grundsätzlich strukturiert sein müsste, damit sich niemand benachteiligt fühlt.

Mindestens genauso wichtig wie ein familieninterner Lastenausgleich ist die Zukunftsperspektive. Selbst jüngere Kinder sind durchaus in der Lage zu verstehen, dass ihre Mutter oder ihr Vater noch einmal zur Schule gehen müssen, um den Job zu behalten oder sich für einen besseren zu qualifizieren. Schließlich erzählen ihnen die Eltern ja immer wieder, dass sie sich in der Schule anstrengen müssen, um später einmal beruflichen Erfolg zu haben. Jetzt ist einer der Erwachsenen gefordert. Dafür können Kinder und Jugendliche Verständnis aufbringen – wenn es ihnen vernünftig erklärt wird.

Vielen Heranwachsenden dürfte auch das Argument einleuchten, dass ein Ende der Karriere von Mama oder Papa äußerst negative Einflüsse auf die finanzielle Situation der Familie haben würde. Man sollte Kindern und Jugendlichen keine Angst vor der Zukunft machen, aber eventuelle Risiken kann man schon ansprechen. Ohne Papas oder Mamas gute Stelle wären die gewohnten Reitstunden oder der Jahresurlaub in der Clubanlage auf Lanzarote nicht mehr drin.

Dem 16- oder 17-jährigen Nachwuchs kann man persönliche Nachteile in Form eines höheren Arbeitsaufwands in Küche oder Garten daher als Investition in die Familie nahelegen. Auf diese Weise kann man erreichen, dass ältere Kinder ohne großes Murren zusätzliche Aufgaben für die Gemeinschaft übernehmen. Schließlich liegt es im ureigenen Interesse der Jugendlichen, den bisherigen Lebensstandard zu wahren. Dafür können und sollen auch sie ihren Beitrag leisten.

Dass auch der Lebenspartner oder die Lebenspartnerin von der Weiterbildung betroffen sein wird, lässt sich nicht bestreiten. In der anstehenden Diskussion gelten dieselben Regeln: Offenheit, konkrete Vorschläge und das Angebot, den anderen bei dessen Weiterbildung ebenso zu unterstützen.

„Die richtige Argumentation: Von der Weiterbildung eines Elternteils profitiert die ganze Familie.“

Dass sich die Höherqualifizierung des Vaters oder der Mutter finanziell lohnen kann, belegt eine Umfrage der Deutschen Industrie- und Handelskammer bei mehr als 11.000 Weiterbildungsabsolventen (http://www.vdv-karriere.de/index.php?id=weiterbildungsumfrage, Abrufdatum 23.02.2012). Drei bis fünf Jahre nach der Prüfung hätten mehr als 70 Prozent der Absolventen eine bessere Position beziehungsweise einen größeren Verantwortungsbereich (73 Prozent) erreicht oder bekämen ein höheres Gehalt (66 Prozent). Eine solche Perspektive dürfte Heranwachsende und Lebenspartner gleichermaßen interessieren.

Jugendliche wollen ernst genommen werden. Man sollte ihnen die Chance geben, deutlich mehr Verantwortung zu übernehmen als bisher, wenn die Eltern aus wichtigen Gründen und zeitlich befristet Unterstützung brauchen. Eine 17-Jährige kann die Hausaufgaben des kleinen Bruders durchsehen oder mit ihm englische Vokabeln lernen und auf diese Weise das studierende Elternteil entlasten. In Deutschland sind die Betreuungsangebote in Kindergärten und Schulen knapp. Hier ist die Politik gefordert, Abhilfe zu schaffen. Manche Volksvertreter lassen immerhin schon einmal die Daten erheben, anhand derer Verbesserungsvorhaben diskutiert werden können.

Im Auftrag des Bundesministeriums für Familie, Senioren, Frauen und Jugend ermittelt das Institut für Demoskopie Allensbach regelmäßig, zuletzt 2011, die Einstellungen der Deutschen zur Familie sowie ihre Meinung zur Familienpolitik (Monitor Familienleben, 2011). Die repräsentative Befragung deckt im Fragenkomplex zu den Einstellungen und Lebensverhältnissen von Familien deutlichen Handlungsbedarf auf.

„Vor allem Väter haben schon ohne Weiterbildung Probleme, Beruf und Familie zu vereinbaren.“

67 Prozent der Eltern mit Kindern unter 18 Jahren erklären, dass sich in Deutschland Familie und Beruf nicht gut miteinander verein-

baren lassen. Dieser Meinung sind deutlich mehr Väter (73 Prozent) als Mütter (62 Prozent).

- „Um Müttern und Vätern die Vereinbarkeit von Familie und Beruf zu erleichtern, wird Änderungsbedarf sowohl bei den verbreiteten Einstellungen in der Bevölkerung gesehen wie auch bei den Anbietern von Betreuungsmöglichkeiten für Kinder", heißt es in der Auswertung.

- „An erster Stelle werden die Unternehmen in der Pflicht gesehen, wenn es um eine bessere Vereinbarkeit von Familie und Beruf geht.

- „84 Prozent der Bevölkerung würden sich weitere Anstrengungen der Unternehmen für eine bessere Vereinbarkeit wünschen und

- nur 5 Prozent halten die bisherigen Bemühungen für ausreichend." (Institut für Demoskopie Allensbach, 2011)

Die Forscher betonen, dass die Bevölkerung die zum Teil erheblichen Bemühungen der Unternehmen *nicht* ignoriert. Der „Klimawandel" in der Familienpolitik in den Unternehmen werde wahrgenommen und auch respektiert: „Während etwa im Jahr 2005 erst 37 Prozent der unselbständig berufstätigen Mütter und Väter mit Kindern unter 16 Jahren berichteten, dass ihre Arbeitgeber sich ganz bewusst um eine gute Vereinbarkeit von Familie und Beruf bemühten, konnten das im Jahr 2011 immerhin schon 49 Prozent in dieser Befragtengruppe angeben. 56 Prozent berichteten bei dieser Umfrage zudem über eine besondere Rücksichtnahme ihrer Arbeitgeber auf die familiäre Situation der Beschäftigten."

„Ein Studium neben dem Job verstärkt besonders den Druck auf die Väter."

Die besondere Situation von Mitarbeitern in Weiterbildung wurde bei dieser Erhebung nicht berücksichtigt. Aber man darf wohl davon ausgehen, dass das Problem, Beruf und Familie zu vereinbaren, noch größer ist, wenn ein Elternteil ein berufsbegleitendes Studium absolviert. Insbesondere Väter fühlen sich bereits im normalen Arbeitsprozess so stark belastet, dass sie familiäre Anforderungen nur schwer mit denen des Jobs vereinbaren können. Umso schwieriger wird es für sie sein, auch noch die zusätzlichen Anforderungen eines Studiums in ihren Tagesablauf zu integrieren, ohne die Familie zu vernachlässigen.

Der Allensbacher Monitor Familienleben listet weiter auf, worüber sich die befragten Eltern, die schon ohne Weiterbildung ein Defizit an Freizeit beklagen, am ehesten freuen würden:

- „Am meisten würde mir helfen, wenn ich beruflich nicht so stark eingespannt wäre," (Väter 71%, Mütter 23%)
- „wenn Familien mit Kindern vom Staat stärker unterstützt würden," (Väter 45%, Mütter 48%)
- „wenn sich Kindergärten und Schulen in ihren Betreuungszeiten stärker nach den Arbeitszeiten der Eltern richten würden," (Väter 28%, Mütter 42%)
- „wenn mein Betrieb bzw. der Betrieb meines Partners Kinderbetreuungsmöglichkeiten anbieten würde" (Väter 19 %, Mütter 35%). (Institut für Demoskopie Allensbach, 2011).

„Flexible Arbeitszeiten bringen am meisten Entlastung."

Den Druck herausnehmen könnte für Väter folglich gerade das, was sie während ihrer berufsbegleitenden Weiterbildung kaum haben werden: Entlastung am Arbeitsplatz. Unternehmen, die während der Arbeitszeiten ihrer Beschäftigten die Kinderbetreuung übernehmen, leisten zwar einen gewissen Beitrag zum Stressabbau in den Familien – aber damit allein ist es nicht getan.

Weiterhelfen kann der Blick auf die Aussagen der Eltern, die Beruf und Familie gut vereinbaren können. Sie werden gemäß der Allensbach-Studie mehrheitlich von den eigenen Eltern, Schwiegereltern oder anderen Angehörigen unterstützt. „Zu einer guten Vereinbarkeit von Familie und Beruf tragen zudem häufig flexible Arbeitszeiten (35 Prozent), die Nutzung von Betreuungseinrichtungen (32 Prozent) oder die Teilzeitarbeit eines Elternteils (28 Prozent) bei."

Flexible Arbeitszeiten sind allerdings hierzulande für die Mehrheit der Beschäftigten keine Option. Das Statistische Bundesamt kommt 2010 auf Basis der Arbeitskräfteerhebung zu dem Ergebnis, dass fast 60 Prozent der Beschäftigten in einem starren Arbeitszeitmodell tätig sind, das ihnen die Anzahl der täglichen Arbeitsstunden und auch den Zeitrahmen fest vorgibt (Arbeitskräfteerhebung, 2010).

Führungskräfte arbeiten nach flexibleren Vorgaben. Ob sie ihre Aufgaben im Büro bewältigen oder zu Hause und wie viele Stunden sie im Unternehmen präsent sind, ist dabei oft ebenso nebensächlich wie die Uhrzeit, zu der sie ihre Arbeit beginnen oder beenden: Sie müssen ihre Aufgaben erledigen. Wie lange sie dafür brauchen und wann sie damit anfangen, ist ihre Sache. Für mehr als acht Prozent der befragten Manager gilt, dass sie ihre Arbeitszeiten sogar völlig frei gestalten können.

Deutlich mehr als ein Drittel aller Beschäftigten hierzulande hat zumindest Einfluss auf die Einteilung der Arbeitszeit. Ein knappes Viertel verfügt über ein Arbeitszeitkonto und kann sich daher die Arbeit recht flexibel einteilen.

Natürlich hängen die individuellen Arbeitszeiten eines Beschäftigten von den konkreten Erfordernissen des Arbeitsplatzes ab. Bibliotheken, Bildungseinrichtungen, Arztpraxen, Anwaltskanzleien, aber auch Gasthäuser und Reisebüros müssen zu bestimmten Kernzeiten geöffnet sein, um den Bedarf ihrer Klientel zu decken. Feuerwehr, Krankenhäuser und andere soziale Einrichtungen tun sich naturgemäß besonders schwer mit gleitender Arbeitszeit. Und so erstaunt es dann auch nicht, dass fast drei Viertel der Beschäftigten im Gesundheitswesen an starre Arbeitszeiten gebunden ist. Ebenso wenig überrascht, dass sich am anderen Ende der Skala die Beschäftigten bei Finanzdienstleistern, Versicherungen oder in der Öffentlichen Verwaltung finden. Ihre Arbeitszeiten sind in der Regel gleitend.

„Lebenslanges Lernen braucht viel stärkere Anerkennung in der Gesellschaft."

Was lässt sich aus all dem schließen? Beide Partner brauchen einen Konsens darüber, dass der Beruf die Existenz der ganzen Familie sichert und dass Lernen nicht nur die Aufstiegschancen verbessert, sondern auch die Arbeitszufriedenheit steigert. Heute trifft man oft noch auf abwertende Kommentare wie: „Hast du die Weiterbildung wirklich nötig? Kommst du sonst nicht weiter? Oder sind deine Kollegen einfach besser?" Und es sind längst nicht nur missgünstige Kollegen, die sich in solchen Unterstellungen ergehen.

Diesem Denken sollte der UNICEF-Bericht zur Lage der Kinder in Deutschland 2011/2012 endlich Einhalt gebieten. Die Teilhabe von Eltern am Arbeitsleben sei von zentraler Bedeutung für das Wohlbefinden von Kindern in Deutschland, wird darin hervorgehoben. Eine gute Förderung in Kindertagesstätten und Schulen könne Defizite aufgrund mangelnder Teilhabe der Eltern nur begrenzt ausgleichen. Eltern, die die Möglichkeit hätten, ihren Lebensunterhalt selbst zu bestreiten und als aktiv Handelnde am Leben der Gesellschaft mitzuwirken, seien die wichtigsten Rollenmodelle. Hierdurch vermittelten sie ihren Kindern das notwendige Vertrauen, die Herausforderungen der Zukunft zu schaffen. In unserem Kontext ließe sich hinzufügen: Wenn Kinder sehen, wie sich Vater oder Mutter um den Erhalt und Neuaufbau ihrer beruflichen Qualifikation bemühen, werden sie dieses Muster auch für sich anwenden. Etwas Besseres kann man seinem Nachwuchs kaum auf den Weg ins Leben mitgeben.

Lebenslanges Lernen muss in der Gesellschaft noch weit stärker positiv bewertet werden. Es sollte Einverständnis darüber bestehen, dass man sich nicht vorrangig weiterbildet, weil man irgendwo fachliche Defizite hat, sondern weil man seine Stärken erhalten und mit zusätzlichen Qualifikationen anreichern will. Es muss auch noch viel konsequenter dafür geworben werden, dass Ältere sich nicht aus dem Prozess des lebenslangen Lernens vorzeitig und entmutigt zurückziehen.

Sicherlich sollen die Unternehmen ihren Beschäftigten Hilfestellung leisten bei der Umsetzung des Wunsches, sich weiterzubilden. Mit einem Family Office, Kinderbetreuung im Unternehmen, mit flexiblen Arbeitszeiten und einer anteiligen Übernahme der Studienkosten. Das schon im eigenen Interesse, denn nur so sind gute Mitarbeiter zu finden und zu binden. Mindestens so wichtig wie diese überprüfbaren Maßnahmen aber ist eine genuine Lernkultur im Unternehmen. Wenn man sich einig darin ist, dass kontinuierliches Lernen die Basis ist für den nachhaltigen Erfolg sowohl der Beschäftigten als auch des Unternehmens, dann wird demjenigen, der sich um eine Weiterbildung bemüht, mehr Respekt entgegen gebracht werden. Dann wird die zugesagte Unterstützung mehr sein als bloßes Lippenbekenntnis.

„Ein zeitweiliges Ungleichgewicht bei der Verteilung der Lasten ist durchaus akzeptabel."

Der Wunsch der Beschäftigten nach einer ausgeglichenen Work-Life-Balance wird in den Unternehmen durchaus mit einem gewissen Wohlwollen vernommen. Denn die Furcht vor den kostspieligen Auswirkungen der Krankheit Burn-out ist in den Chefetagen angekommen. Man sollte sich allerdings klar darüber sein, dass dieses Gleichgewicht niemals stabil ist, sondern ein Schwebezustand ist mit potentiellen Ausschlägen in beide Richtungen. Es wird immer Phasen geben, in denen sich die Waagschale zum Vorteil der einen Seite senkt und damit die andere Seite automatisch benachteiligt.

Wenn sich diese Schieflage nicht zu einem Dauerzustand entwickelt, ist dagegen auch nichts einzuwenden. Gerechtigkeit nach mathematischen Vorgaben ist nicht möglich in komplexen Beziehungsgeflechten. Auch ein völlig gerechter Lastenausgleich zwischen Lebenspartnern – ob mit oder ohne Kinder – wird immer Utopie bleiben. Die Kunst besteht, wie so oft, in einer Abwägung der Interessen und in einem möglichst fairen Kompromiss.

Es gehört durchaus zur Fürsorgepflicht des Arbeitgebers, einen weiterbildungsbereiten Mitarbeiter auf die besondere Problematik für Partnerschaft und Familie hinzuweisen und mögliche Unterstützung anzubieten. Die Entscheidung darüber liegt aber letztlich beim Arbeitnehmer. Die Aufrechterhaltung der Employability ist *seine* Verantwortung.

10 Und wofür das alles?

Ein Plädoyer für das Honorieren
von Lebenserfahrung

Thesen

1. *In einer wissensorientierten Gesellschaft darf berufsorientiertes Lernen kein Privileg der Jugend sein. Lebenslanges Lernen muss eine Selbstverständlichkeit werden, um Wirtschaftskraft von Unternehmen und Employability von Mitarbeitern zu erhalten. Dafür müssen sich alle einsetzen: Unternehmen, Hochschulen, Politik, aber auch jeder Einzelne.*

2. *Der Aufgabenbereich Qualifizierung muss erheblich stärker als heute in die Personalplanungsprozesse eines Unternehmens integriert werden. Es ist höchste Zeit, ihm einen gleichwertigen Platz neben dem Recruiting, der Talente-Förderung und der Führungskräfteentwicklung einzuräumen.*

3. *Hochschulen, Universitäten und Business Schools sind aufgerufen, Senior-Studiengänge zu entwickeln, die genau auf die Bedürfnisse berufserfahrener Studenten zugeschnitten sind.*

Am Anfang dieses Buches habe ich mich mit der Fehlallokation auf dem Arbeitsmarkt, also mit der sich immer weiter öffnenden Schere zwischen verfügbaren Arbeitskräften – gerade im High-Potential-Bereich – und dem Personalbedarf der Unternehmen beschäftigt. Dabei bin ich zu dem Schluss gekommen, dass nur eine konzertierte Weiterbildungsoffensive dauerhaft für ein Gleichgewicht zwischen dem Arbeitskräfteangebot und der Nachfrage sorgen kann. Angesichts des demografischen Wandels müssen sich die Anstrengungen besonders an ältere Arbeitnehmer richten und es ihnen ermöglichen, technisch, betriebswirtschaftlich und wissenschaftlich auf der Höhe der Zeit zu bleiben. Nur so kann die Beschäftigungsfähigkeit von Mitarbeitern auf allen Ebenen der Hierarchie erhalten und ausgebaut und gleichzeitig langfristig der Bedarf an qualifizierten Mitarbeitern gesichert werden.

Bei der Umsetzung einer so großen gesamtgesellschaftlichen Aufgabe ist mit einem zaghaften Ansatz niemandem geholfen. Ohne eine umfassende und klug durchdachte Strategie werden die westeuropäischen Industrieländer innerhalb weniger Jahre den Anschluss an die Weltspitze in Industrie und Wissenschaft verlieren.

Die Erfahrungen und das Know-how, das ältere Arbeitnehmer in ihrem Berufsleben gesammelt haben, sind ein virtueller Schatz jedes Unternehmens. Wer diesen brach liegen lässt, weil er seinen in die Jahre gekommenen Mitarbeitern nicht mehr die Inangriffnahme und die Bewältigung neuer Herausforderungen zutraut, verschenkt wichtiges Humankapital – und das allein ist heute der differenzierende Faktor zwischen wirtschaftlichem Erfolg und Misserfolg.

Wenn es allerdings gelingt, einen Paradigmenwechsel hin zu echtem und an die Bedingungen einer globalen Marktwirtschaft angepassten lebenslangen Lernen herbeizuführen, öffnet sich damit die Chance, wirklich Herausragendes in Wirtschaft, Politik und Management auszubauen und weiterzuentwickeln.

„Exzellenz ist die Summe von Erfahrung und Offenheit für Neues."

Exzellenz ist immer individuell. Sie erwächst aus persönlichem Erfolg im Beruf wie im Leben und einem sich ständig weiter entwickelnden Wissen. Im Idealfall – und der ist gar nicht so selten – ergänzen sich Wissen, Neugier und Erfahrung und gehen eine Symbiose ein. Die Exzellenz, die aus dieser erwächst und sich beschleunigend weiterentwickelt, ist es, die jeder einzelne Arbeitnehmer für sich, für sein Unternehmen, aber auch Wirtschaft und Politik mit Blick auf den ganzen Unternehmenssektor fördern und fordern sollten.

Das funktioniert nur, wenn sich der Blick für menschliches Entwicklungspotential weitet. Selbstverständlich sollen weiterhin junge Talente die Unterstützung und die Herausforderungen bekommen, die sie brauchen, um sich zu entwickeln. Mit ihrem unverstellten Blick, mit ihren frischen Ideen und mit dem ihnen eigenen Ehrgeiz und Leistungswillen sichern sie die Innovationskraft von Unternehmen und Gesellschaft.

Die Fokussierung von Personalarbeit und Personalentwicklung auf diesen Personenkreis allerdings ist schon mittelfristig kontraproduktiv. Langfristig angelegte HR-Arbeit muss darauf abzielen, alle Altersgruppen ihrem Können und ihren Fähigkeiten nach einzusetzen. Dazu müssen Geschäftsführung und Personalabteilung eng kooperieren und eine gemeinsame Strategie entwickeln, die in alle Teile des

Unternehmens hineingetragen und von allen mitgetragen werden muss. Das Ansehen der Erfahrung als Qualifikation hat dabei eine wichtige Schlüsselfunktion. Hier braucht es nicht weniger als ein gesamtgesellschaftliches Umdenken.

Um ein Handwerk wirklich kompetent zu beherrschen, sind viel Zeit und Übung erforderlich. Das wussten schon die Gründer der alten Handwerksgilden und koppelten deshalb die Erlangung des Meistergrades an viele Jahre Berufserfahrung. Gerade in der Herstellung komplexer Produkte erwächst die echte Exzellenz oft erst aus in vielen Jahren erworbener Expertise. Ein Instrumentenbauer wird es anstreben, jede Flöte, jede Geige noch besser, noch reiner, noch voller klingen zu lassen als ihre Vorgänger. Um das zu belegen, muss man gar nicht bis zu den großen italienischen Geigenbauern zurückblicken, deren Meisterstücke bis heute als unerreicht gelten. Auch die Legenden unter den modernen Musikinstrumenten sind oft durch die Erfahrung und die Expertise eines einzelnen Meisters entstanden. Ein Fender Jazz Bass, an den der erfahrene Instrumentenbauer Leo Fender selbst Hand angelegt hat, ist der Traum vieler Bassisten und nach Meinung von Experten in seinen Klangeigenschaften unerreicht.

„Ich weiß, dass ich nichts weiß."

Herausragende Meister und bodenständige Experten mit langer Erfahrung gibt es in jedem Handwerk. Ein guter Uhrmacher will jedes Uhrwerk noch präziser, noch zuverlässiger, noch ausgefeilter ineinander greifend schaffen als das seiner Vorgänger. Wer das Glück hat, einen alten Sportwagen sein eigen zu nennen, wird diesen für Reparaturarbeiten kaum dem frischgebackenen Gesellen anvertrauen, sondern dafür auf das Schraubertalent und die Fachkenntnisse des Werkstattmeisters zurückgreifen, selbst wenn der sich jeden Handschlag vergolden lässt.

Jahrhundertelang war dieses Erfahrungswissen, das Gespür für Produkt und Material, Grundlage und Voraussetzung für herausragende Qualität und Exzellenz. Andererseits wusste auch der erfahrenste Meister – wenn er wirklich gut war – dass er mit jedem neuen Stück noch etwas dazu lernte, dass sein Wissen nie perfekt war. „Ich weiß, dass ich nichts weiß." Seit Sokrates lautet so das ehrliche Understatement jedes echten Experten. Es ist der Quell beständigen Bildungshungers.

Auf der anderen Seite konnte sich der Meister auf sein Renommee verlassen. Selbst wenn seine Hand zu zittern begann und er nicht mehr selbst das Werkzeug führen konnte, wenn das Auge des Uhrmachers zu schwach wurde, um die komplizierte Feinarbeit am Uhrwerk selbst vorzunehmen, war das Urteil der alten Meister begehrt, geschätzt und unverzichtbar für einen wirklich exzellent arbeitenden Handwerksbetrieb. Modern ausgedrückt: Learning by Doing stand jahrhundertelang für die anerkannte Wertschätzung des lebenslangen Lernens.

Seit dem ausgehenden 20. Jahrhundert, also nur binnen weniger Jahrzehnte, hat das Ansehen des Erfahrungswissens an Gewicht verloren. Die Geschwindigkeit der wissenschaftlichen und technischen Entwicklungen, gepaart mit einem medial verstärkten Jugendwahn hat dazu geführt, dass die typischerweise jungen Menschen, jungen Arbeitnehmern zugesprochenen Eigenschaften zum Nonplusultra der Jobanforderungen geworden sind.

„Menschen über 50 gelten vielfach als entwicklungshemmendes Relikt."

Besonders in Branchen, die von ihrem innovativen Image leben, wie die Werbung und die Informationstechnik, gelten Menschen über 50 Jahre vielfach als entwicklungshemmendes Relikt. Darüber hinaus stehen Absolventen und junge Arbeitnehmer im betonfesten Ruf, motivierter, innovativer, unvoreingenommener, formbarer und kostengünstiger zu sein als ihre älteren, erfahreneren Pendants. Bis auf das letzte Attribut völlig zu Unrecht, wie viele Studien inzwischen beweisen.

Zweifellos ist jedes handgefertigtes Musikinstrument oder Bauteil ein komplexes System. Im Verhältnis zu einem Industrieunternehmen mit Zigtausenden von Mitarbeitern, das sich auf einem globalen Markt behaupten muss, ist aber selbst eine Kirchenorgel dann doch wieder relativ simpel – und vor allem ziemlich stabil. Wer innerhalb der sich verändernden Weltmärkte in einer rasant wachsenden technologieorientierten Gesellschaft auf dem Laufenden bleiben will, wird seine Erfahrung immer wieder auf den Prüfstein stellen und erweitern müssen. Lebenslanges Lernen ist dafür unverzichtbar.

Im Privatleben ist das eine banale Selbstverständlichkeit. Die Beherrschung des neuen Mobiltelefons, die Installation des Update eines Computerprogramms, die Herstellung des raffinierten Soufflés aus der TV-Kochsendung, Gitarrespielen im Selbststudium – Learning by Doing ist notwendig, verbreitet, angesehen und wird von den Produzenten komplexer Konsumgüter sogar stillschweigend vorausgesetzt.

„Warum kann das in Unternehmen nicht auch so sein?"

Wenn ein Betrieb neue Maschinen anschafft, bekommen die Mitarbeiter, die diese bedienen müssen, selbstverständlich eine entsprechende Schulung. Alles andere wäre grob fahrlässig. Das Umfeld, in dem sich die meisten Manager, gleich welcher Karriere- und Altersstufe, bewegen, ist weitaus komplexer als jede Maschine. Märkte, Strukturen, Techniken, Verbraucherpräferenzen, Motive und Verhaltensweisen unterliegen fortwährenden Veränderungen. Um nachhaltig konkurrenz- und leistungsfähig zu sein, müssen sich Manager nicht nur praktisch, sondern auch theoretisch weiterbilden.

„Wir brauchen fundierte akademische Bildung statt Wochenendseminaren mit Erwartungsklärung und Feedback."

Natürlich muss niemand sieben Jahre Sinologie studieren, bevor er den Vertrieb für China übernehmen kann. Aber etwas mehr als ein Drei-Tage-Kurs in interkulturellen Gepflogenheiten darf es schon sein. Zum Beispiel ein Bachelor in interkulturellem Management. Gern auch berufsbegleitend. Sonst ergeht es ihm vielleicht wie Rolf S.

Nach einer beeindruckenden Managementkarriere im Vertrieb sollte Rolf S. den Aufbau des Key Account Managements in der neu gegründeten Tochterfirma in Beijing übernehmen. Sein Chef gönnte ihm, der bisher in erster Linie den europäischen und amerikanischen Markt kennengelernt hatte, einen einwöchigen Crash-Kurs interkulturelles Management bei einer Asien-Spezialistin. Danach wusste Rolf S. zwar vieles über chinesische Tischmanieren und Kommunikationsstile, kannte sechs, sieben Sprachfetzen zum Beeindrucken von Gastgebern und wusste, dass ein nach unten gerichteter Blick beim Gegenüber nicht bedeutet, dass dieser nicht angesprochen werden möchte. Sehr viel mehr wusste er aber auch nicht.

Insbesondere über die spezielle Tücke, europäisch-asiatisch gemischte Teams zu führen, wusste er wenig. Die Besonderheiten des chinesischen Marktes blieben ihm weiterhin fremd, und die Ausführungen des Verfassungsschutzes zum Thema Industrie- und Wirtschaftsspionage kannte er nur vom Hörensagen. Entnervt warf er nach wenigen Wochen das Handtuch und flog – mit der fadenscheinigen, aber ehrenrettenden Erklärung, er habe das Klima nicht vertragen – zurück in die heimatliche Hauptniederlassung (leider nicht auf seinen angestammten Job, der war inzwischen anderweitig besetzt).

Nicht nur seine Offenheit und direkte Art, Probleme anzusprechen und auf den Punkt zu bringen, hatten bei seinen asiatischen Kollegen, Mitarbeitern und Geschäftspartnern schnell zu Abwehrreaktionen geführt. Auch der Unterschied in den Strukturen und Denkweisen, in denen er sich bewegen musste, überforderte ihn. Nicht zuletzt fiel es Rolf S. schwer, sich mit dem beschränkten Zugang zu eigentlich weltweit verfügbaren Informationen zu arrangieren: In China wird das Internet streng zensiert. Einige dieser Probleme wären sicherlich auch nach einem eingehenden akademischen Studium aufgetaucht, aber Rolf S. wäre gründlicher darauf vorbereitet gewesen und hätte so manche Klippe, auf die er aufgefahren ist, umschiffen können. Er hätte auch manche Entscheidung anders getroffen, vor allem: anders kommuniziert. Vor allen Dingen aber hätte er sich ein fundiertes Wissen über den zu erobernden Markt und die dortigen Gepflogenheiten erarbeitet und seine geistige Anpassungsfähigkeit trainiert.

Ebenso wie viele andere Protagonisten, denen der Leser in diesem Buch begegnet ist, gehört Rolf S. zu den Menschen, für die lebenslanges Lernen und Selbstreflexion eine Selbstverständlichkeit ist – allerdings fühlt er sich für alles, was nicht Learning on the Job ist, denn doch ein wenig zu erfahren. Seine Vorgesetzten waren der Meinung, dass Weiterbildung mit einer Woche pro Jahr und mundfertig serviertem Wissen erledigt sein müsse, wenn man als Manager ein gewisses Standing erreicht habe. Rolf S. weiß inzwischen aus eigener Erfahrung, dass das nicht stimmt. Er weiß, dass auch Managementwissen eine Halbwertzeit hat und dass in Zeiten globaler Märkte nur derjenige auf der Höhe der Zeit bleibt, der konsequent an seiner Qualifikation arbeitet, um in sich und in seiner Umgebung das Potential für Veränderung und Kreativität – auch unter ungewohnten Umständen – wach zu halten.

Rolf S. wird sich für die nächste Aufgabe – es geht nach Russland – besser vorbereiten. Nach langen Recherchen und aufgrund einer Empfehlung der Personalabteilung hat er einen berufsbegleitenden Studiengang gefunden, der wie für ihn gemacht ist und der ihn auf die anstehenden Herausforderungen vorbereitet.

„Auch aus dem Scheitern wächst Erfahrung."

Dass der Key Accounter einmal gescheitert ist, ist für ihn kein Hinderungsgrund, es noch einmal zu versuchen. Auch darin hat er seinen jungen Kollegen einiges voraus. Genau wie Joanne K. Rowling, die in ihrer viel beachteten Commencement Address vor den Absolventen von ihrem eigenen Scheitern und von der Bedeutung der Kreativität sprach. (Rowling, J.K., 2008) Eine der erfolgreichsten Autorinnen aller Zeiten und eine der reichsten Frauen der Welt beschreibt darin, wie sie gemäß den Erwartungen ihrer Eltern und ihrer übrigen Umgebung nach allen Regeln der Kunst versagt hatte und sich dann auf das besann, was sie eigentlich am besten konnte – nämlich Geschichten erzählen. Über die literarische Bedeutung der großen Erzählerin Rowling lässt sich sicherlich streiten. Wirtschaftlich jedoch war und ist sie unzweifelhaft extrem erfolgreich und sie hat weltweit eine ganze Reihe von Arbeitsplätzen in der Filmindustrie, in Merchandising-Firmen und Verlagen gesichert.

Auch das ist Teil der Lebenserfahrung. Zu wissen, dass Scheitern nicht in jedem Fall das absolute Karriereende bedeutet, sondern manchmal nur ein Umweg ist. Dass es gerade dann gilt, neue Wege zu gehen und im Zweifel den eigenen Fähigkeiten zu vertrauen und in diese investieren. In jedem Alter. Auch und gerade jenseits der 40.

„Schaffenskraft und Umdenken haben kein Verfallsdatum."

Wie groß die Schaffenskraft und der Elan von Menschen jenseits der Lebensmitte sein kann, beweisen nicht zuletzt die Künstler. Der Journalist und ehemalige Chefredakteur des Magazins Geo, Hermann Schreiber, wechselte nach seiner Pensionierung das Fach und wurde mit 70 Jahren Schauspieler. Seitdem hat er in verschiedenen Filmen mitgewirkt und eine Dramaturgieassistenz am Theater absolviert. Auf die Frage eines Journalisten, ob ihm sein neuer Beruf glücklich oder traurig mache ob der verpassten Chancen, antwortete Schreiber: „Es ist wunderbar, jetzt noch einmal etwas Neues zu machen. Natürlich bin ich kein Profi und kann das Handwerk des Schauspielers auch nicht mehr erlernen; dafür habe ich nicht mehr genug Zeit und Kraft. Aber eigentlich will ich ja auch nur dabei sein, wenn Theater gemacht wird – das ist für mich eine beglückende Erfahrung." (Langer, A., 2008)

Der schon erwähnte Leo Fender, der für seine Weiterentwicklung elektronischer Gitarren und Bässe von vielen Musikern hoch verehrt wird, hat jenseits des sechzigsten Lebensjahres sogar noch zwei neue Unternehmen gegründet.

Als der Maler Pablo Picasso mit *Guernica* eines der bekanntesten und politisch wichtigsten Gemälde des 20. Jahrhunderts schuf, war er 56 Jahre alt. Zehn Jahre später beschritt er noch einmal ganz neue Wege und begann, sich mit Keramiken zu beschäftigen. Mit 70 Jahren schuf er das ausdrucksstarke Gemälde *Massaker von Korea*. „Im Alter von 76 Jahren zeigte Picasso in der Serie Las Meninas mit 58 Gemälden, davon 44 Interpretationen des von Diego Velázquez angefertigten Meisterwerks Las Meninas, erneut, wie virtuos und spielerisch zugleich er mit Stilen, Themen und Techniken umgehen konnte und dabei immer seine charakteristische Handschrift behielt." (Arnold, F., 2012, S. 388).

Arnold Frank, der in seinem Buch am Beispiel von Pablo Picasso veranschaulicht, zu welchen kulturellen Höchstleistungen und zu welchen Neudefinitionen des eigenen künstlerischen Portfolios Menschen in der Lage sind, kommt zu dem Schluss:

„Es ist ein großer Fehler, dass ältere Mitarbeiter meistens nicht umfassend in die Weiterbildungsprogramme integriert werden, nicht nur sind es häufig teure Mitarbeiter, auch hat die Intelligenzforschung herausgefunden, dass der Mensch erst mit 50 Jahren seine geistigen Kräfte voll ausschöpft und die Lernfähigkeit bis ins hohe Alter erhalten bleibt. Dass man differenziert und mit Augenmaß entscheiden muss, wer wann welche Ausbildung macht, ist selbstverständlich. Wenn ein Unternehmen aber damit rechnen kann, dass ein Mitarbeiter noch einige Jahre im Betrieb verbleiben wird, rechnet sich Weiterbildung immer, auch im Hinblick auf die dadurch vermittelte Wertschätzung. Es ist ein wichtiges Signal in der Unternehmenskultur, wenn hier Chancen geschaffen werden." (Arnold, F., 2012, S. 389).

Fach- und Führungskräfte der Generation Ü40 gehören zu den wichtigsten Leistungsträgern in Unternehmen. Ihre Expertise, Erfahrung und Know-how im Unternehmen zu halten und zu entwickeln, ist wichtig für die Zukunft des Unternehmens. Kein CEO, der seine Aufgabe ernst nimmt, sollte hier ohne Not sparen. Das haben die Folgen des großen Brain Drains im vergangenen Jahrzehnt bewiesen, als ältere Mitarbeiter gleich jahrgangsweise zum Vorruhestand genötigt wurden und anschließend eine große Lücke an Know-how beklagt wurde.

Die jungen, frischen High Potentials, auf die viele Unternehmen ihre Personalentwicklung konzentriert haben, werden rein zahlenmäßig immer weniger. Der Arbeitsmarkt steckt inmitten einer gewaltigen Veränderung, die nur diejenigen erfolgreich bestehen werden, die alle Faktoren beachten und klug agieren.

„Die Zahl der Erwerbstätigen nimmt von Jahr zu Jahr ab."

Die gegenwärtige demografische Entwicklung ist ein einzigartiger Prozess. Der dramatische Rückgang der Geburtenzahlen in den westlichen Industrieländern nach dem Pillenknick in den späten 60er Jahren des vergangenen Jahrtausends wird sich so vermutlich nicht wiederholen, wir können also, von Migration abgesehen, von statistisch gut abgesicherten Daten ausgehen. Der geburtenstärkste Jahrgang der Nachkriegszeit war 1964. Seine Mitglieder gehen beim derzeitigen System spätestens 2031 in Rente. Danach nimmt die Zahl der Erwerbsfähigen mit jedem Jahr ab. Jeder Erwerbstätige muss dann mit seiner Arbeit und seinen Sozialversicherungsleistungen immer mehr Pensionäre finanzieren. Ein späteres Renteneintrittsalter kann dieses Missverhältnis allenfalls lindern. Behoben wird es dadurch nicht.

Irgendwann Ende der 2050er Jahre, wenn das Gros der Vertreter der Babyboomer den Weg alles Irdischen gegangen sein wird, werden sich die Verhältnisse wieder relativiert haben. Das ist das Beruhigende an den Prognosen. Die kugelförmige Ausbuchtung, die die Demografiepyramide zurzeit um die Taille trägt, wird sich nach oben verschieben und irgendwann abgetragen sein zugunsten einer inversen Birnenfigur, einer sich sehr langsam nach unten verjüngenden Säule. Die angestrebte Pyramide wird sich aller Voraussicht nach nicht noch einmal ergeben.

„Wir müssen jetzt die Weichen für einen nachhaltigen Wandel des Arbeitsmarktes und der Personalpolitik stellen."

Auf den Arbeitsmarkt übertragen heißt das: Ein Überangebot junger, kräftiger, aufstrebender Nachwuchsarbeitnehmer vom High Potential bis zum ungelernten Arbeiter, die miteinander konkurrieren und aus denen die Unternehmen al gusto wählen können, gehört eindeutig der Vergangenheit an. Selbst dann, wenn der Zuzug ausländischer Arbeitnehmer stärker gefördert wird. Um die Leistungsfähigkeit der Industrienationen auch über das nächste Jahrzehnt hinaus zu erhalten, müssen jetzt die Weichen dazu gestellt werden, alle vorhandenen Personalressourcen sinnvoll zu nutzen und zu entwickeln, das heißt auch und gerade die älteren Leistungs- und Wissensträger.

Eine der Herausforderungen wird darin bestehen, sich der damit zusammenhängenden Teilaufgaben bewusst zu sein und sich diesen kompetent zu stellen, anstatt wie das Kaninchen vor der Schlange in Schockstarre zu verfallen und darauf zu hoffen, dass alles schon gut ausgehen wird. Kein Unternehmen kann sich darauf verlassen, dass die eigene Attraktivität als Arbeitgeber die jungen Talente automatisch vor das Werkstor oder das Bürohochhaus lockt, und kein Unternehmen wird es sich leisten können, ältere Leistungsträger wahlweise durch Überforderung und Burn-out oder durch Unterforderung und Bore-out in den tatsächlichen oder gefühlten Vorruhestand zu verabschieden. Die Golfplätze, Hobbykeller, Yogakurse und Elfenbeinstudiengänge dieser Welt werden noch ein bisschen warten müssen. Der Endfünfziger der Zukunft wird seine Zufriedenheit und Bestätigung in der realen Welt bekommen und nicht in Frührentnerbeschäftigungsprogrammen.

„Geteilte Kosten sind geteilter Gewinn."

Natürlich kostet es Geld, wenn mehr Menschen als bisher in der Lebensmitte noch einmal die Hochschulbank drücken. Der Studierende selbst muss unter Umständen eine zeitlang Gehaltseinbußen hinnehmen und vielleicht sogar persönlich für die Studiengebühren aufkommen. Sein Arbeitgeber muss über einen gewissen Zeitraum auf die Arbeitskraft eines Mitarbeiters verzichten und vielleicht auch einen Anteil an den Kosten der Ausbildung tragen. Staat und Solidargemeinschaft verzichten auf Steuern und Sozialbeiträge und müssen entsprechende Bildungsstrukturen entwickeln und unterhalten.

Aber wie jede Investition in Bildung, so wird auch diese am Ende Gewinn bringen. Wer als Arbeitnehmer in seine Beschäftigungsfähigkeit investiert, profitiert direkt durch eine größere Jobsicherheit und – im Normalfall – ein angemessenes Gehalt. Auch die Sozialsysteme profitieren langfristig durch eine geringere Rate an Frühpensionierungen, höhere Erwerbsquoten und Gehälter und einen späteren Renteneinstieg. Und auch für die Unternehmen rechnet sich die Investition.

Nahezu alle Studien, die sich mit der Employability älterer Arbeitnehmer und deren Rolle in Teams und für das Unternehmen befassen, kommen zu dem Schluss, dass sich Investitionen in ältere Arbeitnehmer in der Regel lohnen. Beispielhaft sei hier die Prognos-Studie „Erfahrung rechnet sich – Aus Kompetenzen Älterer Erfolgsgrundlagen schaffen" des Bundesministeriums für Familie, Senioren, Frauen und Jugend aus dem Jahr 2008 genannt (http://www.prognos.com/

fileadmin/pdf/publikationsdatenbank/Prognos_Erfahrung_rechnet_ sich.pdf):

„Für den langfristigen Erfolg in wettbewerbsstarken Märkten spielt die Bindung von Humankapital und Wissen an das Unternehmen eine immer bedeutendere Rolle. Insbesondere kleine und mittelständische Unternehmen leiden unter der Fluktuation von Nachwuchskräften, wenn sie in die Weiterentwicklung ihrer jüngeren Beschäftigten erheblich investiert haben, gerade die Jüngeren aber nach wenigen Jahren bereits wieder das Unternehmen verlassen und damit wichtiges Know-how verloren geht. Wandert wertvolles betriebsnotwendiges Know-how zu einem Konkurrenzunternehmen ab, kann Fluktuation sogar existenzbedrohende Konsequenzen haben. Ältere Mitarbeiterinnen und Mitarbeiter dagegen haben in der Regel eine deutlich höhere Verweildauer beziehungsweise Betriebsbindung, sodass betriebsnotwendiges Wissen dem Unternehmen mit höherer Wahrscheinlichkeit erhalten bleibt."

„Jeder Euro in Weiterbildung für ältere Arbeitnehmer wird sich rentieren."

Jeder Euro, der in die Weiterbildung älterer Arbeitnehmer fließt, wird sich für das Unternehmen rechnen. Wer mit Mitte 40 von seinem Arbeitgeber die Chance auf ein berufsbegleitendes Studium angetragen bekommt, das ihn in seiner Karriere voranbringen kann, wird – wenn er die Gelegenheit bekommt – vermutlich bis zum Renteneintritt für das Unternehmen arbeiten und mit seiner Erfahrung und neu gewonnenem theoretischem Wissen zum Unternehmenserfolg beitragen. Wenn er dann das Unternehmen verlässt, kann die Übergabe seiner Aufgaben langfristig geplant und durchgeführt werden. Der Know-how-Verlust für das Unternehmen hält sich in Grenzen.

Führungskräfte und Spezialisten sind häufig weit über das Rentenalter hinaus beratend tätig und können so für die nachfolgende Mitarbeiter- und Führungsgeneration eine wichtige Unterstützung sein. Die Investition in das Studium des Mitarbeiters hat sich zu diesem Zeitpunkt für das Unternehmen vermutlich in jedem Fall schon mehrfach rentiert. Ältere Wissensträger wirken zudem besser als Multiplikatoren als junge. Denn wer mit seiner eigenen Karriere im Reinen ist, wird sein Wissen bereitwilliger weitergeben als jemand, der erst am Beginn seiner Laufbahn steht und ihn eifersüchtig hütet.

Hinzu kommt die positive Signalwirkung, die eine solch fortschrittliche Personalentwicklungsmaßnahme für die anderen Mitarbeiter hat. Zeigt sie doch jedem: „Wenn du leistungsbereit bis und dich weiterbilden möchtest, dann unterstützen wir dich und zwar – anders als der Wettbewerb – auch dann noch, wenn du kein Young Professional mehr bist." Das ist ein nicht zu unterschätzender Imagevorteil – Stichwort Employer Brand – auch für die Bindung jüngerer Leistungsträger, für die ein Studium aus familiären oder anderen Gründen zum frühen Zeitpunkt noch nicht in Frage kommt.

„Junge Mitarbeiter nehmen Weiterbildung gerne mit – und dann wechseln sie den Arbeitgeber."

Betrachten wir im Gegenzug das Beispiel eines typischen Young Professionals mit Ende 20. Für Mitarbeiter in diesem Alter wenden Unternehmen, relativ gesehen, die höchsten Beträge auf. Mit welchem Ergebnis? Er wird die Weiterbildung gerne „mitnehmen", danach aber sehr wahrscheinlich nur noch eine zeitlang im Unternehmen bleiben. Denn zweifellos wird die erfolgreiche Qualifizierung seine Karriereambitionen beflügeln, und wenn ihm sein Arbeitgeber just zu diesem Zeitpunkt kein passendes Angebot machen kann, dann wird er gehen. Die Konkurrenz dürfte sich über den neuen, frisch qualifizierten Mitarbeiter freuen.

Jeder Karriereberater wird dem Young Professional, wenn er ehrlich ist, sogar dazu raten: „Nur der Wechsel bringt Sie weiter", heißt es dann als Begründung. Auch sein Chef wird es ihm vermutlich noch nicht einmal verübeln können, schließlich hat er in seinen jungen Jahren ebenso gehandelt. Wer jung ist, muss sich umgucken, muss seine Hörner abstoßen, muss so viele und so breit gefächerte Erfahrungen wie möglich machen, nach Möglichkeit auch außerhalb der Grenzen des eigenen Landes.

Selbst vonseiten der Personaler wird kein Widerspruch kommen. Nach landläufiger Meinung gehören an den Anfang eines objektiv attraktiven Lebenslaufs häufige Positions- und auch der eine oder andere Firmenwechsel, so er denn mit einem Aufstieg oder wenigstens mit einem breiteren Aufgabenspektrum verbunden ist. Ein Hochschulabsolvent, der nach dem Examen länger als sechs oder sieben Jahre bei seinem ersten Arbeitgeber bleibt, ist von vorneherein suspekt. Hinzu kommt, dass sich bei den meisten Menschen erst um den dreißigsten Geburtstag herum der Lebensmittelpunkt kristallisiert. Häufig bilden sich erst in diesem Alter feste Partnerschaften. Wenn beide berufstätig sind, wird einer von beiden für die Karriere des anderen zurückstehen und umziehen müssen. Spätestens, wenn es ans Heiraten und Kinderkriegen geht, geht die Bereitschaft für eine Fernbeziehungen bei den meisten gegen Null.

Ein Young Professional, der die Weiterbildungsinvestitionen seines Unternehmens gern entgegen nimmt, aber gar nicht daran denkt, die erzielte Bildungsrendite loyal an den Arbeitgeber zurückzugeben („Loyalties"), muss also kein schlechter Mensch sein oder dem Unternehmen Schaden zufügen wollen. Der neoliberalen Wirtschaftslehre zufolge verhält er sich schlichtweg rational, wenn er versucht, für seine Arbeitskraft, sein Wissen und seine Leistungsbereitschaft den größtmöglichen Preis zu erzielen.

„Die Bildungsrendite der Qualifizierung junger Arbeitnehmer fließt selten an die finanzierenden Unternehmen zurück."

Bei den gängigen Kündigungsfristen bleibt dem Unternehmen oft noch nicht mal ein halbes Jahr, um einen passenden Nachfolger zu finden und einzuarbeiten. Schlimmer noch: Um zu verhindern, dass der Mitarbeiter Daten und Kenntnisse aus dem Unternehmen zieht, stellen viele Firmen einen Mitarbeiter vom Fleck weg von der Arbeit frei. Mit dem wertvollen einstigen Talent – dessen Wert die Konkurrenz auch erkannt hat –, schwindet dann Knall auf Fall dessen gesamtes Know-how.

Um die Abwanderung von Führungskräften, in deren Weiterbildung sie investiert haben, zu erschweren, bestehen die meisten Unternehmen auf sogenannten Rückzahlungsklauseln: Wer nach einer absolvierten Weiterbildung innerhalb einer bestimmten Zeitspanne das Unternehmen verlässt, muss das in ihn investierte Geld ganz oder teilweise zurückzahlen. Ob eine solche Klausel aber im Einzelfall Bestand hat, ist nicht sicher und hängt im Wesentlichen von der Art und Weise der Qualifizierungsmaßnahme und von der vertraglich vereinbarten Zeitspanne ab. Im Falle eines Studiums, das im Regelfall länger als zwei Jahre dauert, liegt der gängige Richtwert für die Bindungsdauer bei 60 Monaten. So entschied es das Bundesarbeitsgericht zuletzt am 14. Januar 2009 (BAG Aktenzeichen 3 AZR 900/07). Die Fessel, mit der der Weitergebildete an das Unternehmen gebunden werden kann, hält mithin gerade einmal fünf Jahre.

Ein ernsthafter Abwerbungsversuch wird sich im Zweifel durch eine Rückzahlungsklausel ohnehin nicht verhindern lassen. Wenn ein Mitbewerber die Kosten für den Headhunter sparen kann, hat das abwerbende Unternehmen den Aufwand für die Erstattung der Ablösesumme schnell wieder drin.

„Erst im Alter von ab 40 Jahren nimmt die intrinsische Unternehmensbindung zu."

Spätestens mit Mitte 40 ist die Phase des Jobhoppings vorbei. Ab dann nimmt die Betriebsbindung zu, weil ab dann – erst ab dann! – die Loyalität eines Arbeitnehmers positiv gewertet wird. Das ist auch eines der Ergebnisse der oben zitierten Prognos-Studie: „Auch die Aus- und Weiterbildungsrenditen von Investitionen in die Fort- und Weiterbildung Älterer profitieren von der höheren Betriebsbindung der Älteren und längeren Zeiträumen, in denen sich die Investition ‚verzinsen' kann. Die Weiterbildung älterer Mitarbeiter im Sinne eines lebenslangen Lernens kann sich also gerade auch für die Unternehmen sehr positiv rentieren."

Dies gilt umso mehr, wenn es sich bei der Weiterbildungsinvestition nicht um eine dreiwöchige Computerschulung, sondern um ein wissenschaftlich evaluiertes Studium handelt.

Einige, doch noch immer viel zu wenige, Unternehmen haben das inzwischen erkannt, und dort richtet sich die HR-Arbeit spezifisch auf die Gewinnung und Bindung älterer Mitarbeiter aus. „In Bezug auf ältere Arbeitnehmer gibt es generell einen Wandel und eine neue Offenheit in den Betrieben", bestätigt Wolfgang Schmitz, Hauptgeschäftsführer des Unternehmerverbandes in Duisburg, mit rund 700 Mitgliedsunternehmen eine der größten deutschen Wirtschaftsvereinigungen, gegenüber der WAZ Mediengruppe. Es sei schwieriger geworden, Stellen zu besetzen, deswegen „rücken ältere Arbeitnehmer mit ihren Fähigkeiten in den Fokus", sagt Wolfgang Schmitz. „Die Unternehmen legen Programme auf, um sie möglichst lange zu binden." (Rickers., A, 2012)

„Sind wir seniorenfreundlich zertifiziert oder lieber schlicht zukunftsfähig?"

Wie für so vieles, können sich Firmen, die in der Weiterbildung Älterer aktiv sind, dafür sogar zertifizieren lassen. Wer das Gütesiegel „Fokus 50plusZertifizierung" erhalten will, muss beweisen, dass er „bereits jetzt das Potential erfahrener Mitarbeiter richtig einstuft und nachhaltige Anpassungsprozesse angestoßen hat. (...) Das Zertifikat Fokus 50plus bringt insbesondere der Mitarbeiter-Zielgruppe 50plus eine hohe Wertschätzung entgegen und stärkt die Motivation und Bindung der Mitarbeiter an das eigene Unternehmen." (http://www.fokus50plus.de/index.html, Abruf 12.04.2012) Wer den Zertifizierungsprozess erfolgreich durchlaufen hat, darf auf Webseiten und Firmenbroschüren mit dem Gütesiegel werben und wird in das Fokus 50plus-Netzwerk aufgenommen, in dem sich die Unternehmen über Best-Practice-Beispiele austauschen.

„Initiativen fehlen nicht –
doch noch schleppt sich die Umsetzung der guten Ideen dahin. "

An lobenswerten Initiativen mangelt es nicht. Seit dem Jahrtausendwechsel hat zum Beispiel das Stuttgarter Fraunhofer Institut für Arbeitswirtschaft und Organisation (IAO) mit seinem Projekt „demotrans – Öffentlichkeits- und Marketingstrategie demografischer Wandel" Pionierarbeit geleistet. Auch neue Netzwerke wie das „ddn – Das Demographie Netzwerk" und mehrere Ministerien haben sich der Problematik angenommen. Der große Sinneswandel in den Köpfen von Mitarbeitern und Personalverantwortlichen steht allerdings noch aus.

Eines der Ziele von demotrans war es, mit dem verbreiteten Mythos aufzuräumen, nach dem ältere Mitarbeiter nicht mehr bereit seien, sich weiterzubilden. „Genau betrachtet kippt dieses Vorurteil in manchen Branchen ins Gegenteil um. Es gibt Unternehmen, die mir berichten, dass bei ihnen gerade die älteren Mitarbeiter bereit und willens sind, sich weiterzubilden, weil sie schon das eine oder andere Mal erfahren haben, wie schnell ihr Wissen veraltet. Die jungen, die gerade von der Universität kommen, meinen dagegen, dass sie erst mal genug gelernt haben", sagte Projektleiter Hartmut Buck nach der ersten Evaluation. (http://www.demotrans.de/documents/hrgate01. pdf, Abrufdatum 12.4.2012)

Viele Instrumente demografieorientierter Personalarbeit sind auf die Erhaltung der körperlichen Fitness von Mitarbeitern und auf die Gestaltung von Erwerbsbiographien ausgerichtet, die im gewerblichen Bereich langfristige Employability und Arbeitsfähigkeit gewährleisten. Im Handwerksbereich gibt es schließlich eine ganze Reihe Jobs, bei denen die körperliche Belastung so hoch ist, dass nur die wenigsten sie bis zum Rentenalter durchhalten. Besonders im Baugewerbe gibt es Berufsbilder mit einer sehr hohen körperlichen Belastung. Kaum ein Dachdecker, Maurer oder Fliesenleger ist den körperlichen Anforderungen seines Berufes bis zum Renteneintritt gewachsen. Mit Weiterbildungen zum Techniker und Umschulungen in Büroberufe versuchen die Arbeitsagenturen und auch schon manche Unternehmen, handwerklich tätige Arbeitnehmer in Lohn und Brot zu halten oder neu dorthin zu bringen.

Auf der zum Projekt demotrans gehörigen Webseite www. demowerkzeuge.de heißt es dazu: „Die größte Herausforderung für die Zukunft ist der sogenannte ‚Mittelaltenberg'. Es gilt, jetzt die Arbeitsfähigkeit – Gesundheit, Kompetenz, Motivation – zu erhalten beziehungsweise möglichen bereits eingetretenen Gefährdungen entgegenzuwirken. Für die Verbesserung von Gesundheit und Wohlbefinden haben einige Krankenkassen und Gesundheitsdienstleister Werkzeuge zur alternsgerechten Gesundheitsförderung einschließlich betrieblicher Wiedereingliederung entwickelt – siehe ‚Gesundheitsschutz und Gesundheitsförderung'. Zum gesunden Eintritt in die Rente ist die gegenseitige Wertschätzung zwischen allen Altersgruppen unverzichtbar. Ein wesentlicher Baustein zum Lebenslangen Lernen ist eine Methodik des Lernens, die für alle Altersgruppen geeignet ist. Das alternsgerechte Lernen beugt dem Rückzug aus Kursen von Älteren – und damit der Lernentwöhnung – vor." http://www. demowerkzeuge.de/index.php?lang=de&css=standard&si=290&li=1 (Abrufdatum 1.8.2012)

Diesen Bereich auszubauen und weiter zu entwickeln, ist richtig und wichtig, nur dürfen darüber die Leistungsträger und Entscheider nicht vergessen werden. Ihre Weiterbildungsbereitschaft und ihr Wille zur permanenten Weiterbefähigung der Altersgruppe 40plus ist groß und, wie wir gesehen haben, gewinnbringend für alle Seiten.

„Ältere lernen nicht so schnell, dafür umso effektiver."

Denn von seniorengerechten Weiterbildungsangeboten fürs einrostende Gehirn darf nicht primär die Rede sein. Zwar verändert sich die Art und Weise des Lernens im Laufe des Lebens. Doch das Gehirn wird nicht wesentlich langsamer, sondern vor allem effektiver. Professorin Jutta Rump, Direktorin des Instituts für Beschäftigung und Employability (IBE) in Ludwigshafen, sagte dazu in den vdi nachrichten vom 30. März 2012: „Ja, man lernt anders. Die kognitive fluide Kompetenz lässt nach, also das Auswendiglernen von Fakten wird mit zunehmendem Alter schwieriger, dafür steigt aber die sogenannte kognitive kristallisierte Kompetenz. Das ist die Fähigkeit, mit Informationen Brücken zu bauen, Zusammenhänge – auch komplizierte – zu erkennen und zu verstehen. Das hängt mit dem großen Erfahrungswissen älterer Menschen zusammen, sie können Dinge besser in Strukturen einordnen".

Ältere Menschen sammeln also nicht mehr beliebiges Wissen an, sondern haben gelernt, auszuwählen und zu sortieren und nur noch das mitzunehmen, was sie wirklich brauchen.

„In erster Linie verändert sich die Art und Weise, wie Menschen mit zunehmendem Alter lernen. Während sich das Lerntempo verringert und die reine Aufnahme neuer Informationen schwerer fällt, nimmt die Effektivität zu. Ältere wählen aus, was sie lernen möchten und was nicht. Sie knüpfen an ihre Lebenserfahrung und an ihr Vorwissen an. Die Lernfähigkeit lässt sich durch Training erheblich steigern, das zeigen Studien", sagt Regina Egetenmeyer in einem Interview der VDK-Zeitung im September 2011. (http://vdk.de/cgi-bin/ cms.cgi?ID=de26027, Abrufdatum 12.04.2012.)

Die Juniorprofessorin für Erziehungswissenschaft mit Schwerpunkt Lebenslanges Lernen an der Johann Gutenberg Universität in Mainz fährt fort: „Lernen kann nicht abgeschaltet werden – egal, in welchem Alter wir uns befinden. Schon durch alltägliche Aktivitäten lernen wir: beim Gespräch mit der Nachbarin oder dem Lesen der Zeitung. Jemandem, der es sein Leben lang gewöhnt war, sich in Seminaren weiterzubilden, wird das natürlich nicht reichen. Diese Menschen werden auch im Alter einen Kurs an der Volkshochschule besuchen oder ein Seniorenstudium an der Uni aufnehmen. Insgesamt lässt sich sagen, dass Lernen eine zentrale Grundfunktion menschlichen Lebens ist."

„Agile Senioren bevölkern die Hörsäle – aber nur als Gasthörer."

Das belegen unter anderem auch die zahlreichen Senioren, die als agile Gasthörer die Hörsäle der Universitäten bevölkern. Natürlich haben auch sie einen eigenen Verband: den Akademischen Verein der Senioren in Deutschland – kurz AVDS. Auf seiner Website sagt er von sich, er vertrete eine wachsende Anzahl von Senioren und Gasthörern an den Universitäten in Deutschland (für den Verein sind damit alle Studierenden jenseits von 50 Jahren gemeint). Sie alle verbinde ein besonderes Merkmal: Das Studium aus purem Interesse.

Diese Formulierung wird den Senior Students, von denen in diesem Buch die Rede ist, nur ein müdes Lächeln entlocken. Ebenso wie die Mehrzahl der laut AVDS von der Generation 50plus vorgezogenen Studienfächer Philosophie, Literatur, Sprachen, Geschichte und Ägyptologie. Das Diskutieren und Lernen in diesen Fächern überlassen der umsetzungsbewusste Ü40-Student und die zielstrebige Karrieremutter nach der heißen Familienphase gern den Frühpensionären und Vorruheständlern, die es sich noch einmal selbst oder der Umwelt beweisen wollen. Interesse ja. Selbstverständlich. Aber kein l'art pour l'art in diskussionsbetonten Studienfächern, die eher selten den Weg über die Brücke aus dem Elfenbeinturm in die Wirtschaft finden. Wer jenseits der 40 seinen beruflichen Erfolg mit einem Studium voranbringen möchte, der weiß genau, worauf er sich einlässt und was ihn bewegt.

Der AVDS beruft sich in seiner Arbeit auf Kurt Tucholsky, der 1929 unter dem Pseudonym Peter Panter in der Vossischen Zeitung Nr. 46 schrieb: „Wie schön aber müsste es sein, mit gesammelter Kraft und mit der ganzen Macht der Erfahrung zu studieren!" Das dürfte dem typischen Senior Student schon näher liegen. Denn er will ja mit dem, was er lernt, seinen Erfahrungsschatz ergänzen und aufwerten. Diesem Bedürfnis müssen sich auch die Hochschulen, Universitäten und Business Schools anpassen und entsprechende Programme entwickeln. Mit der großen Streusandbüchse einer Erstausbildung, die Grundlagen vermitteln will, kommt hier niemand bei seinem Zielpublikum an.

„Für Senior Students gilt: Ganz oder gar nicht."

Diese Botschaft kann als Transformationshinweis nicht ernst genug genommen werden: Karrierefördernde Studiengänge für berufserfahrene Manager und Spezialisten müssen Expertenwissen auf höchstem akademischem Niveau vermitteln, keine Grundlagenkenntnisse für die Masse. Diese Idee muss sich durch die gesamte Wertschöpfungskette dieser Angebote ziehen, von der Idee über die Ausarbeitung und Planung bis zur Auswahl der Dozenten und einer angemessenen Qualitätssicherung. Und die Angebote müssen individuell zuschneiderbar sein. Trotz vieler Fallbeispiele kann dieses Buch nur einen kleinen Querschnitt möglicher Gründe und Auswahlkriterien für ein Studium jenseits der Lebensmitte bieten. Das Spektrum der Bedürfnisse ist groß und individuell sehr unterschiedlich.

Wer dieser Klientel mit locker aufbereitetem Managementgrundwissen aus dem populär geschriebenen Lehrbuch kommt, muss sich nicht wundern, wenn sie schnell wieder abspringt. Lernen von den Besten heißt, dass sich ein solches Studium mindestens auf gutem Master-Niveau bewegen muss. Gleichzeitig muss es kompakt, praxisorientiert und theoretisch auf der Höhe der Zeit sein.

Was alle Senior Students gemeinsam haben, ist schließlich: Sie wünschen sich ein Angebot, das genau auf ihre Bedürfnisse zugeschnitten ist, und sie möchten keine Zeit vergeuden mit nicht-nutzwertigen Seminaren. Dafür ist die der Work-Life-Balance und den Anforderungen eines stressigen Jobs abgetrotzte Zeit viel zu kostbar. Die gleiche Effektivität und Effizienz, wie sie von ihnen im Arbeitsalltag erwartet wird und wie sie sie selbst von ihren Mitarbeitern und Kollegen fordern, erwarten sie auch von einem Studium. Selektives und effektives Lernen bedeutet eben auch, dass der erfahrene Lernende eben den Studiengang wählen wird, der genau zu seinen Bedürfnissen passt. Im Zweifel wird er lieber verzichten, als mit unnötigen Breitbandseminaren seine Zeit zu verschwenden.

„Personalabteilungen sind wichtige Ratgeber."

Apropos Transformation der Idee des lebenslangen Lernens in die Praxis: Der Personalarbeit kommt hier eine wichtige Schlüsselfunktion zu. Sie muss sich genau informieren, welche Studiengänge angeboten werden und wie diese aufgebaut und ausgestattet sind. Gleichzeitig muss sie für alle Talente im Unternehmen – auch für die älteren – in der Lage sein, eine Bildungskarriere zu entwickeln und hierbei zu beraten. Sie muss wissen, was der Mitarbeiter mitgebracht hat, was er an Erfahrung und Qualifikation erworben hat, welches Potential er hat und was ihm selbst wichtig ist. Gleichzeitig muss sie die Interessen des Unternehmens im Kopf haben und planen, wo dieser Mitarbeiter kurz-, mittel- und langfristig gesehen wird. Durch den kontinuierlichen Austausch mit den Fachabteilungen im Unternehmen wissen Personaler zudem, welches Know-how dort gebraucht, welche Kompetenzen benötigt werden. Aufbauend auf diesem Wissen sind Personalabteilungen wichtige Ratgeber für die zu entwickelnden Studiengänge in diesem Bereich.

Wenn dieser Austausch gelingt, kann das ein wichtiger Baustein für eine nachhaltige Entwicklung der Beschäftigungsfähigkeit und der Wirtschaftskraft in Deutschland sein.

„Der kontinuierliche Aufbau von Wissen und die Fähigkeit einer Organisation, permanent zu lernen, sind zwei Kernziele der Potential-perspektive und zwei Grundvoraussetzungen für den Unternehmens-erfolg in einer Informations- und Wissensgesellschaft. Die Fähigkeit eines Unternehmens zum organisationalen Lernen ist besonders wichtig im Hinblick auf jenen Teil des sogenannten organisationalen Wissens, welcher in der Form von Erfahrungswissen an Mitarbeiter gebunden ist. Anders als explizites, „verschriftlichtes" Wissen können andere Mitarbeiter nicht ohne Weiteres darauf zugreifen, und es droht der Organisation verloren zu gehen, wenn der jeweilige „Wissensträger" aus der Organisation ausscheidet. Dieses Erfahrungswissen ist vielfach mit den Älteren verbunden. Durch Wissenstransfer kann es multipliziert und dauerhaft für das Unternehmen genutzt werden", heißt es in der BMFJS-Studie: „Erfahrung rechnet sich."

**„Lasst uns mit den älteren Mitarbeitern
den Standort Deutschland dauerhaft wettbewerbsfähig gestalten."**

Eine gesamtgesellschaftliche Anstrengung in dieser speziellen Art des Wissenstransfers kann wesentlich dazu beitragen, den Standort Deutschland wettbewerbsfähig zu halten und die Folgen des demografischen Wandels für den Arbeitsmarkt zu mindern. Unternehmenskulturen und die Gesellschaft insgesamt werden sich in den kommenden zwanzig bis dreißig Jahren wesentlich verändern. Eine zukunftsorientierte Personalpolitik und Personalarbeit in den Unternehmen kann, optimal gemeinsam mit allen Beteiligten des Arbeitsmarktes von den Grundschulen bis zu Seniorberaterverbänden, hier wichtige Impulse setzen.

„Stellt die Personalarbeit unter die Überschrift ‚Nachhaltigkeit'!"

Allein, ich will und kann es nicht mit dem Appell Genüge sein lassen. Ich möchte die Verantwortlichen in Unternehmen nachgerade dazu aufrütteln, die Personalarbeit, so noch nicht geschehen, unter die Überschrift „Nachhaltigkeit" zu stellen und die Weichen dafür zu stellen, *alle* Mitarbeiter weiter zu qualifizieren, damit der sich abzeichnende Rückgang bei der absoluten Zahl der verfügbaren Arbeitskräfte keine negativen Auswirkungen auf Produktion und Wirtschaftskraft hat.

Die Anstrengungen der Unternehmen sind zu ihrem eigenen Nutzen und werden, betriebswirtschaftlicher wie gesamtgesellschaftspolitischer Vernunft geschuldet, ohne Zweifel in Breite und Tiefe zunehmen. Das allein genügt jedoch noch nicht. Politik, Hochschulen, Wirtschaft, die Gesellschaft als Ganzes und jeder einzelne Bürger müssen auf *allen* ihrem Einfluss zugänglichen Ebenen aktiv werden, wenn negative Verwerfungen am Arbeitsmarkt und in den menschlichen Gemeinschaften vermieden werden sollen.

„Jeder muss handeln: Politik, Hochschulen, Wirtschaft und Gesellschaft."

Die Essenz dieses Buches lässt sich in sieben Kernforderungen zusammenfassen, von denen jede einzelne in den vorangegangenen Kapiteln begründet und erklärt worden ist:

- Die *Politik* muss attraktive Finanzierungsprogramme für einen MBA 40plus entwickeln. Denkbar wäre ein Ü-40-BAföG.

- Die *Bildungssysteme* müssen dahingehend reformiert werden, dass sie Kinder und Jugendliche optimal auf das Arbeitsleben vorbereiten. Die in Deutschland immer noch verheerend hohe Schulabrecherquote muss gesenkt werden.

- *Hochschulen und Universitäten* müssen ihre Anstrengungen bei der Ausbildung junger Erwachsener aufrechterhalten und spezielle Studiengänge für ältere erfahrene Leistungsträger entwickeln.

- Öffentliche und private Hochschulen, Business Schools und Universitäten müssen *Programme entwickeln*, die inhaltlich und didaktisch auf die Bedürfnisse berufserfahrener Studenten zugeschnitten sind.

- *Unternehmen* müssen ihre Mitarbeiter auf allen Hierarchieebenen und in allen Altersstufen genau beobachten, fördern und fordern und in ihrem Weiterbildungsstreben unterstützen.

- *Jeder Einzelne* sollte neben seiner Karriere auch seine Bildungskarriere genau planen.

- Die *Personalabteilungen* müssen eine wichtige Schlüsselfunktion bei der Umgestaltung des Arbeitsmarktes wahrnehmen. Sie sind Schnittstelle zwischen Senior Student, Bildungseinrichtung und Unternehmen.

Es bedarf der vereinten Anstrengungen aller vom demografischen Wandel Betroffener, um die Fachkräftelücke nicht noch größer als bisher werden zu lassen. Mit anderen Worten: Es wird höchste Zeit für eine gleichermaßen konzertierte wie konzentrierte Aktion.

Allein die zaghaften Versuche, die in Deutschland benötigten gebildeten, verantwortungsvollen und leistungsbereiten Arbeitnehmer aus bislang unzureichend erschöpften Reservoirs zu rekrutieren, werden dem Problem nicht Herr werden können. Weder wird eine von der Europäischen Kommission verordnete Quote den Anteil berufstätiger Frauen generell nach oben schnellen lassen; um dieses

Ziel geht es ja auch gar nicht. Will man mehr Frauen im Beruf halten, bedarf es schlicht einer flächendeckend ausgebauten, öffentlich und bedarfsgerecht organisierten Kinderbetreuung, wie sie die skandinavischen Länder mit Erfolg praktizieren.

Auch die neue Blue Card, mit der mehr als 45.000 Euro verdienende Arbeitskräfte aus dem EU-Ausland – für ganze drei Jahre! – nach Deutschland gelockt werden sollen, dürfte kaum zu einer Einwanderungswelle hochqualifizierter Immigranten führen. Unter den früheren Einreisebedingungen, die ein Jahreseinkommen von wenigstens 66.000 Euro vorsah, kamen 2009 nach Angaben des Bundeswirtschaftsministeriums weniger als 150 hochqualifizierte Ausländer in die Bundesrepublik. Experten rechnen damit, dass die nunmehr niedriger gelegten Einkommenshürden diese Zahl verdreifachen könnte. Und selbst, wenn es hundert Mal so viele wären: Mit 15.000 einwandernden Ingenieuren, Kaufleuten, Technikern und Sozialarbeitern wäre der millionenfache Fachkräftemangel in Deutschland nicht zu beheben.

Doch mit Millionen lern- und leistungswilliger Arbeitnehmer in Deutschland kann und wird das Kunststück gelingen.

11 Anhang A

Checklisten für Unternehmen und HR-Abteilungen

Ist Ihr Unternehmen für den demografischen Wandel gerüstet?
- Haben Sie schon einmal für Ihre Belegschaft eine Alterspyramide aufgestellt? Wie ist deren Verlauf? Welche Schlussfolgerungen ziehen Sie hieraus?
- Haben Sie ein funktionsfähiges Total Workforce Management implementiert und zum Laufen gebracht?
- Haben Sie eine Vorstellung davon, womit Ihr Unternehmen in 5, 10, 15 Jahren sein Geld verdienen wird? Mit welchem Geschäftsmodell, mit welchem Kapital, mit welchen Strukturen, mit welcher Organisation, mit welchen Prozessen? Mit welchen Mitarbeitern?
- Welche Talente suchen Sie heute, welche werden Sie in 5, 10, 15 Jahren suchen?
- Wo werden Sie diese finden?
- Wissen Sie, welche Qualifikationen und Kompetenzen Ihre Mitarbeiter in 5, 10 und 15 Jahren benötigen werden?
- Haben Sie bereits damit begonnen, Ihre Mitarbeiter mit Wort und Tat, zum Beispiel mit passender Weiterbildung, auf diese Zukunft vorzubereiten?
- Haben Sie sich schon mit altersgerechter Weiterbildung für Mitarbeiter 50plus beschäftigt?

Wie gut ist Ihre Personalplanung an die Geschäftsplanung gekoppelt?
- Wie gut haben Sie die Nachfolgethematik in Ihrem Unternehmen organisiert?
- Sind Ihre Arbeitszeitmodelle angemessen flexibel?
- Setzen Sie Kompetenzmanagement ein?
- Wann gehen Ihre Mitarbeiter durchschnittlich in Rente?
- Stellen Sie überhaupt neue Mitarbeiter über 50 Jahren ein? Warum nicht?

- Bieten Sie attraktive Weiterbildungsmaßnahmen an? Auch für Ältere?
- Setzen Sie überwiegend auf Distance Learning? Warum nicht?
- Unterstützen Sie das berufsbegleitende Studium Ihrer Mitarbeiter?
- Wenn ja: Bevorzugt solcher auf Schlüsselpositionen?
- Wie definieren Sie eine Schlüsselposition und die hierauf entfallenden Anforderungen (Fähigkeiten, Kompetenzen)?
- Bieten Sie Ihren Mitarbeitern in Weiterbildung gezielte Entlastung bei der täglichen Arbeit?
- Denken Sie zumindest darüber nach?
- Ließen sich möglicherweise noch weitere Bereiche des Unternehmens outsourcen, ohne dass die Kosten steigen?
- Betreibt Ihr Unternehmen ein quantitatives und ein qualitatives Total Workforce Management?

Die Ermittlung des Weiterbildungsbedarfs aus Sicht Ihrer Führungskräfte und Talente

- Was ist für Ihr Unternehmen ein „Talent"? Gibt es bei Ihnen auch Talente, die älter sind als 40 Jahre?
- Fragt Ihr Unternehmen regelmäßig bei der Zielgruppe konkreten Weiterbildungsbedarf ab?
- Ist die Frage Bestandteil des jährlichen Personalgesprächs?
- Werden auch Struktur und Inhalt möglicher Maßnahmen abgefragt?
- Sind die Fragen bereichsübergreifend standardisiert?
- Wird das Ergebnis regelmäßig dokumentiert?
- Wer hat anschließend Einsicht in die Ergebnisse?
- Wer kümmert sich um die Umsetzung?
- Ist die Bestandsaufnahme bei Stellenbesetzungen in den Auswahlprozess integriert?

Weiterbildungsbedarf aus Sicht des Unternehmens

- Steuern Sie Ihren Weiterbildungsbedarf durch Schlüsselgrößen (Key Performance Indicators, KPI)?
- Wird der vom Mitarbeiter genannte Weiterbildungsbedarf mit den Erwartungen und Plänen des Unternehmens abgeglichen?

11 Anhang A

- Wissen Sie, welche Mitarbeiter Sie in Zukunft benötigen? Fördern Sie den Erwerb ganz bestimmter Qualifikationen und Kompetenzen?
- In welchem Ausmaß werden die Haupt-Weiterbildungsanliegen der Mitarbeiter vom Unternehmen tatsächlich berücksichtigt?
- In welchem Zeitrahmen?
- Haben alle Zielgruppen die gleichen Chancen zur Weiterbildung? Auch Mitarbeiter 50plus?

Vergabemodalitäten

- Wer entscheidet letztlich über die Teilnahme an den Maßnahmen?
- Haben Sie schon einmal über die Implementierung eines Talent-Scouts nachgedacht? Welche Vorteile würden sich Ihnen damit in diesem Zusammenhang bieten?
- Welche Bereiche sind in die Entscheidungsfindung involviert?
- Wer übernimmt die Kosten?
- Wer bestimmt den Zeitrahmen?
- Wer bestimmt die Bildungseinrichtung?

Weiterbildung als Tool im Employer Branding

- Wie werden die Weiterbildungsangebote des Hauses intern vermarktet?
- Und extern? Als Unique Selling Proposition?
- Als Programm zur gezielten Führungskräfteentwicklung?
- Auch speziell in Segmenten der Zielgruppe, die sonst weniger im Blickfeld stehen? Zum Beispiel Talente mit Migrationshintergrund, Frauen und Absolventen aus geisteswissenschaftlichen Fächern?
- Ist es möglich und sinnvoll, Bestandteile Ihrer Employer Brand speziell auf ältere Arbeitnehmer auszurichten?

12 Anhang B

*Checklisten für Arbeitnehmer zum
eigenen Weiterbildungsbedarf*

Aktueller Weiterbildungsbedarf

- Bin ich meiner Arbeit in vollem Umfang gewachsen oder begegnen mir immer wieder Themen, denen ich mich nicht gewachsen fühle?
- Werde ich bei Beförderungen und Gehaltssprüngen übergangen, weil mir bestimmte Qualifikationen fehlen?
- Welchen nächsten Karriereschritt strebe ich an? Bin ich dafür optimal gerüstet?
- Welche Qualifikation haben meine internen Mitbewerber im Unternehmen? Bin ich genauso gut wie sie oder sogar noch besser?

Langfristige Karriereplanung

- Wie wird sich mein gegenwärtiger Arbeitsplatz in den nächsten 5, 10, 15 Jahren entwickeln? Bin ich für Veränderungen adäquat vorbereitet und qualifiziert oder kommen Aufgaben auf mich zu, von denen ich abschätzen kann, dass ich ihnen nicht gewachsen sein werde?
- Wo will ich beruflich in 5, 10, 15 Jahren stehen?
- Welche dieser Ziele kann ich mit meinem gegenwärtigen Arbeitgeber planen? Wann und in welche Position muss ich spätestens wechseln?
- Wer wird in 5, 10, 15 Jahren mit mir konkurrieren? Bin ich mit meiner Qualifikation und meinem Ausbildungsportfolio konkurrenzfähig oder muss ich langfristig etwas ergänzen?
- Bin ich den körperlichen Anforderungen meines Arbeitsplatzes langfristig gewachsen?
- Bin ich den psychischen Belastungen meines Arbeitsplatzes langfristig gewachsen?

Entwicklung des Unternehmens

- Wie wird sich der Markt, in dem sich mein Unternehmen bewegt, in den kommenden fünf bis zehn Jahren entwickeln?
- Ist meine Abteilung, ist das Gesamtunternehmen dafür gut aufgestellt?
- Welche Kompetenzen werden gebraucht? Bringe ich die mit?

Persönliches Umfeld

- Wie sieht meine derzeitige Lebenssituation, wie sieht meine familiäre, wie meine finanzielle Situation aus?
- Werde ich in den nächsten fünf oder zehn Jahren meine wöchentliche Arbeitszeit verringern oder verlängern wollen?
- Steht aus privaten Gründen (Trennung, neue Beziehung, Pflege der Eltern) ein Arbeitsplatz- und/oder Ortswechsel an oder werde ich in nächster Zeit flexibler (Kinder aus dem Haus, Aufhören mit dem Vereinssport)?
- Bin ich mit meiner gegenwärtigen Qualifikation auf dem Arbeitsmarkt konkurrenzfähig?
- Ist mein Partner/meine Partnerin bereit, meine Weiterbildung aktiv zu unterstützen?
- Haben wir gemeinsam in der Familie über mein Vorhaben gesprochen? Ist auch den Kindern klar, dass es sich um eine Investition in unseren Familienerfolg handelt?
- Lassen sich die Familienaufgaben neu aufteilen, so dass ich mehr Zeit für meine Weiterbildung bzw. mein Studium gewinne?
- Sind die Großeltern oder andere Verwandte bereit, zeitweilig mit einzuspringen, um die Familie zu entlasten?

13 Anhang C

Checklisten für Hochschulen und Politik

Fragen an Rektoren, Hochschulpräsidenten, Dekane und die Leiter privater Business Schools

- Sind bereits Studiengänge für ältere Bewerber eingerichtet, die über Philosophie, Politik-, Geschichts- und Geisteswissenschaften hinausgehen? Zum Beispiel in Wirtschaftswissenschaften, Informatik, Ingenieurwissenschaften?

- Kann Gasthörern nicht auch die Teilnahme an Prüfungen gestattet werden, so dass sie ein Zertifikat über ihre Studienleistungen erhalten können?

- Könnte man die Interessen der Wirtschaft an hochschulgebildeten Arbeitnehmern anders entgegenkommen, als durch Stiftungsprofessuren, Gemeinschaftsstudiengängen mit einzelnen Unternehmen und Sponsorships? Vielleicht, indem man die Wirtschaft dabei unterstützt, das Wissen ihrer älteren Mitarbeiter zu erneuern?

- Was spricht gegen die Einführung eines Advanced oder Senior-MBA-Programms für Beschäftigte und Selbstständige 50plus? Warum wurde solch ein Programm bisher noch nicht aufgelegt?

- Glauben Sie, dass berufsbegleitende Studienprogramme einen festen Platz an deutschen Hochschulen haben sollten?

Fragen an die Kultusminister, die Kultusministerkonferenz, Hochschulpolitiker – und die Finanzminister von Bund und Ländern

- Ist es nicht endlich an der Zeit, der Proklamation der ständig wachsenden Bedeutung von Bildung, Ausbildung und Weiterbildung mit einem höheren Finanzmitteleinsatz für den Hochschulsektor in die Tat umzusetzen?

- Warum gründen immer mehr Unternehmen, Verbände und Vereinigungen eigene Hochschulen, um ihren Personalbedarf in Zukunft sicherzustellen? Welcher Veränderungsbedarf resultiert hieraus für die staatlichen Hochschulen?

- Ist angesichts des demografischen Wandels die 3-Prozent-Quote für die Zulassung zum Zweitstudium noch aufrechtzuerhalten?

- Kann durch eine andere Allokation der für die Hochschulfinanzierung bereitstehenden Mittel erreicht werden, auch bei den zulassungsbeschränkten Studiengängen ältere Bewerber zuzulassen?

- Ließe sich für das Losverfahren, dem sich Zweitstudierende unterziehen müssen, eine vernünftigere Lösung finden?

- Warum kann nicht jeder, sondern nur etwa jeder fünfte Bachelor ein konsekutives Masterstudium aufnehmen?

- Bildung ist in Deutschland nach wie vor eine Frage der sozialen Schichtung. Wie lässt sich dieses vorgestrige Modell aufbrechen?

- Wie ließe sich die Einführung eines „Senioren-BAföG" finanzieren?

- Welche Anreize könnte der Staat aufbieten, um mehr Arbeitnehmer zu einer berufsbegleitenden Weiterbildung zu motivieren?

Literatur

Arbeitskräfteerhebung (2010):
http://www.destatis.de/jetspeed/portal/cms/Sites/destatis/Internet/DE/Presse/
pm/2011/11/PD11__439__132.psml (Abrufdatum: 25.02.2012).

Arnold, Frank (2012): Management – von den Besten lernen. München 2012.

Aumann, Silke (2009): Wo Personalmanager irren. In: Personal, 09/2009.

**BildungsSpiegel. Fachportal für Weiterbildung und Personalentwicklung
(2009):** o. Verf.: Talentmangel trotz Krise. http://www.bildungsspiegel.de/
aktuelles/talentmangel-trotz-krise.html (Abrufdatum 30.12.2011).

Boudreau, John W. (2007): Beyond HR: The New Science of Human Capital.
Cambridge, Mass., 2007.

Buhlman, Edelgard (2004): Rede der Bundesministerin für Bildung und
Forschung anlässlich des Kongresses „Deutschland. Das von morgen" am
26.01.2004.

Bultmann, Torsten (2011): Hörfunkinterview anlässlich des Vortrags „Das Matthäus-Prinzip oder wie unternehmerischer Wettbewerb und Exzellenz Ungleichheiten vertiefen", gehalten am 23.11.2011 an der Universität Tübingen, gesendet
am 4.12.2011 im Bildungsmagazin der Wüste Welle, Tübingen 96,6 MHz.

Bundesagentur für Arbeit (2011): Analyse des Arbeitsmarktes für Ältere ab
50 Jahren. http://statistik.arbeitsagentur.de/Statischer-Content/Statistische-
Analysen/Analytikreports/Zentrale-Analytikreports/Monatliche-Analytikreports/
Generische-Publikationen/Analyse-Arbeitsmarkt-Aeltere/Analyse-Arbeitsmarkt-
Aeltere-201112.pdf (Abrufdatum: 28.01.2011).

Bundesinstitut für Berufsbildung, BIBB (2010): Datenreport zum Berufsbildungsbericht 2010. http://datenreport.bibb.de/html/1206.htm
(Abrufdatum: 28.01.2012).

Bundesministerium für Familie, Senioren, Frauen und Jugend (2008):
Erfahrung rechnet sich – Aus Kompetenzen älterer Erfolgsgrundlagen schaffen.
Prognos Studie. http://www.prognos.com/fileadmin/pdf/publikationsdatenbank/
Prognos_Erfahrung_rechnet_sich.pdf (Abrufdatum: 12.04.2012).

Bundesministerium des Inneren, BMI (2011): Bericht der Bundesregierung zur
demografischen Lage und künftigen Entwicklung des Landes.
http://www.bmi.bund.de/SharedDocs/Downloads/DE/Broschueren/2011/
demografiebericht.pdf?__blob=publicationFile (Abrufdatum: 12.02.2012).

Capgemini (2009): HR-Barometer 2009.
http://www.de.capgemini.com/m/de/tl/HR-Barometer_2009.pdf
(Abrufdatum: 16.02.2012).

Dettmer, Markus; Dohmen, Frank (2012): Frei schwebend auf der Wolke.
In: Der Spiegel 06/2012, S. 62

Deutsche Gesellschaft für Personalführung e.V., DGFP (2011a): Studie „Megatrends und HR Trends". Zusammengefasst im PraxisPapier 7/2011. http://www.dgfp.de/wissen/personalwissen-direkt/dokument/87800/ herunterladen (Abrufdatum: 06.02.2012).

Deutsche Gesellschaft für Personalführung e.V., DGFP (2011b): HR Kennzahlen auf dem Prüfstand. PraxisPapier 5/2011.

Düringer, Roland (2011): Wir sind wütend. Hörfunkbeitrag in „Dorfers Donnertalk" am 08.12.2011 auf ORF1.

Eurobarometer (2012): Survey Active Aging. http://europa.eu/rapid/ pressReleasesAction.do?reference=MEMO/12/10&format=HT (Abrufdatum: 14.01.2012).

Europäische Kommission (Hrsg.) (2006): Europäische Beschäftigungs- und Sozialpolitik. Eurobarometer Spezial 261, Brüssel. http://ec.europa.eu/public_opinion/archives/ebs/ebs261_de.pdf (Abrufdatum: 1.12.2012)

Financial Times Deutschland (2011): Bei VW haben Blackberrys Feierabend. www.ftd.de/karriere-management/management/:burnout-syndrom-bei-vw-haben-blackberrys-feierabend/60146287.html (Abrufdatum: 02.01.2012).

Gladwell, Malcolm (2009): Überflieger: Warum manche Menschen erfolgreich sind – und andere nicht. München 2009.

Hartmann, Michael (2011): Die doppelte Spaltung der Gesellschaft. NachDenkSeiten – Die kritische Website. www.nachdenkseiten.de (Abrufdatum: 22.12.2011).

Herrmann, Ulrike; Wittneben, Martina (2008): Älter werden, Neues wagen. Zwölf Porträts. Hamburg 2008.

Hochschulstart (2011): Die Zulassung zum Zweitstudium. http://www.hochschulstart.de/fileadmin/downloads/Merkblaetter/M08.pdf (Abrufdatum: 23.12.2011).

Illies, Florian (2002): Generation Golf, eine Inspektion. München 2002.

Illies, Florian (2005): Generation Golf zwei. München 2005.

Jasper, Gerda; Horn, Judith et al. (2008): Untersuchung zum Rekrutierungsverhalten von Unternehmen mit wissensintensiven Dienstleistungen und Unternehmen mit wissensintensiven Tätigkeitsfeldern. http://www.bmbf.de/pub/band_fuenf_berufsbildungsforschung.pdf (Abrufdatum: 07.02.2012).

Jung, Markus (2010): im Interview mit vdv-karriere.de. http://www.vdv-karriere.de/index.php?id=fernstudium (Abrufdatum 20.02.2012).

Kienbaum Management-Beratung (2012): High Potentials Studie 2011/2012. http://www.kienbaum.de/desktopdefault.aspx/tabid-501/649_read-11761 (Abrufdatum: 08.01.2012)

Kienbaum Consultants International GmbH (2012a): http://www.kienbaum.de/desktopdefault.aspx/tabid-460/600_read-735/ (Abrufdatum: 30.12.2011).

Langer, Annette (2008): Eine aktive Art, Abschied zu nehmen. Spiegel Online 14.3.2008. http://www.spiegel.de/panorama/gesellschaft/a-541290.html (Abrufdatum: 02.04.2012).

Mannheim Business School (2011): Management-Weiterbildung. Was High Potentials wirklich wollen. Ausgewählte Ergebnisse einer Studie der Mannheim Business School gGmbH. http://www.mannheim-business-school.com/fileadmin/content/mbs/stuff/studie_management_weiterbildung.pdf (Abrufdatum: 30.11.2011).

Mannheim Research Institute for the Economics of Aging, mea (2011): Der demografische Wandel. Konsequenzen für die deutsche Volkswirtschaft. Policy Brief No. 4. http://www.mea.mpisoc.mpg.de/fileadmin/files/polstudies/7ohffx7sakb62sag_policybrief.pdf (Abrufdatum: 12.02.2012).

Meck, Georg (2011): Persil und Shampoo sind ziemlich krisensicher. Interview mit Henkel-Chef Kasper Rorsted in der Frankfurter Allgemeine Sonntagszeitung vom 20.11.2011. http://www.faz.net/aktuell/finanzen/henkel-chef-rorsted-persil-und-shampoo-sind-ziemlich-krisensicher-11534967.html (Abrufdatum: 02.01.2012).

Monitor Familienleben (2011): http://www.ifd-allensbach.de/pdf/Familienleben_2011.pdf?archivArticleID=1084076 (Abrufdatum: 23.02.2012).

NewPlacement AG; Freie Universität Berlin (2009): Trennungsprävention bei Fach- und Führungskräften. Eine Studie zur Praxis von Trennungen in deutschen Unternehmen. http://www.ploen-up.de/downloads/studietrennungspraevention20090811.pdf (Abrufdatum: 06.02.2012).

Oppermann, Anne; Jung, Markus (2011): 100 Fragen und Antworten zum Fernstudium. Auszug auf http://www.fernstudium-infos.de/100-fragen-und-antworten-zum-fernstudium/26490-wie-gross-ist-zeitaufwand-fuer-fernstudium.html (Abrufdatum: 20.02.2012).

Orth, Roland; Finke, Ina (2008): Wissen greifbar machen: Den Umgang mit Wissen beschreiben und bewerten. Ergebnisse aus den 15 ProWis-Unternehmen. http://www.wissensmanagement.fraunhofer.de/images/stories/documents/publikationen/prowis2.pdf (Abrufdatum: 01.02.2012).

Rickers, Andrea (2012): Firmen rücken die älteren in den Fokus. In: „Der Westen". http://www.derwesten.de/staedte/oberhausen/firmen-ruecken-die-aelteren-in-den-fokus-id6259813.html (Abrufdatum: 08.03.2012).

Richter, Roland (2004): „Employability" – „Beschäftigungsfähigkeit". Zur Diskussion im Bologna-Prozess und in Großbritannien. http://www.hrk.de/de/download/dateien/02-2004_-_Employability__Diskussion_im_Bologna_Prozess_und_in_GB_-_Richter.pdf (Abrufdatum: 01.02.2012).

Rowling, Joanne K. (2008): The Fringe Benefits of Failure, and the Importance of Imagination. http://harvardmagazine.com/2008/06/the-fringe-benefits-failure-the-importance-imagination (Abrufdatum: 12.04.2012).

Rupps, Martin (2008): Wir Babyboomer. Die wahre Geschichte unseres Lebens. Freiburg i.Brsg. 2008.

Sachverständigenrat der Bundesregierung (2011): Herausforderungen des demografischen Wandels, vorgelegt im Mai 2011. http://www.sachverstaendigenrat-wirtschaft.de/fileadmin/dateiablage/ Expertisen/2011/expertise_2011-demografischer-wandel.pdf (Abrufdatum: 15.02.2012).

Schirrmacher, Frank (2006): Minimum. Vom Vergehen und Neuentstehen unserer Gemeinschaft. Frankfurt/M. 2006.

Sohn, Gunnar (2012): Auch alte IT-Eisen können noch glühen: Computerveteranen nach wie vor gefragt. Blog, veröffentlicht am 09.02.2012. http://ne-na.de/auch-alte-it-eisen-koennen-noch-gluehen-computerveteranennach-wie-vor-gefragt/001325 (Abrufdatum: 10.02.2012).

Stenberg, Ewa (2012): Fler måste kunna byta karriär mitt i livet. Interview mit Fredrik Reinfeldt in Dagens Nyheter, veröffentlicht 07.02.2012. (Abrufdatum: 12.02.2012).

Towers Watson (2011): Demografischer Wandel – Status Quo und Herausforderungen für Unternehmen in Deutschland. http://www.towerswatson.com/ germany/research/6321 (Abrufdatum: 15.01.2012).

Vaubel, Dirk; Herbes, Carsten et. al. (2009): Restrukturierung in Japan. Ungeahnte Freiheiten für ausländische Unternehmer. Studie auf Basis einer gemeinsamen Unternehmensbefragung durch die DIHKJ und Roland Berger Strategy Consultants. http://www.rolandberger.com/media/pdf/Roland_Berger_ Restructuring_in_Japan_D_20090130.pdf (Abrufdatum: 05.02.2012).

Villa Lessing (2008): Der vierte Weg – Wie Politik die Zukunft zurückgewinnen kann. Vortrag von Matthias Horx, gehalten in der Villa Lessing, Saarbrücken, April 2008. Veranstaltungsbericht auf http://www.villa-lessing.net/aktuelles/ specials/matthias_horx.php (Abrufdatum: 01.02.2012).

Vollmer, Andreas (2012): Weiterbildungstrends in Deutschland, TNS Infratest-Studie im Auftrag der Studiengemeinschaft Darmstadt (SGD). http://www.presseportal.de/print/2200034-tns-infratest-studie-2012-mit-4-jahres-trend-weiterbildung-ist.html (Abrufdatum: 23.02.2012).

Wolter, Andrä (2011): Die Entwicklung wissenschaftlicher Weiterbildung in Deutschland: Von der postgradualen Weiterbildung zum lebenslangen Lernen. In: Beiträge zur Hochschulforschung, 33. Jahrgang, 4/2011.

Wuppertaler Kreis e.V. (2011): Trends in der Weiterbildung, Verbandsumfrage 2011. http://www.wkr-ev.de/trends11/trends2011.pdf (Abrufdatum: 28.01.2012).

Zimmermann, Klaus F. (2006): Demographie, Migration und unternehmerische Personalplanung. Vortrag auf dem 60. Deutschen Betriebswirtschafter-Tag am 18.09.2006.

Dirk Börnecke

Die Gehälterlüge

**Verdienen die Anderen
wirklich mehr als ich?**

2011, 212 Seiten, kartoniert
ISBN 978-3-89578-343-2, € 19,90

In diesem Buch wirft Dirk Börnecke einen kritischen Blick auf das Prinzip der leistungsorientierten Entlohnung. Er zieht Vergleiche, weist auf Unterschiede und grobe Ungerechtigkeiten hin und fragt, ob sich Verantwortung oder Qualifikationen tatsächlich vergleichen lassen. Und er bringt noch weitere Aspekte ins Spiel, wie etwa die Qualität und Sicherheit des Arbeitsplatzes oder die Möglichkeit zur Selbstentfaltung.

Mit diesem Buch wird das Tabuthema Gehalt transparent, die persönliche Bewertung von Löhnen und Einkommen wird drastisch relativiert. Wer an der Wirklichkeit interessiert ist, kommt an diesem Buch nicht vorbei!

Michael Schmitz

Elitestudent

**Wie werde ich besser
als der Durchschnitt?**

2012, 221 Seiten, kartoniert
ISBN 978-3-89578-418-7, € 19,90

Das einzigartige Standardwerk der Kernfähigkeiten für den Erfolg im Studium. Es umfasst alle relevanten Themen: persönliche Ziele und Wege, effektives Lernen, Optimierung von Denkprozessen und -geschwindigkeit, Sex, Schlaf, Sport, Lesen, Schreiben, Präsentieren, Dokumentation von Wissen, Kommunikation in Gruppensituationen, das Netzwerken zur Erweiterung der privaten und beruflichen Möglichkeiten, Durchsetzungsfähigkeit und Verhandlungtechnik sowie das klassische Zeit- und Selbstmanagement. Jeder kann lernen, mehr Leistung zu bringen, sich von anderen abzusetzen und sich gleichzeitig besser und entspannter zu fühlen. Das Handwerkszeug dazu bietet dieses Buch.

www.publicis-books.de

Antonio Schnieder, Tom Sommerlatte (Hrsg.)

Die Zukunft der deutschen Wirtschaft

Visionen für 2030

2010, 332 Seiten, gebunden
ISBN 978-3-89578-350-0, € 24,90

Mit diesem Buch verlassen Herausgeber und Autoren für ein breites Themenfeld die ausgetretenen Pfade der Trend- und Szenarienentwicklung und treten ein in eine neue, visionäre Welt.

Das Buch ist einmalig; es richtet sich an alle von uns, die sich für die Zukunft interessieren. Bekannte Wissenschaftler, Manager, Journalisten und Politiker präsentieren ihre persönlichen Zukunftsvisionen für fast alle Bereiche unserer Wirtschaft. Losgelöst von aktuellen wirtschaftlichen und politischen Entwicklungen liefern sie eine Fülle von Ideen, wie die Zukunft aussehen wird und was wir dazu beitragen können, sie in eine gute Richtung zu steuern.

Marco Esser, Bernhard Schelenz

Erfolgsfaktor HR Brand

Den Personalbereich und seine Leistungen als Marke managen

2011, 191 Seiten, gebunden
ISBN 978-3-89578-380-7, € 34,90

Eine systematisch geführte HR Brand leistet einen wichtigen Beitrag auf das Konto der Unternehmensmarke und sichert der Personalarbeit von Unternehmen intern und extern Bekanntheit, Vertrauen und Image. Das Buch zeigt praxisorientiert, wie man eine HR Brand mit entsprechenden Sub-Marken aufbaut, managt und kommuniziert. Abgerundet wird es durch eine umfassende Fallstudie zur Implementierung eines „HR Brand" in der neuen Commerzbank AG.

www.publicis-books.de

Klaus M. Kohlöffel, Hans-Jürgen August

Veränderungskonzepte und Strategische Transformation

Trends, Krisen, Innovationen als Chancen nutzen

2012, 396 Seiten, gebunden
ISBN 978-3-89578-409-5, € 49,90

Dieses Buch bietet einen praxiserprobten, mit zahlreichen Falldarstellungen illustrierten Werkzeugkoffer zur Strategieentwicklung und -implementierung. Geschäftsverantwortlichen, Führungskräften und Strategen dient es als umfassender Handlungsleitfaden zur systematischen Initiierung und Durchführung strategischer Transformationen. Beratern liefert es eine praxiserprobte Systematik zur Entwicklung strategischer Optionen und wertvolle Hinweise, wie sie Transformationsprojekte erfolgreich begleiten können. Studierende können damit ihr Strategie-Know-how gezielt vertiefen und ihr strategisches Denken anhand zahlreicher Beispiele schulen.

Manfred Böcker, Bernhard Schelenz (Hrsg.)

Personalentwicklung als Kommunikationsaufgabe

Herausforderungen, Lösungsansätze und Praxisbeispiele

2009, 182 Seiten, gebunden
ISBN 978-3-89578-345-6, € 34,90

Jedes Produkt der Personalentwicklung und -information braucht Kommunikation. Dieses Buch erläutert an praktischen Beispielen Kommunikationsmaßnahmen aus verschiedenen Unternehmen, deren Ziele und Zielgruppen, Botschaften, die Planung und Umsetzung sowie die verwendeten Medien und gibt Hinweise darauf, wie man den Erfolg solcher Maßnahmen einschätzen oder messen kann. Zielgruppen des Buchs sind Personalentwickler und Personalleiter, PR-Spezialisten sowie Berater und Dienstleister im HR- und Kommunikationsbereich.